Christoph Amend

WIE GEHT'S DIR, DEUTSCHLAND?

Was aus dem Land geworden ist,
in dem ich aufgewachsen bin

Rowohlt

Originalausgabe
Veröffentlicht im Rowohlt Verlag,
Hamburg, September 2019
Copyright © 2019 by
Rowohlt Verlag GmbH, Hamburg
Satz aus der DTL Documenta
bei Pinkuin Satz und Datentechnik, Berlin
Druck und Bindung
CPI books GmbH, Leck, Germany
ISBN 978-3-498-00139-1

Inhalt

Einführung

Es ist fast zwei Jahrzehnte her, dass ich mich mit den Großvätern der Bundesrepublik unterhalten habe, die Soldaten im Zweiten Weltkrieg waren: mit den Politikern Richard von Weizsäcker und Egon Bahr, mit den Publizisten Hellmuth Karasek, damals Hitlerjunge, Joachim Fest und Erich Loest, mit dem Psychoanalytiker Horst-Eberhard Richter und dem Erfinder von *Derrick*, Herbert Reinecker. Ich war damals Ende zwanzig, ich wollte herausfinden, wie der Nationalsozialismus und der Krieg sie geprägt hat – und damit das Land, in dem ich lebte, und meine Generation, ihre Enkel. Über diese Begegnungen habe ich ein Buch geschrieben, *Morgen tanzt die ganze Welt – die Jungen, die Alten, der Krieg*.

Sommer 2018. Ich höre morgens im Radio, Angela Merkel und andere kommentieren die politische Lage in Deutschland und verurteilen die neuen radikalen Rechten und die Unruhen im Osten. Dann fällt in der Nachrichtensendung ein ungewöhnlicher Satz: «Der Firnis der Zivilisation ist dünn.» Ich höre den Satz nebenbei, während ich mir einen Espresso mache, fast schon auf dem Sprung zur U-Bahn, um rechtzeitig ins Büro zu kommen. Den Satz kenne ich. Ich gehe zu meinem Bücherregal und ziehe ein Exemplar meines Buchs heraus, ich hatte es ewig nicht mehr in der Hand. Die Sonne hat den Umschlag ausgebleicht, ich puste den Staub weg, muss kurz niesen und fange an zu lesen.

Das Zitat finde ich im Kapitel über Egon Bahr. Er, der später die Entspannungspolitik zwischen der Bundesrepublik und der DDR maßgeblich geprägt hat, als enger Vertrauter und Berater von Willy Brandt, hatte als junger Soldat im Zweiten Weltkrieg Flieger vom Himmel geschossen. Und eines Abends, so hat er es mir erzählt, lag er im Stroh und dachte darüber nach, was er tagsüber gemacht hatte. Er hatte getötet. «Der Firnis der Zivilisation ist dünn», das hat Egon Bahr an sich selbst beobachtet.

Eigentlich muss ich zu meiner ersten Konferenz in die Redaktion, aber ich lese weiter, es fühlt sich an wie ein Tagebuch aus der eigenen Jugend, auf gewisse Weise ist es das auch.

Im Kapitel über Joachim Fest, den Historiker und Journalisten, Autor einer bedeutenden Hitler-Biographie und langjährigen Herausgeber der *Frankfurter Allgemeinen Zeitung*, lese ich einen Dialog nach, den ich mit ihm hatte, in seinem Haus in Kronberg im Taunus, dort, wo die Spitzenbanker und andere Wohlhabende leben, die in Frankfurt arbeiten.

Ich weiß noch, wie ich den Kiesweg zum Haus hoch lief und irritiert war. In der Mitte befand sich eine mächtige, dunkle Tür, aber keine Fenster. Das konnte nicht der Eingang sein, dachte ich und ging den Kiesweg wieder runter, fand aber keinen zweiten Weg. Also lief ich wieder hoch, und tatsächlich ging die dunkle Tür plötzlich auf, Frau Fest begrüßte mich und brachte mich zu ihrem Mann.

Nach hinten heraus hatte das Haus ein zweites Gesicht, viel Glas, viel Licht, freier Blick auf den Garten, beinahe italienisch. Joachim Fest erzählte, dass er sich wegen des Hauses sehr mit dem Architekten gestritten habe, als sie es in den Siebzigern gebaut hatten. Fest wollte es genau so, vorne keine Fenster, erklärte er mir, «auch wenn ich weiß, dass das etwas kühl wirkt». Auf den ersten Blick kühl zu wirken – damit hatte der Konservative Joachim Fest überhaupt kein Problem.

Ich lese einige Zeilen, die ich vollkommen vergessen hatte. Mitten in den vielen Stunden, in denen wir uns über seine Zeit als Soldat am Bodensee unterhielten, über Adolf Hitler, über Joachim Fests Jugendfreund, der im Krieg gefallen war, sagte er plötzlich zu mir: «Ich habe oft das Gefühl gehabt, Demokratie ist hier nicht heimisch zu machen, die Deutschen wollen das nicht ...»

Dann lese ich, wie mein endzwanzigjähriges Ich dagegenhält: «Aber leben wir heute nicht in einer stabilen Demokratie?»

Joachim Fest war nicht überzeugt: «Ich fürchte, die Neigung ist immer noch da. Die Bundesrepublik hat Glück gehabt, dass sie bisher keine Krise erlebt hat, die an den Fundamenten wirklich rüttelte.»

Ich denke an die Wahlerfolge der AfD, ich denke an die Unruhen in Chemnitz und lese weiter. «Meine größte Hoffnung ist Europa», sagte Joachim Fest, die Vernetzung mit den anderen, aber: «Ich würde keine Hand für irgendetwas ins Feuer legen.»

Dann fällt mir etwas auf. Joachim Fest: tot. Egon Bahr: tot. Richard von Weizsäcker, Hellmuth Karasek, Erich Loest, Horst-Eberhard Richter, Herbert Reinecker: Sie sind mittlerweile alle verstorben. Was würden sie zur Situation Deutschlands heute sagen, über die neue Rechte? Sie, die noch die alte Rechte erlebt haben? Ich lege das Buch zur Seite.

Es sind ja nicht nur die Radikalen. Es ist gerade erst ein paar Jahre her, da schien Deutschland mit sich ins Reine gekommen zu sein. Da war die Fußballweltmeisterschaft 2006, schwarz-rot-goldene Fahnen, die so gar nichts Nationalistisches oder gar Auftrumpfendes hatten, die Welt fühlte sich wohl und feierte Deutschland für seine neue Entspanntheit. Vier Jahre später gewann eine 18-Jährige namens Lena Meyer-Landrut den Eurovision Song Contest, der früher Grand Prix Eurovision de la Chanson hieß, und sie wurde genauso gefeiert wie die Fußball-nationalmannschaft; auch sie hatte die Deutschlandfahne in der Hand, nachdem sie im schwarzen Kleid in Oslo ihr Siegerlied gesungen hatte. Und da war natürlich der Aufstieg von Angela Merkel zur mächtigsten Frau der Welt, zum Superstar unter den internationalen Politikern, zur allseits beliebten Kanzlerin.

Scheint alles eine halbe Ewigkeit zurückzuliegen. «Was ist denn los / was ist passiert?», um es mit Herbert Grönemeyer zu sagen. Plötzlich denke ich, dass ich wieder losfahren und mit Menschen reden will, die das Deutschland von heute prägen, mit Linken und Rechten, mit Frauen und Männern, Jungen und Alten, natürlich auch mit Kindern der Alten, die ich für mein erstes Buch getroffen habe. Ich würde gern herausfinden, was aus dem Land geworden ist, in dem ich groß geworden bin.

Am nächsten Tag treffe ich in Berlin einen Freund, einen erfolgreichen Fernsehproduzenten, seine Eltern kommen nicht aus Deutschland. Ich habe ihn seit einiger Zeit nicht mehr gesehen. «Ich halte die Blicke nicht mehr aus», erzählt er. Die Blicke? «Ja», sagt er, «auf der Straße, von ganz normalen Leuten. Ich denke dann: Was machst du eigentlich hier noch? Früher hat es die nicht gegeben.» Ich kenne den Freund als selbstbewussten Geschäftsmann, der sich so leicht nicht aus dem Konzept bringen lässt. Dann zeigt er mir ein Foto, das er am Morgen von seinen drei Kindern gemacht hat. Sie alle sehen ihm sehr ähnlich, braune Haut, dunkelbraune Haare, braune Augen. Und da verstehe ich: Nicht er hält die Blicke nicht mehr aus. Er will nicht, dass seine Kinder mit diesen Blicken aufwachsen.

Da fällt mir die Begegnung mit einer Freundin ein, die jüdische Wurzeln hat. Ich habe sie auf einer Geburtstagsparty getroffen. Wir standen ein paar Minuten nebeneinander an der Theke des Gastgebers, und in der kurzen Zeit hat sie mir erzählt, dass sie jetzt einige Monate in der Nähe einer Moschee gewohnt hat – und dass die Männer, die die Moschee besucht haben, sie nie gegrüßt haben, wochenlang nicht. Dann sei sie einmal mit ihrem Freund gemeinsam denselben Weg wie immer gegangen – und plötzlich hätten dieselben Männer ihren Freund gegrüßt. Ich spüre ihre Wut, auch wenn sie davon eher belustigt erzählt. Im selben Tonfall fragt sie mich kurz darauf, mittlerweile reden wir über die AfD: «Was glaubst du, wann muss jemand wie ich besser gehen?» Auf der Party habe ich noch gelacht, aus Unsicherheit. Ich hätte nie geglaubt, dass ich diese Frage einmal zu meinen Lebzeiten in Deutschland hören würde.

Morgen tanzt die ganze Welt habe ich das Buch damals genannt. Zu der Zeit klang es für mich eher nach Love Parade als nach der düsteren Nazizeit, an die das Zitat eigentlich angelehnt war.

Jetzt will ich nachsehen, was aus diesem Tanz geworden ist.

Kapitel 1

Mein Vater

Wir können über alles reden, nur nicht über Politik und Krankheiten», sagt mein Vater, kaum habe ich mein Elternhaus betreten. Ich muss lachen, mein Vater und ich unterhalten uns, seitdem ich denken kann, über Politik, wobei unterhalten für die meisten der Gespräche nicht das richtige Wort ist. Wir haben uns ziemlich oft gestritten. Mein Vater hat in seinem Leben CDU, FDP und SPD gewählt, sagt er, die drei Parteien der alten Bundesrepublik, die drei Parteien, mit denen er aufgewachsen ist. Er ist Jahrgang 1943, geboren am Ende des Zweiten Weltkrieges, da war der längst für Deutschland verloren.

«Wir können über alles reden, nur nicht über Politik und Krankheiten.» Und dann tun wir zwei Tage lang nichts anderes. Wir belassen es allerdings bei den Krankheiten seiner Freunde, seine eigenen Zipperlein sparen wir uns.

Egal, wo wir sind, mein Vater, seine zweite Frau Maria und ich, ob am Küchentisch, im Wohnzimmer vor dem Kamin, im Auto, beim Spazierengehen, immer wieder kommen die beiden auf das zu sprechen, was ihnen Sorgen macht: was alles schiefläuft in Deutschland. Als wir abends in das italienische Lieblingsrestaurant der beiden fahren, versucht es mein Vater noch einmal mit seiner Selbstbeschwörung. «Wenn wir jetzt gleich das Restaurant betreten», sagt er, «wenn wir über die Schwelle treten, dann werden wir zwei Stunden lang eine Politikpause machen.»

Kaum haben wir uns gesetzt, geht es weiter.

«Du weißt ja: Früher habe ich die Angela Merkel gemocht, wegen ihrer Art, die hat nie so eine Show gemacht wie der Schröder», sagt mein Vater, «aber seit den Flüchtlingen ist das vorbei. Das ist doch naiv, die Politiker in Berlin wollen die Probleme nicht sehen, die es überall gibt.» Seine Frau Maria fügt hinzu: «Du weißt ja, dass ich eigentlich immer links gewählt habe, aber ich verstehe das auch nicht mehr.» Ihre gestapelten Ausgaben der *Frankfurter Rundschau* habe ich sofort vor Augen.

Einmal halte ich dagegen, sage, dass Angela Merkel in jener Freitagnacht im September 2015, als Tausende von Ungarn über Österreich auf die deutsche Grenze zuliefen, doch völlig richtig gehandelt habe. Was hätte sie in dieser Nacht denn anders machen sollen? Kurzes Nicken bei beiden. Dann sagt mein Vater: «Aber danach! Alles ist aus dem Ruder gelaufen, und überall wird nur beschwichtigt. Aber ihr wollt das nicht wahrhaben.»

Ihr?

«Ja, ihr in Berlin, die Politik, die Medien, ihr lebt doch längst in eurer eigenen Welt.» Er winkt ab.

Das hat er noch nie gemacht. Wir haben uns in all den Jahren immer wieder gestritten, über die Grünen, über Gerhard Schröder, über Helmut Kohl, wir haben uns unterbrochen, uns gegenseitig vorgeworfen, uns nicht ausreden zu lassen, aber dieses resignierte Abwinken ist neu.

Abends, im Bett meines Elternhauses, liege ich noch eine Weile wach. Das «ihr» geht mir nicht aus dem Kopf.

Als ich am nächsten Morgen aufwache, mache ich mein Handy an, lese ein paar Nachrichten, Twitter, Instagram, auf einer Nachrichtenseite finde ich einen Beitrag über den britischen

Wissenschaftler David Goodhart, der sagt, dass die alten politischen Muster, links und rechts, Oberschicht, Mittelschicht, Unterschicht, oft nicht mehr helfen würden, wenn man verstehen will, was in der Gesellschaft los ist. Er sagt, dass westliche Demokratien in den vergangenen Jahren an Stabilität verloren hätten, weil es eine «wachsende Wertekluft» zwischen den «Anywheres» und den «Somewheres» gebe. Die «Anywheres», schreibt Goodhart, «sind normalerweise gut ausgebildet und mobil. Sie legen Wert auf Autonomie, Offenheit und Fluidität. Sie haben eine ‹erarbeitete Identität›, die auf Bildungs- und Berufserfolgen basiert und dazu führt, dass sie sich überall selbstsicher und wohl fühlen.» Wie kann ich mich dabei nicht gemeint fühlen? Die «Somewheres» hingegen sind laut Goodhart «stärker verwurzelt». Ihnen seien «Gruppenzugehörigkeiten, Vertrautheit und Sicherheit» wichtig. Ihre Identität basiere auf einer Orts- und Gruppenzugehörigkeit, «was dazu führt, dass Veränderungen ihnen eher Unbehagen bereiten».

Wenn man so will, sind die «Anywheres» die Gewinner dieser Entwicklung. Sie laufen sich in den Großstädten über den Weg und klagen darüber, wie klein die Welt geworden sei, wie austauschbar. Die Verlierer hingegen erleben morgens auf dem Marktplatz ihrer Kleinstadt, was es bedeutet, dass die Welt jetzt zu ihnen gekommen ist. Mir fällt sofort ein, wie Maria mir erzählt hat, dass sie sich manchmal unsicher fühlt, wenn sie an der Bushaltestelle neben einer Gruppe junger Männer steht, Geflüchtete, die Sprüche machen, Bierflaschen in der Hand haben.

Ich fühle mich ertappt bei der Beschreibung der sogenannten Gewinner.

Beim Frühstück spreche ich die Szenen an der Bushaltestelle am Marktplatz noch einmal an. Und frage mich, wie ich selbst reagieren würde, wenn ich im Alter meines Vaters und in dem seiner Frau wäre.

Mein Vater war Gymnasiallehrer, er hat Englisch, Französisch und Italienisch unterrichtet, und als er pensioniert wurde, hat er als Erstes Spanisch gelernt, ist kreuz und quer durch Südamerika gereist. Danach kam Portugiesisch, und es folgten viele Reisen nach Lissabon. Fremde Kulturen hat er immer schon geliebt, das komplette Eintauchen hat er geradezu zelebriert. Nie wollte er bei seinen Aufenthalten in teuren Hotels wohnen, bevorzugte ein einfaches Zimmer bei einer Gastfamilie, «nur so lernst du das Land wirklich kennen». Ständig haben wir früher Freunde aus Frankreich oder England zu Besuch gehabt oder sind zu ihnen gefahren.

Mein Vater war der Erste in seiner Familie, der studieren konnte. Sein Vater, gelernter Buchbinder, später Beamter bei der Bahn, sagte zu ihm: «Du kannst aufs Gymnasium gehen, aber für Nachhilfe haben wir kein Geld.» Mein Vater machte sein Abitur, ging auf die Universität, absolvierte Auslandssemester – und wurde Lehrer.

Als ich ihm sage, dass er eines jener Kinder der Bundesrepublik sei, für die das Versprechen gegolten habe, Aufstieg durch Bildung, sieht er mich verblüfft an. So hat er sich selbst noch nie betrachtet, aber seine Frau stupst ihn an. «Das stimmt schon, wir haben davon profitiert!» Maria hat auch als Erste in ihrer Familie studiert, sie wurde auch Lehrerin, hat auf einer Sonderschule unterrichtet. Seit kurzem ist sie auch pensioniert.

Beide haben ein sicheres, schönes Leben, ihren Kindern geht es gut, ums Geld müssen sie sich keine großen Gedanken machen, die drehen sich eher um die nächsten Reisepläne, im kommenden Jahr wollen sie noch einmal nach Chile und Argentinien. Das Land, in dem sie ihr Leben verbracht haben, hat ihnen so vieles möglich gemacht. Und doch sind sie heute auf dieses Land nicht gut zu sprechen.

Mein Elternhaus steht in einem Neubaugebiet in Langgöns, einer Gemeinde in Mittelhessen, das ja selbst mitten in Deutschland liegt. Die nächste Großstadt ist Frankfurt im Süden, das Dorf hat einen Nahverkehrsanschluss ans Rhein-Main-Gebiet, viele pendeln morgens nach Frankfurt und abends wieder zurück. Knapp 15 000 Einwohner leben heute in der Großgemeinde. Die große deutsche Geschichte spielte sich in Langgöns eher in kleinen Anekdoten ab. Im Gasthaus «Zur Post» hat Fürst Bismarck einmal übernachtet und war von den Gesprächen mit der Wirtin so beeindruckt, dass er gesagt haben soll: «Da habe ich aber meinen Meister gefunden.» Ein knappes Jahrhundert später brach die RAF ins Langgönser Gemeindebüro ein und klaute Blankoformulare für Stempel, Pässe und Siegel, die bei späteren Verhaftungen von Terroristen gefunden wurden. Und in den achtziger Jahren fand im Gemeindezentrum eine wichtige Landesversammlung der Grünen statt.

Der berühmteste Sohn der heutigen Gemeinde ist Friedrich Ludwig Weidig, ein Wegbegleiter Georg Büchners und Vordenker der Revolution von 1848, der die meiste Zeit in Butzbach gelebt hat, einer Kleinstadt, die keine zehn Kilometer entfernt liegt. Auf der Weidig-Schule in Butzbach habe ich mein Abitur gemacht. Eva Briegel, die später mit ihrer Band Juli einmal einen Hit hatte, den das halbe Land mitsang, «Perfekte Welle», ist ein paar Straßen entfernt von mir aufgewachsen, der Schauspieler und Moderator Jochen Schropp ging mit meinem vier Jahre jüngeren Bruder Lars zur Schule, mit dem späteren Dreisprungweltmeister Charles Friedek habe ich Fußball gespielt.

In den Jahren meiner Kindheit konnten wir vom Garten meines Elternhauses auf eine riesige, viele Kilometer entfernte Kaserne der US Army schauen, und die Erwachsenen machten manchmal den Scherz: «Wenn die Russen angreifen, kommen sie zuerst hierher.» Das klang mitten in der grünen Idylle so unwirklich, dass es uns schon als Kinder keine Angst bereitete. Zumal wir beim Spielen im Wald immer wieder auf freundliche US-Soldaten bei ihren Übungen trafen, die uns Schokoriegel und Kaugummi schenkten, als lebten wir in den fünfziger Jahren und nicht in den Achtzigern.

Ich habe damals vor allem Fußball gespielt, ich wollte wie so viele Jungs Profi werden. Ich war gar nicht schlecht, wurde in Auswahlmannschaften berufen, immer ging es eine Ebene höher, bis ich mich mit 15 so schwer am Bein verletzte, dass ich mit dem Leistungssport aufhören musste. Meine Eltern ließen sich hinter meinem Rücken etwas einfallen. «Wolltest du nicht schon immer in England zur Schule gehen?», fragte mein Vaters eines Tages. Keine Sekunde hatte ich darüber nachgedacht, aber schon ein paar Wochen später war ich auf dem Weg nach Plymouth, dort sollte ich von Januar 1990 an die High School for Boys besuchen.

Gleich in der zweiten oder dritten Woche bekamen wir einen neuen Geschichtslehrer. Es gab damals, wenn ich mich richtig erinnere, zu wenig Lehrer, also wurden Pensionäre zurück in den Schuldienst geholt, und einer von ihnen betrat eines Morgens das Klassenzimmer, und kaum war er im Raum, sagte er mit tiefer Stimme: «So, someone told me, there is a young German student in class.» Redete er von mir? «Young man», fuhr er fort, als ich meine Hand kurz gehoben hatte, «would you please stand up and tell us, why we shouldn't be afraid of a re-unified Germany.»

Mir wurde heiß, mein Kopf färbte sich knallrot. Ich stand auf und spürte die Blicke meiner Mitschüler. Deutschland war damals auch in England jeden Abend Thema in den Fernsehnachrichten, der Zusammenbruch der DDR, der erste Wahlkampf, plötzlich hörte ich von einer Partei namens DSU, die ich nicht kannte (sie ging später in der gesamtdeutschen CDU auf). Und natürlich der triumphierende, umjubelte Helmut Kohl, der Kanzler, der immer schon da gewesen war in meinem Leben. Er ist meine allererste politische Erinnerung, ich muss neun gewesen sein, Bundestagswahlkampf 1983, als ich meinen Vater fragte, was der Mann mit der Brille auf dem Plakat genau meinen würde mit dem Spruch «Die Wende», der unter seinem Gesicht stand.

Zurück ins Klassenzimmer nach Plymouth. Was hatte der Lehrer gefragt? Warum man vor Deutschland keine Angst haben sollte? Vor uns, vor mir? Als Erstes fielen mir die Friedenstauben ein, die viele unserer Eltern auf ihre Garagen hatten sprühen lassen. Ich erzählte davon, wie intensiv wir den Nationalsozialismus im Schulunterricht durchgenommen hatten, die Bedeutung von Demokratie und was sie gefährden kann in Sozialkunde und Gesellschaftslehre. Ich erzählte ihm, wie beeindruckt ich war von der Rede unseres Bundespräsidenten Richard von Weizsäcker, der einige Jahre zuvor das Ende des Zweiten Weltkriegs als «Tag der Befreiung» beschrieben hatte. Und dann stammelte ich noch von unseren vielen Freunden in England und Frankreich, vom Schüleraustausch, und dass man vor Freunden doch keine Angst haben müsse. (Ich verschwieg natürlich etwas anderes, was mir einfiel: dass ich mich beim Schüleraustausch unsterblich in eine junge Französin verliebt hatte, im Dunkeln am Rande eines Lagerfeuers auf dem Pfadfinderplatz.)

Als ich fertig war, setzte ich mich wieder hin. Ich erinnere mich nicht an eine Reaktion des Geschichtslehrers, erst viel später wurde mir klar, dass er, der 1990 bereits Pensionär gewesen war, den Zweiten Weltkrieg, die Luftangriffe der deutschen Flieger natürlich voll mitbekommen haben musste.

Aber kaum war die Stunde zu Ende, kam ein Mitschüler zu mir. Das sei ja interessant gewesen, sagte er, er mache bei einer

Jugendzeitschrift in Plymouth mit. «Willst du das nicht einmal aufschreiben?»

In den nächsten Tagen las ich abends im Haus meiner Gast-eltern einige Geschichtsbücher, schrieb, schrieb um, schrieb weiter, und merkte, dass mir das Ordnen der eigenen Gedanken Spaß machte. Der Beitrag erschien unter der Überschrift «Why you shouldn't be afraid of a re-unified Germany». Mein erster Text in einer Zeitung. Das war der Moment, an dem ich wusste, dass ich Journalist werden will.

Zurück in Langgöns, machte ich Abitur, studierte kurz, fing an, für Zeitungen und Magazine zu schreiben, zog Anfang 1996 nach München, weil ich dort Redakteur bei *jetzt*, dem Jugend-magazin der *Süddeutschen Zeitung*, wurde. Ende 1998 ging ich nach Berlin zum *Tagesspiegel*, sechs Jahre später zur *ZEIT*.

«Ihr in Berlin ...» – warum trifft mich der Satz meines Vaters so? Natürlich halte ich ihm entgegen, dass ich jeden Morgen in der U-Bahn auf dem Weg ins Büro mehr soziales Elend sehe als er in einem ganzen Monat, aber das ist nicht das, was er mit Berlin meint. Das sind abgehobene Eliten, die schon lange kein Gespür mehr dafür haben, was im Rest des Landes los ist, die in ihrer eigenen Welt leben und dafür längst einen eigenen Begriff geprägt haben, die Blasen.

An meinem letzten Abend zu Hause, beim Rotwein, sagt mein Vater, es dürfe sich niemand wundern, dass die AfD so viele Stimmen bekomme. «Das ist doch der einzige Weg, damit die anderen Parteien endlich einmal zuhören.»

Am nächsten Morgen muss ich früh los, ich habe einen Ter-min in Kronberg im Taunus, mein Vater bringt mich mit seinem Golf zum Bahnhof. «Den Diesel muss ich auch loswerden», sagt er, «da haben sie einem jahrelang eingebläut, man soll Diesel fahren – und jetzt auch noch das.»

Wir verabschieden uns wie immer mit einer Umarmung,

dann springe ich in den Zug. Erst nach einer Weile fällt mir plötzlich noch eine Frage ein. Moment mal, denke ich, was hat mein Vater eigentlich gewählt?

Kapitel 2

Dieter Rams

Mit dem Zug fahre ich nach Frankfurt, steige um in die S-Bahn nach Kronberg. Gedankenverloren schaue ich aus dem Fenster, bin immer noch bei den Gesprächen mit meinem Vater, da hält die Bahn in Rödelheim. «Rödelheim» ist natürlich längst mehr als irgendeine S-Bahn-Station am Rand von Frankfurt. Moses Pelham, einer der bekanntesten Rapper Deutschlands, kommt von hier. Ich muss daran denken, wie ich Moses Pelham zum ersten Mal begegnet bin, 1991 auf einem Hip-Hop-Jam in der Frankfurter Music-Hall.

Er war damals schon ein kleiner Star, rappte auf Englisch, hatte sogar einen Hit gehabt, «Twilight Zone». Er war mit seinen Jungs unterwegs, die We-Wear-The-Crown-Posse. Klar, im Hip-Hop muss ja alles immer ein, zwei Nummern größer sein. Einer von ihnen war der Rapper Turbo B., der gerade mit Snap! berühmt geworden war, ein anderer, Mark Spoon, wurde später als Techno-DJ bekannt. An diesem Abend passierte etwas, das mich umhaute. Irgendwann kam jemand auf die Bühne und kündigte einen neuen Act an, von dem niemand im Publikum bisher gehört hatte, auch nicht Moses und seine Posse: eine Gruppe namens «Die Fantastischen Vier».

Und die Fantastischen Vier rappten auf Deutsch. Das war neu. So neu, dass es Buhrufe aus dem Publikum gab. Auch Rapper können konservativ sein.

Hip-Hop kam aus New York, das war damals die Hauptstadt der Popkultur, mit der höchstens noch London mithalten konnte. New York, das war MTV, das war Madonna, das waren Clubs wie das Limelight, den sie in eine ehemalige Kirche gebaut hatten.

An diesem Abend in Frankfurt 1991 aber wurde mir klar, dass sich etwas geändert hatte. Die Reime der Fantastischen Vier waren vielleicht noch etwas ungelenk, aber ich verstand jedes Wort, jede Anspielung, das war Musik, die aus dem Land kam, in dem ich selbst aufgewachsen war.

Heute denke ich, dass es vielleicht kein Zufall war, dass deutschsprachiger Hip-Hop in den Jahren nach der Wiedervereinigung populär wurde, einer Zeit, in der man sich auch als Teenager plötzlich mit dem eigenen Land beschäftigte, ob man es mochte oder nicht. Und in der auch der deutsche Musiksender Viva gegründet wurde, der Heike Makatsch und Stefan Raab populär machte.

Zeitgleich mit den Fantastischen Vier in Stuttgart fingen Advanced Chemistry in Heidelberg an, auf Deutsch zu rappen. Und während die einen 1992 mit ihrem harmlosen «Die da!?!» den ersten Hit des deutschsprachigen Rap landeten, veröffentlichten Advanced Chemistry im selben Jahr ihre politische Single «Fremd im eigenen Land» über die Ausländerfeindlichkeit, die sie gerade erlebten. «Ich habe einen grünen Pass mit einem goldenen Adler drauf», rappten Advanced Chemistry, «kein Ausländer / und doch ein Fremder.»

Ein Jahr später betrat Moses Pelham mit seinem Rödelheim Hartreim Projekt die Bühne: «Wenn es nicht hart ist / ist es nicht das Projekt.» Ziemlich schnell dachten viele seiner Fans im Rest von Deutschland, dass Rödelheim so etwas wie die Bronx von Frankfurt sein musste. War es natürlich nicht.

Im Sommer habe ich Moses Pelham wiedergetroffen, bei

einer Konferenz in Frankfurt, und natürlich haben wir uns auch darüber unterhalten, was gerade los ist im Land. «Früher, bei uns auf dem Schulhof», sagte Moses Pelham zu mir, «da gab es doch auch alle Religionen und Hautfarben, und wir haben uns zusammengerauft. Klar gab es auch mal Probleme, wo gibt's die nicht? Wir kannten das Wort Integration nicht, wir haben sie halt gelebt.»

Moses Pelham hat damals nicht nur seine eigenen Songs veröffentlicht, er hat auch angefangen, andere Musiker zu produzieren, Xavier Naidoo und natürlich Sabrina Setlur. Mit ihrer Single «Du liebst mich nicht» wurde sie die erste deutschsprachige Rapperin mit einem Nummer-eins-Hit.

So unterschiedlich diese Rapper auch waren, sie sorgten dafür, dass die deutsche Sprache nicht mehr uncool war, nicht mehr nur für Schlager und Faschingsmusik stand. Klar, es hatte vorher natürlich schon Udo Lindenberg gegeben, Falco, Nena, Herbert Grönemeyer und für eine kurze Zeit die Neue Deutsche Welle, aber der deutschsprachige Hip-Hop wurde zum Soundtrack der Jahre nach der Wiedervereinigung. Und ich weiß noch, wie ich 1993, dem Jahr, in dem ich Abitur machte, plötzlich im Fernsehen eine Dokumentationsreihe über junge Leute und ihre Träume sah, die nicht mehr wie bei MTV auf Englisch *The Real Life* hieß, sondern *Das wahre Leben*. Den Titeltrack rappten Fettes Brot aus Hamburg. Und noch etwas war neu an dieser Serie: Sie kam aus dieser Stadt, die mich vorher nie interessiert hatte, weil ich immer nur nach New York oder London wollte. «Das wahre Leben» spielte in Berlin.

Die Fahrt mit der S-Bahn ist zu Ende, angekommen in Kronberg, treffe ich zwei Kollegen, Tillmann Prüfer und Andreas Wellnitz. Wir sind mit Dieter Rams verabredet, dem legendären Designer, 86 Jahre alt, der mit seiner Frau Ingeborg seit Jahrzehnten in Kronberg lebt. Wir wollen ihn überreden, eine Ausgabe des *ZEITmagazins* zu gestalten. Als wir an der Haustür von Dieter Rams klingeln, ahne ich noch nicht, was die Begegnung mit meinem Buch zu tun haben könnte.

Dieter Rams hat wie kaum ein Zweiter das Produktdesign unserer Zeit geprägt. Er war von Anfang der sechziger Jahre bis Mitte der neunziger Jahre Chefdesigner der Firma Braun, aber das beschreibt nicht seinen weltweiten Einfluss. Seine weiße Zitronenpresse, sein berühmter weißer Plattenspieler, sein brauner Taschenrechner – seine Vorstellung vom Gestalten ist so klar wie erfolgreich gewesen: «Weniger ist besser.» Jonathan Ive, lange Chefdesigner von Apple, ist ein großer Fan von Dieter Rams, seine Eltern hatten eine Braun-Zitronenpresse von 1972 zu Hause, und es gibt kaum ein Apple-Produkt, dem man Ives Verehrung nicht anmerkt. Der iPod sieht aus wie ein Taschenradio von Dieter Rams aus dem Jahr 1958, der Taschenrechner in den iPhones ist inspiriert vom berühmten Braun-Rechner von 1977. Und natürlich vor allem das iPhone selbst – eine einzige Hommage an das Design von Dieter Rams. Er hat sich darüber immer gefreut: «Es ist keine Kopie, es ist ein Kompliment.»

Das Ehepaar Rams wohnt am Hang in einem weißen Bungalow, den der Designer natürlich selbst entworfen hat. Wir klingeln, seine langjährige Mitarbeiterin öffnet. «Kommen Sie rein!»

Sie führt uns durch die Diele und an den Privaträumen vorbei ins Untergeschoss, dort hat Dieter Rams sein Büro. Im Haus sieht es aus, wie man es sich vorstellt: hell, weiß, klare Kanten, kein Schnickschnack.

Dieter Rams kommt uns entgegen, begrüßt uns, und als Erstes fällt mir sein weiches, freundliches Hessisch auf, es lässt die kühl wirkende Umgebung gleich viel wärmer erscheinen. Er trägt einen dünnen schwarzen Pullover, blaue Jeans, die er unten umgeschlagen hat, graue Sportschuhe, keine Socken. Als er merkt, wie fasziniert ich von den weißen Fliesen auf dem Boden bin, sagt er: «Als wir das Haus 1971 haben bauen lassen, haben die Handwerker immer gesagt: Wir gehen wieder in die Molkerei.» Er lacht.

Wir setzen uns an seinen Schreibtisch, überall sind seine Produkte zu sehen. An der Wand hängt sein berühmtes Stereosystem. Berühmt ist es auch, weil der junge Dieter Rams und einige Kollegen, die wie er viel Zeit in Frankfurter Jazzclubs verbrachten, die Erfinder des Stereo-Sounds sind. Eines Tages, Anfang der fünfziger Jahre, stellten sie in ihrem Studio zwei Lautsprecher auf, in zwei Ecken des Raums – Stereo war geboren.

Dieter Rams erzählt jetzt von einem Dokumentarfilm, der gerade über ihn gedreht wurde und über eine Ausstellung in Philadelphia, die Ende des Jahres eröffnet werde, aber abgesehen davon, müsse er sich schonen, er sei ja jetzt auch schon 86. Während er das sagt, lächelt er. Und ich denke: Wenn ich mit 86 noch so fit bin, möchte ich genauso lächeln können über den Stress im Alter.

Wir plaudern also gemeinsam über eine Zusammenarbeit, und plötzlich kommt Dieter Rams auf die Situation in Deutschland zu sprechen. «Sie wissen ja, wie ich damals nach dem Krieg auf die Idee zu meinem Design gekommen bin», sagt er. «Wir lebten in Trümmern, überall war Chaos. Da wollten wir aufräumen.» Der Designer als ästhetischer Trümmermann. «Wir wollten Design auf das Wesentliche reduzieren, wir wollten Transparenz schaffen, Demokratie.» Er nimmt seinen Taschenrechner in die Hand. «Sehen Sie, hier ist alles sofort verständlich, der grüne Knopf zum Einschalten, der rote zum Ausschalten.»

Und wie sieht er Deutschland heute? Dieter Rams schüttelt den Kopf. «Wir stehen wieder an so einem Punkt, an dem wir aufräumen und Transparenz schaffen müssen.»

Ich erzähle ihm, dass ich vor vielen Jahren schon einmal in

Kronberg war und Joachim Fest besucht habe und dass wir uns auch über das Verhältnis der Deutschen und der Demokratie unterhalten haben. Auch Joachim Fest hatte Stühle von Dieter Rams.

Dieter Rams wurde am 20. Mai 1932 in Wiesbaden geboren, ein Jahr später kam Adolf Hitler an die Macht. Dieter Rams ist Einzelkind, seine Eltern Martha und Erich stritten oft und ließen sich früh scheiden, «1939 oder 1940», genau weiß er das nicht mehr. Sein Vater war zuständig für die Funkstationen im Taunus, die noch vor dem Krieg errichtet worden waren, und ständig in den Bergen unterwegs. Dem *SZ-Magazin* hat Dieter Rams einmal erzählt, er habe keine guten Bilder im Kopf, wenn er an seine Kindheit denke. «Ich wurde ständig zwischen Familienmitgliedern hin- und hergeschoben, wechselte oft die Schulen und kam dann aufs Internat. Die hießen damals Adolf-Hitler-Schulen.» Er kam auch in die Hitler-Jugend, «irgendwann haben sie mich rausgeworfen, wegen Renitenz vermutlich». Seine Mitarbeiterin ergänzt: «Vielleicht haben sie dich aber auch einfach nur aus den Augen verloren, weil du so oft umgezogen bist.» Er nickt. «Kann auch sein.»

Der große Halt wurde sein Großvater, ein Schreinermeister, der auf Oberflächen spezialisiert war. Wenn in Wiesbaden jemand ein Klavier aufzuarbeiten hatte, machte das sein Großvater. Diese Liebe für Oberflächen hat sich der Enkel erhalten. Schon damals half er seinem Großvater in der Werkstatt, und er merkte, wie ihm das lag, die Welt neu zusammenzubauen, die Dinge zu ordnen.

Dieter Rams hatte Glück im Unglück. Er wuchs zwar in den Trümmern des Krieges auf, auch Wiesbaden wurde von den Alliierten angegriffen, aber er war noch keine 13, als am 8. Mai 1945 der Zweite Weltkrieg offiziell zu Ende ging – eingezogen wurde er nicht mehr.

Dafür fing er früh an zu studieren, bereits mit 16 ging er auf die Werkkunstschule in Wiesbaden, er wollte Architekt werden, aus den Trümmern heraus das Land neu aufbauen. Die Nationalsozialisten hatten die minimalistische Bauhaus-Schule verboten, ihre Vordenker verjagt, aber Dieter Rams und einige andere in Frankfurt sowie die Architekten Max Bill und Hans Gugelot an der Hochschule für Gestaltung in Ulm nahmen die Bauhaus-Ideen wieder auf.

Und er traf auf zwei andere, die die Welt auch verbessern wollten, Artur Braun, damals 26, und Erwin Braun, 30, die gerade die Firma ihres Vaters übernommen hatten, die in Frankfurt unter dem Namen Radio-Braun bekannt war. Auch sie liebten den Bauhaus-Stil, sie wollten weg vom schwülstigen Stil des Gelsenkirchener Barock.

Das Geld verdienten sie mit ihren Rasierapparaten, sie machten Millionen-Umsätze, und zu ihren vielen, vielen Kunden gehörte auch mein Großvater, der die Tradition an meinen Vater weitergab, der sie wiederum an mich weitergab, und ich weiß noch, wie ich mich nach dem ersten Mal Rasieren so erwachsen gefühlt habe wie nach meinem ersten Rausch, nur aufgeräumter. Und wie fasziniert ich von den eleganten Apparaten war, deren Funktion ich sofort verstand. Sie waren meine erste Begegnung mit Dieter Rams. In meinem Bad habe ich bis heute einen Rasierer von Braun, obwohl ich natürlich weiß, dass Braun von heute nicht mehr viel mit Braun von damals zu tun hat.

Im Frankfurt der fünfziger Jahre trafen die Braun-Brüder auf einen jungen, aufstrebenden Architekten, der sie zunächst mit Entwürfen für ein Werk und eine Privatwohnung begeisterte, ganz in der schlichten Tradition von Bauhaus. Sie stellten Dieter Rams ein.

1956 durfte er ein erstes Produkt entwickeln, einen automatischen Diaprojektor, und als dieser auf der Messe Photokina vorgestellt wurde, wurde Braun dafür gefeiert. Kurz darauf das nächste Projekt: Ob er eine Kombination aus Radio und Plattenspieler entwerfen könne?

Er konnte. Das Produkt war fast fertig entwickelt, es gab nur ein Problem für ihn und sein Team: die Haube des Plattenspielers. Sie hatten es mit Blech probiert und mit Holz, aber nichts funktionierte, egal, was sie machten – es klapperte.

Da kam Dieter Rams eine Idee: Warum probierten sie nicht einmal Plexiglas aus? Ein Baustoff, der damals weitgehend unbekannt war. Und es funktionierte: Der Sound stimmte, und durch den transparenten Deckel sah man ab sofort die Platte beim Abspielen. Auch diese Erfindung von Dieter Rams setzte sich bald überall durch, und seitdem ich das weiß, denke ich jedes Mal, wenn ich in meiner Wohnung meinen Technics-Plattenspieler sehe mit seiner Plexiglashaube, an Dieter Rams.

Schon 1957 zeigte das MoMA in New York seine zusammen mit Hans Gugelot entworfene Radio-Phono-Kombination SK 4, besser bekannt als «Schneewittchensarg», in einer großen Ausstellung. Das habe sehr geholfen, hat Dieter Rams später einmal gesagt, «das hat die Firma weltweit bekannt gemacht. Braun war ja zu dieser Zeit eigentlich nur im Frankfurter Raum bekannt.»

Es ist ein warmer Spätsommertag, als wir Dieter Rams in Kronberg treffen, und ich frage ihn, ob er uns auch seinen Garten zeigen kann. Er steht auf, schiebt eine Glastür auf und führt uns durch sein kleines japanisches Reich.

Klein ist übrigens wörtlich gemeint. Im Grunde genommen besteht der ganze Garten aus einem kleinen Pool, um den herum Bäume und Sträucher gepflanzt sind, und einer kleinen Terrasse mit einem Tisch und Stühlen.

«Den Pool habe ich für meinen Rücken», sagt er. Schon früh

sei ihm vom Physiotherapeuten bei Braun deutlich gemacht worden, wie ungesund die gebeugte Haltung über dem Zeichentisch sei, auf Fitnessstudio und Gymnastik hatte er keine Lust, aber Übungen im Wasser, die macht er, der Pool ist beheizt.

Um den Pool herum sehe ich verschiedene Bonsais. Seitdem Rams in den sechziger Jahren zum ersten Mal in Japan war, ist er fasziniert von der Kultur des Landes. Er liebt es, im Garten ständig zu schneiden, wie es in Japan Tradition hat, auch die Natur zu designen nach seinen Vorstellungen, das passt zu ihm.

Das Einzige, was ihn nerve, erzählt er, sei, dass ständig «irgendwelches Zeugs, Insekten» im Pool landen. Er nimmt jetzt einen Kescher und pflügt mit ihm ein paar Mal durchs Wasser, sieht gleich viel besser aus.

Warum geht mir trotz aller ästhetischen Strenge das Wort «süß» durch den Kopf? Vielleicht weil dieser alte Mann vor mir, geistig und körperlich auf der Höhe seiner Zeit, eine weltweit bewunderte Legende seines Fachs, doch so bescheiden lebt.

So wie ich ihn an diesem Tag erlebe, kommt er mir wie das Idealbild der alten Bundesrepublik vor: bescheiden, erfolgreich, die Demokratie immer im Blick, wohl wissend, dass sie gerade eben noch wieder gelernt werden musste, ein menschlicher Weltmarktführer.

Eigentlich sollte aus dem ganzen Hang, an dem das Ehepaar Rams seit über vier Jahrzehnten wohnt, eine Mustersiedlung entstehen, im Auftrag von Erwin Braun, einem der beiden Brüder. Braun hatte sich das letzte große Baugelände der Stadt gesichert, doch der Plan wurde nie umgesetzt. Der spätere Eigentümer hat sich an den Entwürfen von Dieter Rams orientiert, aber natürlich hatte der Designer konsequenter gedacht, als es dann wurde.

«Ich wollte die ganzen Autos wegpacken», erzählt er, als ich ihn darauf anspreche, und macht eine Bewegung mit der Hand, so als ob er sie wie Matchboxautos zusammenpacken und verstecken könnte.

In den siebziger Jahren hat Dieter Rams zehn Regeln des Designs veröffentlicht, und schon damals hielt er fest: «Gutes Design muss umweltfreundlich sein.» 1976 hielt er eine Rede in New York: «Ich glaube, unsere jetzige Situation wird zukünftige Generationen erschaudern lassen angesichts der Gedankenlosigkeit, mit der wir heute unsere Häuser, Städte und unsere Landschaft mit einem Chaos aus allerlei Überflüssigem füllen.» Er weiß natürlich, dass heute mehr Schrott denn je produziert wird, und wenn man ihn beispielsweise auf die Entwicklung bei Apple in den letzten Jahren anspricht, verzieht er schmerzhaft sein Gesicht. Er ist zu höflich, um das auszusprechen, was er denkt, aber er sagt dann doch etwas Allgemeines: «Wir müssen zurückkehren zur Transparenz, im Design, in der Politik, überall in der Gesellschaft. Die Menschen verlieren die Übersicht, sie sind überfordert, auch mit der Technologie.»

Während ich ihm zuhöre, diese klaren, grundlegenden Gedanken, vorgetragen in diesem freundlichen, weichen Hessisch, werde ich plötzlich melancholisch. Dieter Rams hat mit seinen Gedanken das Land ästhetisch geprägt, das, was Willy Brandt, Richard von Weizsäcker oder Egon Bahr in der Politik gemacht haben, hat er im Alltag umgesetzt, auch wenn die allermeisten Menschen ihn nicht namentlich kennen. Hunderte von Produkten hat er entworfen oder maßgeblich in seinem Team betreut, mein persönlicher Favorit steht bei mir zu Hause: sein Bücherregal 606, das er 1960 für den Hersteller Vitsœ entwarf. Heute ist das Unternehmen Vitsœ englisch, weltweit tätig und residiert in London und in Royal Leamington Spa. Das Regalsystem ist so zurückhaltend wie Dieter Rams selbst; in einem fast unsichtbaren Weiß gehalten, verschwindet es nahezu zwischen den Bänden. Es lässt die Gedanken der Bücher, die in ihm stehen, glänzen. «Ein Regalsystem sollte wie ein guter englischer Butler sein, also zurückhaltend und im richtigen Moment präsent», zitiert Rams Erwin Braun, der das auch von seinen Produkten verlangte. Ich muss bei diesem Bild sofort an eine Fernsehwerbung aus meiner Kindheit denken. Ich hätte jetzt gern ein After Eight.

Dieter und Ingeborg Rams haben keine Kinder. Früher hatten sie eine Katze, Franziska. «Als sie mit zwanzig Jahren starb, waren wir sehr traurig. Danach haben wir uns keine mehr zugelegt», hat Dieter Rams einmal gesagt. «Franziska ist immer auf meinen Zeichentischen gelegen und hat mir bei der Arbeit zugeschaut. Die war nicht verschmust, aber unglaublich interessiert. Ich habe immer gedacht: Die versteht alles.»

Unser Besuch neigt sich dem Ende entgegen. Wir gehen vom Garten zurück in sein Büro hoch zum Ausgang.

Warum habe ich mich eigentlich so zu Hause gefühlt hier, frage ich mich, nachdem wir das Haus verlassen haben. Der Bungalow, die Glasschiebetüren, das kam mir vertraut vor – so ähnlich haben meine Eltern auch unser Elternhaus gebaut, Ende der Siebziger.

Ich rufe meine Mutter auf dem Handy an. Sie hat bis zum Sommer für die Deutsche Börse in Frankfurt gearbeitet, jetzt erreiche ich sie in ihrem Haus in der Pfalz, der Empfang ist so schlecht wie eh und je. «Mama?» – «Ja, hörst du mich?» – « Ja, geht gerade so. Ich weiß, die Frage kommt etwas aus dem Off, aber: Wie kamt ihr damals darauf, den Bungalow so bauen zu lassen mit den Glasschiebetüren direkt in den Garten?» – «Na, wir wollten es transparent haben, möglichst offen, so habe ich das dem Architekten gesagt, das war die Zeit damals ...» – «Hast du gerade transparent und offen gesagt?» – «Ja!» – «Danke, Mama, ich melde mich später noch mal!»

Kapitel 3

Herbert Grönemeyer

Nach dem Besuch bei Dieter Rams steige ich mit Andreas Wellnitz in einen Kleinbus, den er für unsere Fotoproduktion mit Herbert Grönemeyer in Bochum gemietet hat. Mit Andreas arbeite ich jetzt seit über zehn Jahren zusammen. Damals suchten wir einen Fotografieexperten für das *ZEIT-magazin*, und zwei Freunde hatten unabhängig voneinander einen Schweizer Bildredakteur empfohlen, der nach Deutschland ziehen wollte. Ich traf diesen Schweizer Bildredakteur, mochte ihn und das, was er sagte, sofort, aber während ich ihm zuhörte, fragte ich mich, warum er sich überhaupt nicht nach einem Schweizer anhörte. «Das liegt daran, dass ich gar kein Schweizer bin», sagte er und lachte. «Ich arbeite nur schon so lange in Zürich, dass das einige Leute denken.» – «Wo kommst du denn her?» – «Aus Hessen.» – «Ah, ich auch! Wo genau?» – «Aus Alsfeld.»

Alsfeld liegt nicht weit weg von Langgöns, eine Dreiviertelstunde mit dem Auto. Jetzt sitze ich also neben Andreas, der uns nach Bochum fährt, von Hessen ins Ruhrgebiet, auf der berühmten deutschen Autobahn. Als wir uns Bochum nähern, fällt mir eine Begegnung mit Ralf Hütter, dem Kopf der Band Kraftwerk, in Düsseldorf ein. Auf die Idee zu ihrem ersten großen Erfolg, der Single «Autobahn», die sie 1974 veröffentlicht haben, ist die Band durch ihre nächtlichen Fahrten durchs Ruhrgebiet gekommen, durch die Industrien, die rauchenden Schlote, die sie sahen, wenn sie nach den Konzerten in Jazzkneipen und Museen zurück nach Hause fuhren. Für Hotelzimmer hatten sie damals kein Geld.

Am nächsten Tag steht Herbert Grönemeyer in einer stillgelegten Turbinenhalle in seiner alten Heimatstadt Bochum und raucht eine Zigarette. Früher wurde hier Gas in Strom verwandelt, heute wird der berühmteste Sohn der Stadt fotografiert. Gestern Abend ist er aus Berlin angereist, für drei Tage ist er zu Besuch. «Wenn ich länger nicht hier war, vermisse ich die Art, wie die Menschen hier miteinander reden», sagt er, «direkt, offen, westfälisch-trocken.» Jetzt sieht er auf seine brennende Zigarette und fragt den Mann von der Security, der am Eingang steht: «Was mache ich mit der Asche?» Der Mann führt Herbert Grönemeyer kurz vor, wie das noch mal genau ist, mit der direkten, offenen, trocken-westfälischen Art miteinander zu reden. Seine Antwort besteht aus einem einzigen Wort: «Boden.»

> «Tief im Westen /
> Wo die Sonne verstaubt /
> Ist es besser /
> Viel besser, als man glaubt.»

1984 ging der Sänger Herbert Grönemeyer, 27 damals, zu seiner neuen Plattenfirma und kündigte an, sein nächstes Album werde *Bochum* heißen. Vier Alben hatte er bis dahin veröffentlicht, alle vier waren gefloppt. Nun also Bochum, sogar mit Postleitzahl vorne dran: *4630 Bochum.*

«Die haben zu mir gesagt: ‹Sag mal, geht's noch?› Und gedacht haben sie: ‹Der ist eh schon so erfolgslos, jetzt nennt der seine Platte auch noch *Bochum*. Das kauft doch schon in Bottrop keiner mehr.› Ich hatte ja wirklich damals nur Flops als Musiker, obwohl ich *Das Boot* gedreht hatte.»

Ein Riesenerfolg in den Kinos, mehrfach nominiert für den Oscar. Man kannte ihn also bereits in der Öffentlichkeit. «Und trotzdem habe ich nichts verkauft.»

Kurz vor der Veröffentlichung von *Bochum* ging Herbert Grönemeyer auf Werbetour durch Plattenläden. Es lief mäßig, aber der Tiefpunkt war ein Termin bei Elpi, einem bekannten Plattenladen in der Bochumer Kortumstraße. «Ich gehe mit einem Mitarbeiter der Plattenfirma rein, und der stellt mich dem Chef vor: ‹Das ist der Herbert Grönemeyer.› Sagt der Besitzer: ‹Kenn' ich.› – ‹Der hat 'ne neue Platte gemacht.› – ‹Ach nee, was du nicht sagst.› – ‹Ja, wie viele willst du denn haben?› Da dreht sich der Besitzer um und flippt mit dem Finger durch meine alten Platten. ‹Der ganze Mist, der hier steht, das kauft kein Mensch. Bleib mir bloß weg damit.›»

Der Mann sollte sich täuschen. Spätestens als Herbert Grönemeyer mit seiner Band in der Fernsehsendung *Rockpalast* auftrat, übertragen aus dem berühmten Liveclub Zeche in seiner Heimatstadt, war klar: *Bochum* wird ein gigantischer Erfolg. Die Platte blieb anderthalb Jahre in den Charts, es ist bis heute eines der meistverkauften deutschen Alben aller Zeiten. Und es machte aus dem erfolglosen Musiker einen Superstar. Heute ist Herbert Grönemeyer, 63, mit über 17 Millionen verkauften Platten der erfolgreichste deutsche Musiker, «Männer», «Halt mich», «Was soll das», «Mensch», «Der Weg», das ganze Land kennt seine Lieder.

Bei unserem ersten Treffen im Frühling in einem Café in Berlin, vor unserer Reise nach Bochum, erzählt Herbert Grönemeyer, dass er sich Sorgen macht, wohin sich das Land derzeit entwickelt: Tief gespalten in der Flüchtlingsfrage, die ungebrochene Popularität der AfD, die Fehler der etablierten Parteien, man hört ihm zu und merkt, wie ihm das Sorgen macht. «Am Ende geht es doch im Leben immer um Identität», sagt er. «Egal, ob im Osten oder im Westen.»

Seine Identität ist das Ruhrgebiet, genauer: die Stadt, der er 1984 die inoffizielle Hymne geschrieben hat, die bis heute im Stadion des städtischen Fußballvereins VfL und nachts als Rausschmeißer in vielen Kneipen gespielt wird. Um zu verstehen, was dieses abstrakte Wort Identität bedeutet, beschließen wir, nach Bochum zu fahren, Leute zu treffen, an die Orte zu gehen, die Grönemeyer geprägt haben.

Als er *Bochum* schrieb, lebte er schon in Köln. Manchmal braucht man Distanz, um zu verstehen, woher man kommt, wer man ist und warum. «Ich kann nur über etwas schreiben, was ich kenne», sagt er. Das ist wahrscheinlich das Geheimnis von *Bochum*: Jede und jeder hat ja ein eigenes Bochum. Das muss gar nicht im Ruhrgebiet liegen.

«Du bist das Himmelbett für Tauben /
Und ständig auf Koks /
Hast im Schrebergarten deine Laube»

Als Erstes will Grönemeyer zu den Brieftaubenzüchtern. «Das gehört zu meinen prägenden Kindheitserinnerungen, ein Bild, das ich immer im Kopf habe: Die Bergleute, mein Vater arbeitete auch in dieser Welt, kommen nach zehn Stunden unter Tage nach Hause, fragen ihre Frau nach einem Bier, gehen hoch unters Dach zu ihren Tauben und schweigen. Dann lassen sie die Tauben in den Himmel fliegen, den hatten sie ja den ganzen Tag nicht gesehen. Das war ihre Art von Meditation.»

An der Haustür begrüßt Dirk Hinz den berühmten Gast, drei Generationen warten schon, seine Partnerin Cornelia Appuhn, Großvater Karl-Heinz Hinz und sein Sohn David Czeszynski.

Man ist sofort beim Du. Herbert. Dirk. Kräftiges Hände-schütteln. «Es gibt bei uns das Gerücht», legt Dirk noch an der Haustür los, «dass der Herbert Grönemeyer vor dreißig Jahren bei der Bettina Kohrs in der Kellerbar gespielt hast, ihr wart zu-sammen in der Schule.» Einen Moment muss der Herbert über-legen. «Ja, klar, Bettina Kohrs kenne ich. Der Vater, war der nicht Arzt?» – «Genau, er war Präsident bei unserem Taubenzüchter-verein.» – «Das stimmt, ich bin da wirklich mal aufgetreten.» – «Dann hätten wir das geklärt. Kommt rein!»

Cornelia Appuhn nimmt Herbert Grönemeyer mit nach hinten in den Garten, dort stehen die Häuschen mit den Tauben. «Schon nach drei Wochen fangen sie an zu fliegen», erklärt sie ihm. «Sie haben magnetische Partikel im Körper, wie ein Kom-pass orientieren sie sich am Magnetfeld der Erde.» Staunend, strahlend, so steht Grönemeyer neben ihr, fragt nach, will alles wissen. Die Tauben fliegen schon mal 300 Kilometer in drei-einhalb Stunden, erzählt Cornelia Appuhn.

Dann fragt er sie, ob das der Moment am Tag ist, an dem sie zur Ruhe kommt, wenn sie hier allein im Garten die Tauben füttert. «Ja, klar», sagt sie, «dann habe ich endlich Zeit für mich allein.» Es ist ihre Meditation, so wie früher bei den Bergleuten.

«Du bist keine Schönheit /
Vor Arbeit ganz grau /
Du liebst dich ohne Schminke /
Bist 'ne ehrliche Haut /
Leider total verbaut.»

An diesen Frühherbsttagen zeigt sich die Stadt ganz anders, gar nicht grau, sondern grün mit strahlend blauem Himmel. Gröne-meyer trägt Sonnenbrille, schwarzes T-Shirt mit Jackett, dunkle Hose, Turnschuhe, das ist seit Jahren sein Look.

Wir fahren mit einem Kleinbus durch die Stadt, von Station zu Station. Kurzer Halt an einem Kiosk. Der Besitzer erkennt ihn sofort. «Ich lese ja Zeitung», lacht er. Herbert Grönemeyer kauft bei Niyaze Cetinpolat Süßigkeiten, Schaumerdbeeren. «Probiert mal, lecker!» Der Kioskbesitzer hat eine Frage: «Ich habe gelesen, dass Sie gar nicht in Bochum geboren sind, stimmt das?» Grönemeyer nickt. Geboren wurde er am 12. April 1956 in Göttingen. «Als *Bochum* rauskam, hieß es in der Stadt gleich: Du bist ja gar nicht hier geboren! Eine ehemalige Klassenkameradin hat damals im Stadtmagazin *Marabo* geschrieben, das sei doch eine Unverschämtheit, was ich mir anmaßen würde. Dabei bin ich als Baby nach Bochum gekommen, mit fünf, sechs Monaten.»

Niyaze Cetinpolat lacht. Er wurde auch nicht hier geboren. 1980 ist er nach Bochum gekommen, aus Anatolien. Sein Vater hatte eine Arbeitsstelle in einem Stahlwerk bekommen. Seit fast zwanzig Jahren hat er den Kiosk. Er fühlt sich zu Hause in Bochum, sagt er, genau wie der Star, der bei ihm gerade Schaumerdbeeren gekauft hat.

Zurück im Bus, erzählt mir Herbert Grönemeyer, dass er vor kurzem ein Gespräch mit seinem Sohn Felix hatte. «Ich sage etwas über einen Türken, der in Deutschland aufgewachsen ist, und mein Sohn unterbricht mich: ‹Türke kannst du nicht mehr sagen, Papa, das ist politisch nicht korrekt, der ist doch Deutscher.› Ich habe darüber nachgedacht, ihm auch zugestimmt, aber ich habe dann auch gesagt: ‹Ich komme aus einer Zeit, in der man das nicht diskriminierend gemeint hat, Türken, Italiener, Griechen, in meiner Jugend waren wir darauf stolz, guck mal, haben wir gedacht, wer alles zu uns in den Ruhrpott kommt! Und wir und die waren doch stolz auf ihre Herkunft!»

Herbert Grönemeyers Vater studierte in Clausthal-Zellerfeld Bergbau, danach bekam er einen Job in Bochum, die Familie zog hin und blieb, Mutter Hella-Carin, der älteste Sohn Dietrich, Wilhelm in der Mitte. Herbert ist der Jüngste, «der Ausgleichende», sagt er.

Zwei seiner Vornamen, Herbert und Wiglev, gehen zurück auf zwei Männer aus der Familie seiner Mutter, die beide im Krieg gefallen waren, wie man damals sagte. Herbert hieß der Vater seiner Mutter, Wiglev war ihr Halbbruder. Beide galten als verschollen. «Die waren wie Geister in unserer Familie, meine Mutter, ihre Schwestern und meine Großmutter haben jahrelang geglaubt, dass die Männer eines Tages auftauchen werden.» Er mag seinen zweiten Vornamen lieber als den ersten. «Wenn ich früher andere Herberts kennengelernt habe, dachte ich, was für ein bekloppter Name, bis ich gemerkt habe, hoppla, du heißt ja auch so.»

Der kleine Herbert fing früh an, Musik zu machen. «Ich bekam eine Ukulele, da war ich vielleicht vier oder fünf, ich habe wie ein Irrer darauf rumgespielt, ich hatte die immer dabei.» Mit acht Jahren lernte er Gitarre, spielte die Lieder aus der *Mundorgel*, dem Liederbuch aus den fünfziger Jahren, nach, «Die grauen Nebel hat das Licht durchdrungen», «Winde wehen, Schiffe gehen». Grönemeyer lacht, wenn er davon erzählt. «Dann fing ich mit ‹House Of The Rising Sun› an, Cat Stevens, James Taylor, Dylan, Cohen.» Mit 13 spielte er in seiner ersten Band, drei Jahre später wurde er Sänger einer Rockjazzband in Köln. Es ging Schlag auf Schlag, er wurde für die Theaterband in Bochum entdeckt, so kam er zur Bühne.

Eines Tages wurde er gefragt, ob er bei einem Beatles-Musical den Sprecher geben wolle. Plötzlich war er Schauspieler, wurde Teil des Ensembles unter dem legendären Regisseur Peter Zadek, machte zwischendurch noch schnell sein Abitur. «Das war die prägendste Zeit meines Lebens. Ich kam aus einer bürgerlichen Familie, und vor meinen Augen brach der Wahnsinn aus. Stän-

dig wurden mehrere Stücke gleichzeitig inszeniert, es wurde ge-
spielt und gefeiert, durcheinander, miteinander, übereinander.»
Wir fahren zum Schauspielhaus Bochum, gehen über den
Hintereingang auf die Bühne. Zurzeit wird umgebaut, die neue
Saison hat noch nicht begonnen. Auf dem Weg zur Bühne der
Kammerspiele steht plötzlich ein junger Mann vor Grönemey-
er, weißes Unterhemd, an beiden Armen tätowiert, Goldkette.
«Darf ich ein Selfie machen?» – «Klar.» – «Da wird sich meine
Mutter aber freuen.» Grönemeyer will wissen, was für Musik
er hört. «Schlager.» – «Schlager?» Verblüffung im Gesicht des
Musikers, dann ein lautes Lachen, mit Schlager hätte er wirk-
lich nicht gerechnet. «Mein neues Album ist übrigens auch
nicht schlecht», sagt er und fragt weiter: «Was machst du
hier?» – «Bühne aufbauen.» – «Echt? Bist du schon lange hier?»
Der Theatermann Grönemeyer denkt jetzt an Bühnenbauten
für Stücke. Aber die trockene Antwort klärt ihn auf, ganz in der
Bochumer Art: «Drei Tage.» Lautes, befreites Lachen.

Der Musiker und der Bühnenarbeiter verabschieden sich.
Grönemeyer geht auf die Bühne, auf der er vor vierzig Jahren
stand. Er sieht in den dunklen Saal hinein, sagt einige Sekun-
den lang nichts. Was geht ihm durch den Kopf? «Mir ist gerade
eingefallen, wie ich hier auf der Bühne stand als junger Schauspieler und mir die Hannelore Hoger mitten im Stück auf die
Schulter klopft und sagt: ‹ Nicht so verkrampft, junger Mann!›»
Damals denkt er im ersten Moment: Vielen Dank! «Aber von da
an ging's!» Später arbeitete er in Hamburg, Stuttgart und Köln
am Theater, insgesamt zehn Jahre lang. Aber er merkte: «Ich bin
nur gehobene untere Mittelklasse.»

Warum war die Zeit dann für ihn so prägend? «Bei Zadek
war es bis zur Premiere chaotisch, der machte nie zu, schmiss
manchmal in letzter Sekunde alles um. So arbeite ich bis heute:
Ich halte das Chaos offen, mache alle wahnsinnig, nur so gibt es

keinen toten Punkt. Das ist mein Lebensprinzip: Bleib immer in Bewegung, du kannst dich auf nichts verlassen.» Wieder macht er eine kurze Pause, schaut einmal auf den Theaterboden vor ihm, dann wieder hoch. «So ist das Leben. Die Dramen schlagen plötzlich zu, das Glück aber auch. Man muss bereit sein fürs Glück, man darf nie zumachen.»

Nach jahrelanger Krankheit starb Herbert Grönemeyers Frau Anna 1998, in derselben Woche wie sein Bruder Wilhelm. Seine Frau und er hatten beschlossen, ihre Krankheit geheim zu halten, sie zogen nach London, auch um ihr Privatleben besser zu schützen. «Die neunziger Jahre waren extrem schwierig. Du hast kleine Kinder, deine Frau erkrankt schwer, das war ein Leben, gelenkt wie von einer Fernbedienung.» Die beiden hatten sich 1978 am Theater kennengelernt, ihre gemeinsamen Kinder Marie und Felix sind heute 30 und 32. Herbert Grönemeyer ist mittlerweile wieder verheiratet, sein Privatleben schützt er, so gut es geht.

Damals, am Theater, hat er gemerkt, dass er nicht sein ganzes Leben lang Schauspieler sein möchte. «Ich wollte immer entweder Fußballprofi oder Gebrauchtwagenhändler werden.» Autohändler? «Ja, kaum war ich 18 und hatte den Führerschein, bin ich samstags nach Essen gefahren, auf den riesigen Gebrauchtwagenmarkt, habe für 200 oder 300 Mark ein Auto gekauft, habe es drei Monate gefahren, habe es wieder verkauft und ein anderes gekauft. Ich wollte jedes Modell fahren, das ich bekommen konnte.»

Dem 63-jährigen Herbert Grönemeyer geht es immer noch so wie dem 18-jährigen. «Ich liebe Autos!» Er sammelt sie, über dreißig besitzt er mittlerweile, Alfas sind seine liebsten, die alten und die neuen. «Wenn ich in einen Alfa steige und den Motor höre, denke ich sofort: Lass uns ein Eis kaufen fahren.» Es macht ihm eine diebische Freude, davon zu erzählen, wie er einmal mit seinem Alfa Cabrio durch Berlin gefahren ist, an einer Ampel hielt, und eine Frau zu ihrem Mann sagte: «Dieser Krach kann nicht legal sein.» Erkannt habe sie ihn jedenfalls nicht, erzählt er. «Ich höre noch, wie sie über mich zu ihrem Mann sagt: ‹Der Typ muss ein Autohändler sein, der auf dicke Hose macht.›»

Den Traum vom Gebrauchtwagenhändler hat er nie verfolgt, den Traum vom Fußballprofi schon eher. Aber auch hier merkte er bereits als Jugendlicher: Er ist gut, er ist ein Kämpfer auf dem Platz, aber er ist nicht gut genug, für den großen Verein der Stadt, den VfL Bochum, reicht es nicht.

«Machst mit 'nem Doppelpass /
Jeden Gegner nass /
Du und dein VfL»

Das Ruhrstadion ist an diesem Nachmittag leer, fast 30 000 Zuschauer passen rein, heute stehen nur ein paar Mitarbeiter des Vereins am Spielfeldrand. Bevor Herbert Grönemeyer den grünen Rasen betritt, streicht er einmal mit den Händen darüber, fast ehrfurchtsvoll, sonst nicht seine Art. «Fühlt sich gut an.» Er schnappt sich einen mitgebrachten Ball, schlägt Pässe, läuft ein paar Meter, hält den Ball hoch, mit dem rechten Fuß, mit dem linken Fuß, mit dem rechten Oberschenkel, mit dem Kopf. Plötzlich stehe ich auch auf dem Platz, lege meine Tasche auf den Rasen, Grönemeyer kickt mir den Ball zu, wir spielen Doppelpass, laufen wie kleine Jungs über den Platz.

Ich denke, was wohl gewesen wäre, wenn ich mich mit 15 nicht verletzt hätte. Hätte ich dann vielleicht auch hier gespielt?

Am Nachmittag rufe ich meinen Vater an, erzähle ihm davon, er war auch ein guter Fußballspieler, Linksaußen. «Du weißt ja, dass ich mal ein Angebot vom VfL Bochum hatte, oder?» – «Wie bitte?» – «Als Jugendspieler, ja, aber das war mit heute nicht zu vergleichen, es gab ja keine Profis, nicht mal die Bundesliga.» Die wurde erst 1962 gegründet. So erfahre ich von meinem Vater, dass ihm die Sache mit Fußball dann doch zu unsicher war. Er hat lieber studiert.

Herbert Grönemeyer erzählt mir aus seiner Jugend: «Ich habe als Schüler in einer katholischen Fußballmannschaft gespielt, was meinen Vater fürchterlich aufgeregt hat, wir waren ja evangelisch: Wenn ihr spielt, kommt bestimmt der Papst vorbei, hat er immer gesagt, und segnet den Platz.»

Auf Rasen hat er damals selten gespielt, schon gar nicht auf so einem gepflegten wie im Ruhrstadion. «Wir hatten grauen Sand, erst wenn du mit blutenden Knien nach Hause kamst, warst du richtig stolz.»

Neben dem Fußball hat Herbert Grönemeyer auch Tennis gespielt, als Jugendlicher in der Zweiten Bundesliga, aber irgendwann tat die Schulter zu oft weh. Außerdem wurde die Musik immer wichtiger.

Der Teenager Herbert entdeckte ein Vorbild für sich, den Sänger Bernd Kowalzik, der sechs Jahre älter war und ein kleiner Star in Bochum. «Er war mein absolutes Idol, der zog die Blicke auf sich mit seinen langen Haaren. Ich habe damals gedacht: ‹Das geht also als Beruf, vielleicht gibt's da für mich auch eine Nische.›»

Der Kleinbus fährt Herbert Grönemeyer jetzt zur Zeche Bochum, dem legendären Liveclub. Alle haben sie hier gespielt, Tina Turner, R.E.M., Rammstein. 1984 hat Herbert Grönemeyer hier sein «Bochum»-Konzert gespielt, das ihm den Durchbruch beschert hat.

Bernd Kowalzik, sein Idol, war einer der Gründer der Zeche, er ist vor fünf Jahren gestorben. Eine Tochter von Kowalzik, Anna Meierling, begrüßt Herbert Grönemeyer, sie ist heute eine der Mitbesitzerinnen. Als er von ihrem Vater schwärmt, dem von Mädchen umschwärmten Helden seiner Jugend, hält sie sich kurz die Ohren zu. «Das will ich doch als Tochter gar nicht hören.» Beide lachen. Sie will von ihm wissen, wie diese kurze Reise durch sein Bochum für ihn ist. «Es sind die Menschen», sagt Grönemeyer. «Ich kann mit den Menschen hier anders reden.» Er hat jetzt beide Hände in die Hosentaschen gesteckt, als halte er sich an sich selbst fest. «Und natürlich erinnert es mich auch an die eigene Vergänglichkeit.»

Er geht hoch auf die Bühne, hier stand er vor 35 Jahren, die Haare noch länger und röter, der Körper dünner, der Mann aufgeregter, zappeliger, live im *Rockpalast*. 63 Jahre ist Herbert Grönemeyer mittlerweile. «Früher wusste ich immer, es gibt noch einige Ältere, die den Laden schmeißen. Jetzt bin ich in einem Alter, da kann ich mich nicht mehr auf die Älteren verlassen», sagt er. «Ich gehe ja ins letzte Drittel.»

Vielleicht hat es auch mit dem Alter zu tun, dass er öfter über seine eigene Rolle nachdenkt. «Als Künstler liefere ich letztlich Anstöße für die Gesellschaft. Ich frage mich da schon: Was kann ich leisten, was kann ich dazu beitragen, Menschen lebendig zu halten?»

Da ist einerseits die Musik. Mit stoischer Disziplin veröffentlicht er alle paar Jahre ein Album. «Egal, was du machst, ob du Bücher schreibst oder malst oder Musik machst, du wartest immer auf den besonderen Moment, den kannst du aber nicht steuern. Das ist wie beim Küssen, nicht jeder Kuss ist gleich toll. Manchmal denke ich: Warum war der Kuss jetzt besonders schön? Gestern habe ich doch auch dreimal geküsst, und das war nicht so doll. Deswegen muss ich Platten machen, immer mit dem Risiko, dass die nächste vielleicht nicht so gut wird, das weiß man immer erst im Nachhinein.» Und deswegen, sagt er, «setze ich mir immer einen Termin, damit ich sagen kann:

Die Musik ist das Beste, was ich jetzt schreiben kann. Danach kommt die nächste Platte.»

Er weiß auch immer, sagt er, «wenn ich bei einem Song zu eitel war oder gepfuscht habe». Einmal hat er im Radio ein Lied gehört mit dem Titel «Ich geb nichts mehr». Er war verblüfft. «Ich habe gedacht: Was ist das denn? Ich habe gar nicht mehr gewusst, dass ich das je geschrieben hatte.» Füller, so nennt er solche Lieder.

Überhaupt fühlt er sich mit seiner Musik oft alberner, als er wahrgenommen wird, «wirklich, ich werde manchmal zu ernst genommen. ‹Männer› zum Beispiel spiele ich gerne, weil es so schön blöde ist. ‹Männer sind schon als Baby blau›, ich fand die Zeile halt gut.» Er lacht.

Kann er heute eine persönliche Rangliste seiner Platten aufstellen, spontan? Er muss nicht lange überlegen. «Bestes Album: *Bleibt alles anders*, das war ein kompletter Umbruch, niemand wusste von der Krankheit meiner Frau, das war also für das Publikum wie ein abstraktes Gemälde. Zweitbestes Album: *Mensch*, man kennt ‹Mensch› und ‹Der Weg›, aber es ist erstaunlich komplex für so einen großen Erfolg. Auf drei: *I walk*, das englische Album, es hat eine ganz eigene Farbe, darauf gibt es auch Songs, die es nie auf Deutsch gegeben hat. Danach gleich auf *Bochum* und *Ö*, das sind die unbeschwerten Alben. Auf Platz 6 liegt *Total Egal*, das erste Album, auf dem ich selbst getextet habe, war extrem erfolglos, aber trotzdem gut.» Herbert Grönemeyer ist jetzt richtig in Fahrt und redet klar und offen, auch über seine schwächeren Arbeiten, da ist er ganz Bochumer. «Der Sound von *Sprünge* ist nicht so stark, einige Stücke sind gut, ‹Kinder an die Macht›, ‹Angst›, aber der Mischung fehlt der Biss. Auf den weiteren Plätzen sind *Schiffsverkehr* und *Dauernd jetzt*, das eher zart ist. *12* war überproduziert, zu bombastisch. Auf *Gemischte Gefühle* ist immerhin ‹Musik nur wenn sie laut ist› drauf. Und *Luxus* ist mein schwächstes, das war einfach keine gute Zeit.»

Wenn man zuhört, wie der Kritiker Grönemeyer den Musiker Grönemeyer rezensiert, denkt man: Vielleicht ist diese Klarheit, diese Offenheit der Grund für den so lange anhaltenden Erfolg. «Das heißt natürlich nicht, dass ich nicht jedes Mal aufs Neue denke: Die neue Platte ist richtig gut geworden!» Er lacht sein lautes Grönemeyer-Lachen. «Du zeigst dein Kind und fragst: Wie findet ihr es? Aber wehe, ihr findet es nicht schön! Das ist doch das schönste Kind der Welt!»

Sein neues Album heißt *Tumult*, es ist noch nicht erschienen, als wir uns treffen. Er will es uns vorspielen, während wir durch Bochum fahren. Er hat es auf seinem Smartphone gespeichert. Der Sound beim Vorspielen muss gut sein, das ist ihm wichtig. «Können wir kurz da vorne anhalten?», fragt er den Fahrer, springt raus und geht in die Filiale einer Elektrokette, testet zwei sogenannte Boomboxen, Lautsprecher für sein Smartphone, kauft einen, kommt wieder zurück in den Bus. Er spielt eines seiner Lieblingslieder vom neuen Album, erstmals singt er auf Türkisch. Der Song ist innerhalb weniger Stunden entstanden, erzählt er.

Er will nicht sagen, wie er genau darauf gekommen ist, aber ich kann es mir denken: Es war der Sommer der missglückten Fußballweltmeisterschaft, die Debatte um Mesut Özil, der sich im türkischen Wahlkampf gemeinsam mit dem türkischen Präsidenten Recep Tayyip Erdoğan hatte fotografieren lassen. Schließlich trat Özil aus der Nationalmannschaft zurück.

Es war einer dieser vielen Momente in letzter Zeit, in denen das moderne Selbstbild der Deutschen ins Wanken geraten ist. War das Land nicht ungeheuer stolz auf diesen eleganten Fußballspieler, der sich trotz seiner türkischen Eltern, trotz der schwierigen Kindheit in einfachsten Verhältnissen in Gelsenkirchen, trotz tausend kleiner Erlebnisse, die oft unter dem Begriff Alltagsrassismus zusammengefasst werden, entschieden hatte, für Deutschland zu spielen? Mesut Özil schien angekommen, stellvertretend für die vielen anderen Deutschen mit türkischen Wurzeln. Er schoss Tore. Er machte Werbung für Nutella. Unser Mesut.

Doch wie das so ist mit Projektionen: Sie halten der Wirklichkeit nicht immer stand, wenn man den Blick schärfer stellt.

Und damit sind wir bei den großen politischen Fragen, die Herbert Grönemeyer derzeit beschäftigen. Um es mit einer berühmten Textzeile von ihm zu sagen: «Was ist nur los / Was ist passiert?»

«Ich fühle eine Verantwortung für die Gesellschaft. Wenn wir wollen, dass sich das Land gut weiterentwickelt, dürfen wir das nicht den Politikern alleine überlassen.» Wie sieht er, der bekennende eher Linke, die Flüchtlingsdebatte? Er selbst hat junge Geflüchtete in eine Wohngemeinschaft aufgenommen in Berlin, die er finanziert. Er sagt aber auch: «Die Angst von vielen Leuten ist doch berechtigt. Viele ärgern sich, weil sie das Gefühl haben, dass sie nicht miteinbezogen werden.» Und dann wählt er einen persönlichen Vergleich: «Es ist wie in einer Familie, wenn es Fragen und Ängste gibt, müssen die alle auf den Tisch und besprochen werden. Und das passiert einfach nicht.» Aber wird nicht heftig über diese Fragen debattiert? «Nicht von den führenden Politikerinnen und Politikern. Das werfe ich Angela Merkel vor, sie kommuniziert einfach nicht. Willy Brandt konnte einen mitreißen, der konnte dem Volk signalisieren: Wir haben eine gemeinsame Idee, lasst uns etwas bewegen.»

Einmal ist Herbert Grönemeyer Willy Brandt begegnet, in Bonn. Er hatte ein Lied gegen das Apartheidregime in Südafrika geschrieben, Brandt hatte ihn zu einem gemeinsamen Treffen mit Nelson Mandela eingeladen. «Wir saßen zu dritt an einem kleinen runden Tisch in Willy Brandts Büro, und er versuchte, Herrn Mandela zu erklären, wer ich bin: ‹This is Mister Grönemeyer, a singer ...› Nach seinem vierten Satz ist er eingeschlafen.» Willy Brandt? «Ja. Jetzt saß ich mit Nelson Mandela alleine am Tisch und brachte kein Wort heraus, so überfordert war ich. Mandela versuchte, mich mit Smalltalk locker zu machen, ‹I heard you singing, very nice.› Nach zehn Minuten ist Willy Brandt wieder aufgewacht.»

Herbert Grönemeyer sagt, dass er derzeit überlege, die Gründung einer Gruppe von Expertinnen und Experten aller wichtiger gesellschaftlicher Bereiche zu initiieren. «Die sollen sich gemeinsam Gedanken machen, wie das Land positiv weiterentwickelt werden kann. Früher hätte ich gesagt, Roger Willemsen könnte das moderieren.» Er sei noch mitten in den Überlegungen, sagt er, aber eines stehe für ihn fest: «Wir brauchen eine gesellschaftliche, geistig-soziale Revolution.»

Dann erwähnt er ein Buch, das er gerade gelesen habe, *The Shortest History of Germany*, von einem britischen Autor namens James Hawes. «Der hat etwas gemacht, was natürlich gar nicht geht, die ganze Geschichte Deutschlands auf gut 200 Seiten zu erzählen, so was machen nur die Engländer.» Das Buch habe ihm Deutschland noch einmal neu erklärt, «die Rolle der protestantischen Junker im Osten beim Aufstieg Hitlers, das wusste ich gar nicht». Ich tippe den Buchtitel in mein Handy, abends im Hotelzimmer bestelle ich es mir.

   «Du bist keine Weltstadt /
   Auf deiner Königsallee /
   Finden keine Modenschaun statt»

Der Kleinbus fährt weiter durch Bochum, plötzlich sagt Herbert Grönemeyer: «Das ist jetzt übrigens die Königsallee, auf der wir

gerade entlangfahren.» Er schaut aus dem Fenster. «Mein Elternhaus ist hier ganz in der Nähe, wollen wir mal hinfahren?» Es ist
ein unscheinbares Mehrfamilienhaus, Grönemeyers wohnten
parterre.

Er steigt aus dem Bus, ich laufe hinter ihm her, er geht hin
und her. «Ich bin hier ewig nicht gewesen. Da drüben gab es ein
Trümmerfeld, da haben wir Kinder uns immer herumgetrieben.
Und das Grundstück dort war noch unbebaut, da haben wir
Fußball gespielt. Und seht ihr die große Araukarie hinter dem
Haus? Die haben meine Eltern gepflanzt.»

Vor dem Baum steht eine weiße Garage, jemand hat mit
orangener Farbe

A

f

D

auf das Tor gesprüht, jemand anderes mit pinker Farbe hinter jeden Buchstaben geschrieben:

A sozial

f remdenfeindlich

D umm

Zwei Seiten Deutschlands, zusammengefasst auf einem Gara-
gentor neben Herbert Grönemeyers Elternhaus.

Noch kurz vor seinem Tod hat sein Vater ihm, der damals längst
ein Star war, gesagt: «Werd du mir nicht arrogant!» Und die
Mutter, eine starke Persönlichkeit, habe ihm vorgelebt, «wie
sich eine Frau selbst gegen die vier Männer im Haus durchsetzen kann, wenn es ihr darauf ankam».

Sein Vater habe das Leben geliebt, sagt Herbert Grönemeyer,
obwohl er als Soldat in Stalingrad einen Arm verloren hat.

Sein Vater und der Krieg. «Mein Vater lag im Kessel von

Stalingrad. Er hat das Fernglas gehoben, dann haben sie ihm in den Arm geschossen», erzählt mir der Sohn. «Er wurde dann ausgeflogen, sonst wäre er wohl nicht mehr rausgekommen. Mein Vater fand das Leben herrlich, der fand das Leben klasse, er rauchte, trank gerne Wein. Er hat das Leben genossen, vielleicht aber auch, weil er es in der ganzen Härte erlebt hatte. Er hat immer davon erzählt, wie es war, wenn deine Freunde neben dir erschossen wurden und nicht begraben werden konnten, weil der Boden zugefroren war. ‹Du hattest deine toten Freunde tagelang bei dir›?» So hat er das seinem Sohn erzählt.

Wie war sein Vater nach dem Krieg?

«Er war selbstkritisch, linksliberal, er hat mir auch immer gesagt, dass sie wussten, was mit den Juden passierte. Er hat sich da nie rausgewunden.» Ich sage, dass er da eine Ausnahmefigur gewesen sein muss. Die meisten haben nichts erzählt, aus Scham, aus Schuldgefühlen heraus und auch, weil sie nicht gefragt wurden. Die einen wollten nichts erzählen, die anderen wollten es lieber nicht so genau wissen, was der Vater im Krieg gemacht hatte, so war es in meiner Familie, so war es fast überall in Deutschland. Bei Grönemeyers war es anders. «Auch die Freunde meines Vaters aus dem Krieg waren oft bei uns zu Hause und haben darüber geredet, aber nie verherrlichend oder verklärend. Die haben sich keine Heldengeschichten erzählt, sondern reflektiert, wie sie damals waren.» Dann, etwas leiser, fügt Herbert Grönemeyer hinzu, dass seine Mutter da anders gewesen sei. «Meine Mutter kam ja aus Estland, aus dem alten baltischen Adel, die mussten fliehen. Sie hat den Verlust nie ganz überwunden. Sie ist da auf einem großen Hof aufgewachsen, das war politisch das andere Spektrum, ganz klar.»

Sein Vater Wilhelm aber freute sich seines Lebens, und das machte auf seinen Sohn Herbert früh gewaltigen Eindruck. «Mein Vater war sehr belesen, der stand am Wochenende in

Turnhosen morgens auf, ging in den Garten und zitierte Rilke oder Heine oder sagte den Faust auf.» Herbert Grönemeyer erinnert sich daran, wie seine Mutter an ihrem 75. Geburtstag eine Rede hielt und über ihren Mann nur einen einzigen Satz sagte, sie habe sich immer gewundert, wie ein Mensch so fröhlich sein kann. «Das war der einzige Satz über meinen Vater, weder dass sie ihn wahnsinnig liebte noch sonst irgendwas.»

Und dann erzählt mir Herbert Grönemeyer noch eine Geschichte, die nicht nur etwas über die Kriegsvergangenheit der Deutschen erzählt, sondern auch davon, wie das Land zurückfand in die Demokratie und wie es sich aussöhnte mit dem Erzfeind, dem Nachbarland Frankreich. «Mein Vater hat sich verrückter- oder besser dummerweise, nachdem er mit dem einen Arm aus Stalingrad ausgeflogen worden war, wieder zurück zum Dienst gemeldet. Er war bei der Artillerie.» Stationiert war Wilhelm Grönemeyer auch in Frankreich, in der Bretagne.

Und vielleicht war es kein Zufall, dass die Grönemeyers nach dem Krieg, sobald man es sich leisten konnte, in die Bretagne in den Urlaub fuhren. Und so kam der Krieg noch einmal zurück in das Leben von Wilhelm Grönemeyer. «Wir wohnten in einem Hotel, ich war da 13, glaube ich», sagt Herbert Grönemeyer. «Wie immer in der Bretagne, das war ein einfaches Hotel, aber nette Gastleute, wir hatten ja nicht viel Geld, Toilette auf dem Gang. Im Innenhof waren Liegestühle aufgebaut.» Eines Tages verkündet der Vater: «Ich fahr da noch mal hin, wir haben damals auf einem Bauernhof gelegen.» Damals: mit der Artillerie, im Krieg. «Ich habe gesagt: Vater, du kannst doch da jetzt nicht hinfahren, bist du wahnsinnig? Du kannst da doch nicht an der Tür klingeln und sagen: ‹Hallo, ich wollt nur mal gucken, wo ich hier lag.› – ‹Doch, doch, da fahr ich jetzt hin.›» Er fährt also mit seiner Frau vormittags mit dem Auto dorthin, Sohn Herbert macht es sich neben anderen Gästen auf einem der Liegestühle gemütlich. Nachmittags, gegen 17 Uhr, sind die Eltern wieder da. Mutter Grönemeyer, eine kleine, drahtige Person, schiebt Vater Grönemeyer, groß, kräftig, «kompakt», wie ihn der Sohn heute beschreibt, an den Liegestühlen vorbei. «Mein Vater war sternhagelvoll, so was von besoffen, das kann man gar nicht beschreiben. Ich, damals mitten in der Pubertät, sagte nur laut vor mich hin: ‹Ich kenn die nicht, ich kenn die nicht!› Meine Mutter schiebt also diesen Elefanten von Mann ins Hotel, gerade dachte ich, jetzt sind sie endlich weg, da tut sich im Innenhof ein Fenster auf. Mein Vater! Er hatte das Fenster aufgerissen und schrie: ‹Ich kann fliegen! Ich kann fliegen!› Meine Mutter rief immer nur ‹Wilhelm! Wilhelm!› und hielt ihn von hinten fest, damit er nicht aus dem Fenster stürzte.»

Was war passiert? «Er hatte den Hof wirklich gefunden und geklingelt. Der Bauer kam an die Tür, das war ja etwa dreißig Jahre nach dem Krieg. Er hat meinen Vater offenbar angeguckt und gesagt: ‹Monsieur Grönemeyer, rentrez, rentrez.› Der Bauer hat erst einmal ein Huhn geschlachtet und meinen Vater ununterbrochen mit selbstgebranntem Calvados abgefüllt. Die haben sich stundenlang unterhalten, mein Vater konnte ordentlich trinken.» Der Sohn wundert sich heute darüber, er hätte ja eher damit gerechnet, dass der Bauer zu seinem Vater gesagt hätte: «Hau ab, du Blödmann.»

Als er die Geschichte erzählt hat, fällt mir ein, dass mein Großvater als Soldat auch in Frankreich war, «lag», wie es damals hieß. Und dass es ihm dort auch gefiel. Eines Tages las er in der Eisenbahnerzeitung, dass eine Familie in Épernay in der Champagne einen deutschen Gastschüler suchte. Er meldete seinen ältesten Sohn an, meinen Vater. Und so kam mein Vater mit 15 allein nach Frankreich, lernte die Sprache, freundete sich mit anderen Jungs in seinem Alter an, beim Fußballspielen. Die besuchten ihn dann zu Hause in Deutschland, freundeten sich auch mit meinem Onkel an, der nun ebenfalls oft nach Frankreich fuhr. Und so war es kein Zufall, dass beide Söhne meines Großvaters erst Französisch studierten und dann Französischlehrer wurden.

So oder so ähnlich passierte es millionenfach in den Jahrzehnten nach dem Zweiten Weltkrieg. Die Politik hatte beschlossen, dass Deutsche und Franzosen sich nur aussöhnen können würden, wenn sie sich kennenlernten, und zwar so früh wie möglich.

In den Achtzigern war der deutsch-französische Schüleraustausch für mich so selbstverständlich wie das Abitur, er gehörte dazu, den ersten Engtanz zum Soundtrack von La Boum haben wir mit unseren französischen Austauschschülerinnen und -schülern erlebt. Wir haben deutsch-französisch geknutscht – besser kann man sich kaum aussöhnen.

Auch Herbert Grönemeyer erzählt mir, dass er in den Ferien in der Bretagne immer seine Gitarre dabeihatte. Mit Songs von Leonard Cohen konnte er eben nicht nur Mädchen in Bochum beeindrucken.

Herbert Grönemeyer erzählt mir noch einmal etwas über seine Familie. «Mein Großvater leitete ein Bergwerk. Er musste bei einem Gaseinbruch als Erster in die Grube steigen und starb sofort. Sein Sohn und seine Frau waren vor Ort.» Da war sein Vater vier Jahre alt. Vielleicht habe er gerade deshalb diese unglaubliche Lebensenergie ausgestrahlt.

«Du hast 'n Pulsschlag aus Stahl /
Man hört ihn laut in der Nacht /
Du bist einfach zu bescheiden /
Dein Grubengold /
Hat uns wieder hochgeholt»

Das gehört zu den Überraschungen der Tage in Bochum. Klar, ich wusste, dass hier ewig Kohle abgebaut wurde und dass dieser Abbau zu teuer wurde, aber ich bin zu jung, um selbst miterlebt zu haben, dass der Boom der Bundesrepublik nur möglich war, weil im Ruhrgebiet die Bergleute ihr Leben riskierten. Dass die Autoindustrie in Stuttgart, München und Wolfsburg ihren Stahl aus dem Ruhrpott bekam. Nach dem Krieg kamen zwei Drittel der Energie der Bundesrepublik aus dem Ruhrgebiet. 1960 wurden noch 142 Millionen Tonnen gefördert.

Schwarzes Gold für Schwarz-Rot-Gold.

Später begann der Import von billigerer Kohle aus China, Indien, Russland. Dazu das billigere Erdöl von überallher – und der Abstieg des Potts begann.

«Es geht den Menschen im Ruhrgebiet zuerst nicht darum, ob sie dich mögen», sagt Herbert Grönemeyer. «Es geht ihnen darum, ob man sich auf dich verlassen kann. Wenn die Bergleute morgens runter in den Schacht sind, 1000 Meter unter die Erde, ging es ihnen untereinander um die Frage: Holst du mich hier raus, wenn etwas schiefläuft? Du konntest ein Widerling sein, aber du musstest ein zuverlässiger Widerling sein.»

Die Tage in Bochum gehen zu Ende. Er lebt jetzt über drei Jahrzehnte nicht mehr hier. Doch du kriegst den Jungen vielleicht aus dem Ruhrgebiet, aber nicht das Ruhrgebiet aus dem Jungen. Das ist seine Identität.

Nur einmal, als wir an einem Imbiss anhalten, er aussteigt, zwei junge Mütter mit ihren Kinderwagen ihn sofort erkennen und ein Stammkunde vor ihm eine «Doppelcurry mit Pommes und Zwiebeln» bestellt für 7 Euro 50, zeigt Herbert Grönemeyer, dass er auch keine Probleme damit hat, Klischees zu brechen. Er bestellt eine Bratwurst, dazu Pommes mit Mayo.

Herbert Grönemeyer mag keine Currywurst, er mag keine Wurst mit Soße.

Kapitel 4
Géraldine Schwarz

Zurück in Berlin. Das Buch, das mir Herbert Grönemeyer empfohlen hat, ist angekommen. *Die kürzeste Geschichte
Deutschlands* heißt es auf Deutsch. Sein Autor James Hawes ist
59, Schriftsteller, Dozent in Oxford, Germanist. Im deutschen
Jahr 1989 wurde er mit einer Arbeit über einen der deutschesten
aller Denker, Nietzsche, promoviert. Später hat er als Deutsch-
lehrer gearbeitet, er ist mit der deutschen Wissenschaftlerin Ka-
roline von Oppen verheiratet, die an der Universität von Bath
deutsche Politik unterrichtet.

James Hawes beginnt wirklich mit dem Beginn, 500 vor
Christus, als «irgendwo in Skandinavien oder Norddeutschland» eine Gruppe von Menschen anfing, «bestimmte Kon-
sonanten anders auszusprechen, als alle anderen es taten». Viel
mehr weiß man bis heute nicht über den Ursprung des Deutschen, aber dass es mit Sprache losging, nicht mit Grenzen,
nicht mit Geographie, das schon.

Ich lese weiter und erfahre, dass die Germanen eine Erfindung von Julius Cäsar sind. Stand das damals auch in meinem
Was-ist-was-Buch über die Germanen, das ich als Kind so oft
gelesen habe, bis der Band vollkommen zerfleddert war? Ich
kann mich nicht erinnern.

58 vor Christus schreibt Gaius Julius Cäsar, neuer Prokonsul

der gallischen Provinzen, einen Bestseller: *Der Gallische Krieg.* Und gleich auf der ersten Seite erwähnt er die Germani. Sie dienen ihm als Feindbild, ein merkwürdiges Volk, das «das Gebiet jenseits des Rheins» bewohnt, das sich gänzlich unterscheidet von Römern diesseits des Rheins. James Hawes schreibt, dass Julius Cäsar damit für seine Leser «eine weiße Landkarte» füllt, so wie es Jahrhunderte später europäische Autoren mit Zentralafrika machen. Der Anfang des Landes, in dem ich aufgewachsen bin, ist also ein gedankliches Konstrukt, das bei genauerem Hinsehen viel wackeliger und ungenauer ist, als es zunächst wirkt. Und das vor allem durch die gemeinsame Sprache zusammengehalten wird.

Während ich diese *Kürzeste Geschichte Deutschlands* weiterlese, denke ich, dass ein solches Buch vermutlich nur ein britischer Autor schreiben kann, mit dem Blick des Forschers von außen auf dieses Land. Bei Hawes lese ich, dass die Bezeichnung, die später die Bedeutung *deutsch* annahm, «ursprünglich nichts mit Deutschland zu tun» hatte. 786 schreibt ein Gesandter des Papstes, dass Kirchenangelegenheiten in Englisch, Lateinisch und auf Theodisce verkündet werden. Theodisce meint also die «Sprache des Volkes». «Später bezeichnete man mit *lingua theodisca* die nicht lateinische germanische Sprache, und hieraus wurde schließlich Deutsch und Dutch, Englisch für Niederländisch.

Die Römer haben das Land, das später einmal Deutschland genannt werden sollte, nie ganz erobert, aber vermessen. Und vor allem haben sie «Europas große Mauer» gebaut, wie Hawes sie nennt, den Limes. Etwa 160 nach Christus wurde der *limes Germanicus* errichtet, mit einer Länge von 560 Kilometern. Er verläuft im Norden am Rhein entlang, bei Mainz macht er eine Kurve in Richtung Main, geht dann in Richtung Regensburg, schließlich weiter entlang der Donau.

Für James Hawes wird damit eine kulturelle Grenze errichtet, die bis heute wirkt. «Legt man den Limes über eine Karte des heutigen Deutschlands, so liegen Köln, Bonn, Mainz, Frankfurt, Stuttgart, München und Wien diesseits seines Verlaufs», schreibt er. «Orte wie Duisburg, die gerade eben jenseits des Limes liegen, waren ursprünglich römische Vorposten. Mit anderen Worten lagen außer Hamburg alle größeren Städte des heutigen Österreichs und Westdeutschlands innerhalb des Römischen Reichs oder zumindest in seinem täglich spürbaren Schatten.»

Ich weiß, wovon er schreibt, ich bin direkt am Limes aufgewachsen, mein Heimatdorf Langgöns und meine Schule, das Weidig-Gymnasium in Butzbach, liegen direkt an der Grenze. Wenn wir als Siebtklässler heimlich im Wald hinter dem Schulhof gespielt haben, haben wir immer wieder Markierungen des Limes entdeckt. Und ich bin aufgewachsen mit dem Spruch, dass es in den Gaststätten südlich vom Limes die bessere Küche gibt.

Bei unserer Arbeit im *ZEITmagazin* sehen wir diese Grenze auch immer wieder, in unserer Reihe *Deutschlandkarte*, mit der wir jede Woche neu auf das Land sehen, oft mit ganz alltäglichen Fragen, wie etwa, wo man Knödel sagt und wo Klöße, wo man Schafkopf spielt und wo nicht, wo es Christbaum heißt und wo Weihnachts- und Tannenbaum, wo man Gewürze wie Kümmel im Brot hat und wo nicht. Und dabei wird immer deutlich, dass die Nord-Süd-Grenze, die oft ungefähr am alten Limes entlangläuft, das Land kulturell trennt, obwohl doch in den politischen Diskussionen immer von der Ost-West-Grenze die Rede ist, entlang der Mauergrenze, die die Bundesrepublik von der DDR getrennt hat. (Die Antworten: Knödel im Süden, Klöße im Norden; Schafkopf im Süden, Christbaum im Süden, Weihnachts- und Tannenbaum im Norden; und Kümmel im Brot gibt es vor allem im Süden.)

Der Bau der großen europäischen Mauer durch die Römer wirkt sich im 20. Jahrhundert aber nicht nur im harmlosen Alltag, sondern mit dramatischen Folgen in der Politik aus. In seinem Kapitel «Wer stimmte für Hitler?» macht Hawes ein verblüffendes Experiment. Er legt die alten Grenzen des Limes auf das Deutschland der frühen dreißiger Jahre und betrachtet die Wahlergebnisse von 1930, 1932 und von 1933. Danach gab es keine mehr. Innerhalb des Römischen Reichs von 100 nach Christus gibt es fast keine Region, in der die NSDAP mehr als 20 Prozent erreicht, oft bleibt sie unter 15 Prozent. Anders in den Gebieten östlich der Elbe, ganze Regionen stimmen mit über 30 Prozent für Hitler, und so setzt sich das bei den nächsten Wahlen fort: In vielen Gegenden Ostelbiens erreicht Hitler 40, 50 Prozent, aber selbst 1933, als der politische Druck von Hitler schon immens ist, bleibt er in vielen Gegenden, die auf der römischen Seite des Limes liegen, unter 40 Prozent. «So viel zur Vorstellung, Bayern sei die Heimat der NS-Bewegung», schreibt Hawes, und ich muss an die Mutter von Herbert Grönemeyer denken, die östlich der Elbe aufgewachsen ist.

Was bedeutet das für die Bundesrepublik von heute? Bedeutet das überhaupt etwas? Als Kind der alten Bundesrepublik bin ich verblüfft. Mir war nicht klar, dass der Osten immer schon rechter gewählt hat, auch als es die DDR noch gar nicht gegeben hat. Denn deren offizieller Geschichtsschreibung hat man doch immer mit die Schuld gegeben für die Ergebnisse der AfD und die Neonazi-Szene. Ist das also noch viel tiefer verwurzelt, als ich dachte? Und was ist mit dem Selbstverständnis des Westens, der alten Bundesrepublik?

Parallel zur *Kürzesten Geschichte Deutschlands* habe ich angefangen, ein anderes Buch zu lesen. Die Autorin Géraldine Schwarz ist so alt wie ich, geboren 1974 in Straßburg, ihr Vater ist Deutscher, ihre Mutter Französin, sie ist in beiden Sprachen und Kulturen aufgewachsen. Das in Frankreich erschienene Buch heißt *Die Gedächtnislosen – Erinnerungen einer Europäerin.* Eines Tages hat Géraldine Schwarz entdeckt, dass ihr deutscher Großvater 1938 ein jüdisches Unternehmen in Mannheim arisiert hat. Sie hat einen Briefwechsel gefunden, der belegt, dass der einzige Überlebende der Besitzerfamilie, Julius Löbmann, von ihrem Großvater Karl Schwarz Reparationszahlungen gefordert hat. Er hat alle Verantwortung von sich gewiesen. Géraldine Schwarz erzählt ihre Familiengeschichte, von ihrem Aufwachsen mit der doppelten Identität der beiden Länder, die einst Erzfeinde waren.

Ich schreibe ihr über Facebook eine Nachricht, erzähle ihr von meinem Buch und frage sie, ob wir uns einmal treffen könnten. Sie sagt spontan zu, schlägt das Restaurant Ora in Kreuzberg vor, eine umgebaute Apotheke, wir verabreden uns an einem Sonntagabend auf ein Glas Wein.

Géraldine Schwarz trägt eine dunkle Bluse mit kleinen Schmetterlingen, dazu eine dunkle, elegante Hose, die blonden Haare sind halblang geschnitten. Am Nachmittag hat sie noch Tennis gespielt. Sie lebt seit einigen Jahren in Berlin, hat lange als Korrespondentin der Agence France Press gearbeitet, mittlerweile dreht sie vor allem Filme fürs Fernsehen und redet über ihre eigene Geschichte. *Die Gedächtnislosen* hat in Frankreich für jede Menge Aufsehen gesorgt, mittlerweile ist es in sieben Sprachen übersetzt. Gerade ist bekannt geworden, dass es den Europäischen Buchpreis gewonnen hat.

Wir unterhalten uns vor allem auf Deutsch, nachdem ich ihr gestanden habe, dass mein Französisch zur Enttäuschung meines Vaters über einen Smalltalk nicht hinausreicht. Und wie das so ist bei Europäern unserer Generation, fallen wir immer wieder kurz ins Englische, wenn uns die richtigen Wörter nicht sofort einfallen.

Ich spreche Géraldine auf eine Stelle in ihrem Buch an, auf ein Ereignis, das ich wie sie und Millionen anderer vor dem Fernseher erlebt habe. Bei der Fußballweltmeisterschaft 1982, wir waren beide acht Jahre alt, trafen im Halbfinale Deutschland und Frankreich aufeinander. Géraldine und ihre Schwester sahen das Spiel mit – wie sie schreibt – «unseren beiden französischen Cousinen – sie waren für die französische, wir für die deutsche Mannschaft». Warum eigentlich, frage ich sie, sie hätte doch auch für Frankreich sein können. «Als Halbdeutsche hatte ich gar keine andere Wahl, ich musste für die Deutschen sein.» Wieso das? «Du verteidigst als Kind natürlich dein Unterschiedlichsein, auch wenn du es manchmal andererseits loswerden willst.» Sie erzählt, dass einmal ihre französische Schulklasse im Unterricht einen Film über den Ersten Weltkrieg gesehen habe. «Und da hat der Lehrer am Ende gerufen: ‹Hurra! Denen haben wir's gezeigt, diesen dreckigen Boches!› Da habe ich mich ziemlich schlecht gefühlt.»

Das harmlose Fußballspiel 1982 nimmt eine dramatische Wendung. Toni Schumacher, der Torhüter der Deutschen, kracht so heftig auf den Franzosen Patrick Battiston, dass der ohnmächtig in die Notaufnahme gebracht werden muss. Ein Halswirbel ist angebrochen, das Gehirn schwer erschüttert, und er hat bei dem Zusammenprall einige Zähne verloren. Deutschland liegt lange 1:3 zurück, gleicht zum 3:3 aus und gewinnt im Elfmeterschießen. Als Toni Schumacher nach dem Spiel auf die Folgen seines Fouls angesprochen wird, erfüllt er alle Klischees des arroganten, gefühlskalten Deutschen. «Unter Profis gibt es kein Mitgefühl, aber ich zahle dem Battiston seine Jacketkronen.»

In ihrem Buch schreibt Géraldine Schwarz: «Die französischen Medien stürzten sich mit aller Herzenslust auf diesen Vorfall, um ihren Deutschenhass aufleben zu lassen – Monster bist du gewesen, Monster wirst du bleiben.»

Für die achtjährige Géraldine wird es zu dieser Zeit schwer, in dem Dorf außerhalb von Paris zu ihren deutschen Wurzeln zu stehen. Sie weigert sich plötzlich, mit ihrem Vater Deutsch zu sprechen. «Paradoxerweise war es meine französische Mutter, deren Auffassung von Autorität um einiges von derjenigen meines Vater abwich, die mich dazu zwang, Deutsch zu lernen.» Ich frage Géraldine, warum sie im Untertitel eigentlich «Erinnerungen einer Europäerin» geschrieben hat und nicht «Erinnerungen einer Deutsch-Französin». Sie muss nicht lange überlegen. «Weil ich die Antwort bin auf den Konflikt zwischen Deutschland und Frankreich.» Sie muss lachen. «Die Antwort ist eben Europa.»

Ich muss an Joachim Fest denken, der mir damals in Kronberg gesagt hat, seine einzige Hoffnung für die Demokratie bei uns sei Europa. Aber er hat eben auch gesagt, dass er für nichts seine Hand ins Feuer legen wolle.

Und so sitzt an diesem Abend in einer umgebauten Apotheke in Berlin eine überzeugte Europäerin mir gegenüber, die sagt: «Der Traum, Nationalismen durch Europa zu ersetzen, hat sich bis jetzt nicht verwirklicht.» Sie erzählt, dass sie bei den Fotos, die gerade zum 100. Jahrestag des Endes des Ersten Weltkriegs von Angela Merkel und Emmanuel Macron gemacht wurden, natürlich auch sofort an die Bilder von Helmut Kohl und François Mitterrand gedacht habe. 1984, zwei Jahre nach dem WM-Halbfinale zwischen beiden Ländern, hatten sich die beiden Staatschefs auf dem Soldatenfriedhof von Douaumont getroffen, und als Zeichen der Versöhnung standen beide Männer plötzlich Hand in Hand vor den Augen der Öffentlichkeit da.

Ulrich Wickert, damals Frankreich-Korrespondent der ARD, hat später François Mitterrand gefragt, von wem die Geste ausging. «Er habe das Bedürfnis gespürt, aus einer Vereinsamung herauszutreten und mit einer Geste Helmut Kohl zu erreichen.

Da habe er seine Hand ausgestreckt, und Helmut Kohl habe sie ergriffen.» Helmut Kohl hat ihm das später bestätigt. An dem Tag sendete Ulrich Wickert den längsten *Tagesschau*-Bericht während seiner Zeit in Frankreich, über sieben Minuten lang, fast die Hälfte einer gesamten Sendung.

Als jetzt Merkel und Macron nebeneinanderstanden, sagt Géraldine Schwarz, habe sie gedacht: «Sie lehnt fast an seiner Schulter, die beiden wirken viel unsicherer, und Merkels Geste drückt fast Verzweiflung aus, als seien die beiden die letzten Dinosaurier des aufgeklärten Europas.» Warum ist sie so pessimistisch? «Unter Mitterrand und Kohl hat die Versöhnung gerade erst stattgefunden, die Zukunft bebte vor lauter Hoffnung.»

Was ist in ihren Augen schiefgelaufen mit Europa? «Vor der Erweiterung waren wir weiter.» Wieder lacht Géraldine Schwarz, aber diesmal eine Spur zu laut, um wirklich befreiend zu wirken. Sie meint die Erweiterung der Europäischen Union in Richtung Osten, nach dem Zusammenbruch des Ostblocks seit den neunziger Jahren. Was genau war daran falsch aus ihrer Sicht?

«Eine gemeinsame Identität kann ja nur entstehen, wenn man eine kollektive Erinnerung schafft», sagt sie. «Das ist schon in einem einzigen Land sehr schwer, weil es so viele unterschiedliche Erfahrungen gibt, Opfer, Täter, Mitläufer. You have to be clever. In Deutschland hat das nach dem Krieg ziemlich gut geklappt, und auch die kleine EU war auf einem Weg dorthin, aber als der ganze Ostblock dazukam, wurde es immer schwieriger, kollektive Erinnerungen zu stiften, auf die sich die Menschen in allen Mitgliedsstaaten hätten einigen können. Das ist unterschätzt worden.»

Die Generation Kohl und Mitterrand und ihre Vorgänger, begonnen mit Konrad Adenauer und Charles de Gaulle in den fünfziger Jahren, später besonders Helmut Schmidt und Valéry

Giscard d'Estaing, sie alle hatten den Krieg erlebt und wollten mit aller Macht verhindern, dass jemals wieder einer stattfinden könnte. Sie haben aus den Erzfeinden Deutschland und Frankreich Freunde gemacht, die zwar nicht immer einer Meinung sind und manchmal miteinander konkurrieren, aber das tun ja manche Freunde im normalen Leben auch.

Der nächste Schritt war die Europäische Wirtschaftsgemeinschaft, kurz EWG, nach der damals eine der erfolgreichsten Samstagsabendshows der Bundesrepublik konzipiert und benannt wurde: Hans-Joachim Kulenkampffs *EWG – Einer wird gewinnen.* Aus der EWG wurde die EU, der Euro wurde eingeführt, und aus der Euphorie heraus, dass alles trotz aller Schwierigkeiten und Rückschlage immer geklappt hatte, wurde die Ost-Erweiterung der EU beschlossen. Und wer hätte damals schon gedacht, dass ausgerechnet ein Land wie Ungarn, das im Sommer 1989 die Grenzen geöffnet und die deutsche Wiedervereinigung eingeleitet hatte, drei Jahrzehnte später alle Grenzen dichtmacht – und den Rechtspopulismus in die EU trägt?

Géraldine Schwarz, diese Europäerin durch und durch, bestellt jetzt noch ein Glas Rotwein. «Diese 0,1-Gläser in Deutschland ...», sie lächelt. Und wird im nächsten Moment wieder ernst. «Die kollektive Erinnerung der kleinen EU waren die Leiden des Krieges und der Holocaust», sagt sie. «Nie wieder Krieg, nie wieder Auschwitz, darauf konnten sich alle einigen. ‹Nie wieder Krieg› ist im Osten auch gut angekommen, aber ‹Nie wieder Auschwitz› wurde dort als etwas Aufgezwungenes wahrgenommen.» Nach dem Motto: Das ist das Problem der Deutschen.

Ich komme noch einmal auf das Fußballspiel Deutschland gegen Frankreich zu sprechen. 1982 war meine erste Weltmeisterschaft, die ich bewusst miterlebte. Ich durfte zum ersten Mal länger aufbleiben als normal, «ausnahmsweise», hat mein Vater streng gesagt. Und natürlich erinnere ich mich auch an die Szene mit Schumacher und Battiston, aber viel stärker ist mir der Fallrückzieher von Klaus Fischer in Erinnerung geblieben. In der 108. Minute, Deutschland lag noch immer zurück, lief mein Lieblingsspieler, der junge Pierre Littbarski, auf der linken Seite durch und flankte in den Strafraum. Dort stand Horst Hrubesch, der den Ball in Richtung Klaus Fischer köpfte. «Ich hatte keine Zeit, ihn zu stoppen», hat er später über den größten Moment in seiner Karriere erzählt. «Ich wurde von zwei Franzosen bedrängt. Also nahm ich ihn direkt, und drin war das Ding. Ich hatte viel Glück, dass ich den Ball so perfekt getroffen habe.» In Deutschland wurde es später zum «Tor des Jahres» gewählt, und wir Kinder wollten im Garten und beim Fußballtraining ab sofort nur noch Tore «wie Klaus Fischer» schießen.

Ich bestelle mir auch noch ein Glas Rotwein und sage zu Géraldine, warum ich glaube, dass Fußballländerspiele, große Turniere, ein Gradmesser sind, um etwas über die eigene Identität und die Identität eines Landes zu erfahren.

Fußball ist emotional, Fußball ist direkt, Fußball ist nicht rational. Ich glaube, dass viele Deutsche überhaupt nur noch bei Fußballwelt- und Europameisterschaften so etwas wie ein Nationalgefühl spüren. Und ich meine nicht den rationalen Verfassungspatriotismus, ich meine: Jubeln und Trauern, wenn es darum geht, wie Deutschland spielt. Und dass wir in einer glücklichen Zeit leben, in der diese Gefühle nur noch im harmlosen Fußballspiel ausgelebt werden. Deshalb, sage ich jetzt zu Géraldine, glaube ich auch nicht, dass Europa die einzige Lösung sein kann, wenn es darum geht, die Demokratie zu erhalten, die ein Land von innen zusammenhält. Europa ist nicht die ganze Wahrheit.

Kurz vor unserem Abend im Ora hat Bundespräsident Frank-Walter Steinmeier eine Rede gehalten, die es in sich hatte, ausgerechnet jener Frank-Walter Steinmeier, dessen Reden bislang eher selten in Erinnerung geblieben sind. Zum 100. Jahrestag der Revolution von 1918, am 9. November, zum Gedenken an den Tag, als der Kaiser abdankte und die erste Demokratie auf deutschem Boden entstand, hat er im Bundestag geredet und für einen «aufgeklärten Patriotismus» geworben. Es ging um nicht weniger als die Rehabilitierung der Weimarer Republik.

In meinem Geschichtsunterricht gab es vor allem ein Adjektiv, das von allen Lehrern und in allen Büchern an die Weimarer Republik geklebt wurde: schwach. So schwach, dass die sogenannten Weimarer Verhältnisse fast zwangsläufig zu Adolf Hitler geführt haben, der sich als starker Mann inszenierte. Dabei, so sagt das der Bundespräsident, stehe der 9. November 1918 für einen «Aufbruch in die Moderne», für die «Geburt der Republik». Deshalb müssten die Deutschen «beides im Herzen tragen», die anderen Ereignisse, die am 9. November stattfanden, die Pogromnacht 1938 und den Fall der Mauer 1989 genauso wie den 9. November vor hundert Jahren. Die Deutschen, so Frank-Walter Steinmeier, «können stolz sein auf die Traditionen von Freiheit und Demokratie, ohne den Blick auf den Abgrund der Schoah zu verdrängen.»

Géraldine Schwarz nickt. «Solche Gedanken hatten früher keinen Platz», sagt sie. «Aber er hat recht. Es geht nicht mehr um Schuld, sondern darum, sich bewusst zu sein, dass Erinnerung keine Last ist, sondern eine Bereicherung, eine Erfahrung, die uns unsere Vorfahren hinterlassen haben, damit wir uns vor Manipulation und kollektiver Ausblendung besser schützen können.» – «Und vielleicht», sage ich, «wird eine solche Rede auch erst möglich, weil wir erstmals wieder erleben, wie radikale Gruppen die Demokratie angreifen, das Gesellschaftssystem, in dem wir leben, ablehnen.» – «Deshalb brauchen wir dringend eine Erzählung, um uns erfolgreich dagegen zu wehren», meint Géraldine Schwarz. Leider, sage ich, kommt diese Erzählung nicht von Angela Merkel. Was denkt Schwarz eigentlich über die erste deutsche Kanzlerin? «Sie ist eine Realistin der Demokratie. Ich glaube, sie denkt, dass sich jeder selber seine oder ihre Identität bilden kann. Das funktioniert nur leider nicht. Es gibt Kräfte, die zwingen einen zur Identität, da muss man eine Alternative anbieten. Das Emotionale, die Vorstellung, dass die meisten Menschen sich eben einem Ganzen zugehörig fühlen wollen und aufgegriffen werden wollen, das ist nicht Angela Merkels Welt.»

Die Rede von Frank-Walter Steinmeier ist positiv aufgenommen worden, lange hat sie sich trotzdem nicht in den Schlagzeilen gehalten. «In Deutschland ist diese Debatte natürlich komplizierter, weil man den Leuten siebzig Jahre lang gesagt hat, Patriotismus ist Bullshit», meint Géraldine Schwarz, die Französin. Aber die Rede des Bundespräsidenten hat auch gezeigt, dass sich Deutschland weiterentwickelt und sich damit der Blick auf die eigene Geschichte erweitert. «Die Wahrnehmung der Vergangenheit verändert sich», sagt Géraldine Schwarz, «man kann Vergangenheit auch immer wieder anders deuten, das ist sehr bereichernd. Aber diese Deutung muss auf Fakten beruhen. Und das ist der Unterschied zur AfD, die Fakten aus der Vergangenheit neu erfindet, sie betreibt Geschichtsfälschung.»

In ihrem nächsten Buch, erzählt sie jetzt, wird sie sich mit dem Verhältnis Deutschlands und des «Dritten Reichs» zur arabischen Welt beschäftigen, alleine wie sich Wilhelm II. als Beschützer der Moslems inszeniert habe, das sei doch, gerade von heute aus betrachtet, faszinierend.

Unser Abend geht langsam zu Ende. Zum Schluss frage ich sie: Was ist deutsch? Sie lacht. Denkt lange nach, wiederholt die

Frage zweimal, um Zeit zu gewinnen. Dann sagt sie auf Englisch: «I don't know.» Noch eine Pause, dann fragt sie zurück: «Oder meinst du: Was ist Deutschland?» – Das ist nicht das Gleiche, oder? – «Es ist nicht das Gleiche.» Wieder schweigt sie. «Vielleicht kann ich es für mich so beantworten: Ich erkenne das, was deutsch ist, immer im Kontrast zum Französischen. Deswegen kann ich darauf keine absolute Antwort geben.» Und was ist französisch? Sie strahlt übers ganze Gesicht. «Ha! Das ist leicht! L'esprit! L'élégance! Le savoir-vivre!» Es sprudelt aus ihr heraus. «Warte», sagt sie auf einmal, «vielleicht kann ich meine Antwort auf deine Frage von eben doch präzisieren. Deutsch ist für mich die Fähigkeit zum abstrakten Denken. Das Deutsche ist nicht real, es findet im Kopf statt. Das Französische hingegen ist im Alltag verankert, es ist eine Art zu leben.»

Als Géraldine Schwarz in der Heimatstadt ihrer deutschen Familie, in Mannheim, ihr Buch vorgestellt hat, kam auch der Bürgermeister, erzählt sie jetzt, ein Mann von der CDU, und er war so begeistert, dass die Stadt Mannheim jetzt Bücher bestellt hat für die Schulen. Und überhaupt, sagt sie beim Gehen, sei sie guter Dinge, was Deutschland betrifft. «Ich bin wirklich optimistisch, weil Deutschland sich mit seiner Geschichte auseinandergesetzt hat. Die Reife eines Landes zeigt sich auch daran, dass es in der Lage ist, sich mit einer solchen Geschichte auseinanderzusetzen. Die Deutschen sind deshalb reifer als andere Völker. Und das ist eine Errungenschaft, die nicht so leicht zerstört werden kann.»

Was macht sie so sicher? Sie erzählt, dass sie vor kurzem ein Seminar gegeben habe vor jungen Deutschen und jungen Französinnen und Franzosen. Die Fragen der Franzosen seien auch gut gewesen, sagt sie. «Aber die Deutschen hatten unglaublich viele präzise Fragen, sie hatten klare Moralvorstellungen, etwa was den Umgang mit der AfD angeht, wo sind die roten Linien, wo werden sie übertreten. Und diese Wachsamkeit scheint mir tiefer verwurzelt.»

Wir verabschieden uns. Wie wird sie eigentlich Weihnachten feiern? «Oh, wir feiern immer deutsches Weihnachten: Plätzchen, Bescherung, Weihnachtsoratorien, die schlichte Dekoration des Tannenbaums, keine Essensorgie wie in Frankreich, irgendwie ernst.» Noch einmal macht sie eine kurze Pause, denkt nach. «Ja: Das ist deutsch. Dieser Widerwille gegen alles Leichte. Das gilt übrigens auch im Reich der Liebe. Welch ein Kontrast zu Frankreich, wo das Spiel der Verführung als hohe Kunst gefeiert wird.»

Kapitel 5

Lea van Acken

Zu unserem Treffen hatte ich Géraldine Schwarz ein Exemplar meines alten Buchs mitgebracht, sie hat darin geblättert. «Du warst also Ende zwanzig, als du das geschrieben hast.» Lange her, fast zwanzig Jahre. Wenn ich also damals über die Jungen und ihr Verhältnis zu Deutschland geschrieben habe, waren die ungefähr in meinem Alter. Und heute? Wie denken eigentlich die Jungen von heute?

Lea van Acken wurde am 20. Februar 1999 in Lübeck geboren, in dem Jahr, in dem ich nach Berlin gezogen bin. Aufgewachsen ist sie in einem kleinen Dorf in Schleswig-Holstein. Sie hat 2018 Abitur gemacht. Lea van Acken ist Filmschauspielerin, sie hat in großen Publikumserfolgen wie *Bibi & Tina, Ostwind* und *Fack ju Göhte* mitgespielt und in der ersten deutschen Serie auf Netflix, *Dark*. Für ihre Generation verkörpert sie aber vor allem eine Figur, die viel mit deutscher Geschichte zu tun hat: Anne Frank.

Das Tagebuch der Anne Frank kam vor drei Jahren in die Kinos, der Film wurde auf der Berlinale und von der Kritik gefeiert. Lea van Acken lebt heute in Berlin, in Friedrichshain in einer WG; ich treffe sie an einem Nachmittag in einem ihrer Lieblingscafés. Als ich ankomme, sitzt sie bereits in einer ruhigen Ecke, hat einen großen Latte macchiato mit Hafermilch bestellt, dunkle, lange Haare, sie trägt eine gelbe Bluse, Jeans.

«Ich werde immer noch oft auf der Straße auf den Film angesprochen», erzählt Lea van Acken, «ich glaube, weil er jetzt auch auf Netflix und Amazon läuft und in Schulen gezeigt wird.» Sie freut sich darüber: «‹Ich hab dich in *Anne* gesehen, das war ganz toll, ich habe ihr Tagebuch auch gelesen.›»

Auch in ihrer eigenen Schule kam eines Tages ihre Klassenlehrerin zu ihr und sagte: «Wir gucken alle gemeinsam den Film!» Lea van Acken saß bei der großen Vorführung in der Schule mit ihrer engsten Clique zusammen. Wie waren die ersten Reaktionen ihrer Mitschüler und Mitschülerinnen? «Für viele war es nicht so einfach, die wollten nach dem Film erst einmal gar nicht reden, das war ja auch ganz schön intensiv, die Geschichte, und dann sehen sie am Ende mich mit abrasierten Haaren.»

Andere haben aber auch spontan gesagt: «Lea, wir haben dich ja noch nie knutschen gesehen!» Ihren ersten Freund hatte sie erst mit 15, sagt sie.

Von Anne Frank hat Lea van Acken zum ersten Mal in der fünften Klasse gehört. Ein Junge, dessen Eltern aus Polen kommen, hatte aus dem Tagebuch beim Schulvorlesetag vorgetragen. Aber so richtig intensiv gelesen hat sie das Buch selbst erst in der Vorbereitung auf den Film.

Als sie das Casting gewonnen hatte – das *Tagebuch der Anne Frank* war erst ihr zweiter Film –, hat sie sich zunächst gefreut, erzählt sie. «Dann kam die Angst. Was für eine Aufgabe! Ich hatte das Tagebuch schon zweimal durchgelesen, aber ich brauchte einen Weg, um mich anders zu nähern, wir waren beide gleich alt, Anne ist mit 14 gestorben.» Sie fängt an, Anne Frank Briefe zu schreiben: «Ich hoffe, dass es für dich okay ist, dass ich das jetzt spielen werde. Ich werde mein Bestes geben.»

Heute sagt sie: «Ich glaube, ohne die Briefe an Anne hätte ich es nicht gekonnt.» Lea van Acken sagt «Anne», wie zu einer guten Freundin.

«Ich hatte vorher in der Schule Dokus über den Zweiten Weltkrieg gesehen, aber einen emotionalen Bezug zum Thema Nationalsozialismus und zum Holocaust habe ich erst durch Anne bekommen.» Sie nimmt einen Schluck aus ihrem Latte-Glas. «Wie viele Zeitzeugen leben heute noch? Die letzten sterben bald, oder? Mein Opi ist 95. Vielleicht helfen solche Filme ja, das für Jüngere überhaupt noch begreiflich zu machen.»

Die Frage geht mir seit Beginn meiner Gespräche für dieses Buch auch durch den Kopf: Ich bin aufgewachsen mit Großeltern, die den Nationalsozialismus erlebt haben, mein Vater wurde noch im Krieg geboren, aber wie wird das Thema Generationen zu vermitteln sein, die keine unmittelbaren Zeitzeugen mehr in ihrer Familie haben? Und was bedeutet das für das Selbstverständnis des ganzen Landes?

Lea van Acken erzählt, dass sie mit ihrem Schuljahrgang einen Ausflug nach Auschwitz gemacht habe, es gab Streit darüber, weil viele erst nicht mitfahren wollten, die üblichen Argumente, natürlich sei das Thema wichtig, aber könne man nicht auch woanders hinfahren? «Am Ende wurde es dann allen freigestellt, ob sie mitfahren wollten, und ich glaube, es sind dann doch alle dabei gewesen.» Als sie dann in Auschwitz waren, machten die Schülerinnen und Schüler eine typisch deutsche Erfahrung, von der sie selbst überrascht wurden. «Unser Jahrgang war total entsetzt, als wir gesehen haben, dass Schulklassen aus anderen Ländern Selfies auf den Schienen machten», erzählt Lea van Acken. Und ich denke an mein Gespräch mit Géraldine Schwarz und daran, wie beeindruckt sie war von den klaren Moralvorstellungen ihrer jungen deutschen Studenten.

Was bedeutet diese Erfahrung mit der deutschen Geschichte für die deutsche Gegenwart? Für die Generation von Lea van Acken ist die AfD ja die junge Partei, die alles anders machen will, die die Etablierten in Frage stellt, die sich nicht an die Regeln hält. In meiner Generation waren genau das die Grünen. Der Gedanke macht mir Angst. Damals, als die Grünen gegründet wurden, 1979, vor vier Jahrzehnten, und immer populärer wurden, trotz aller Merkwürdigkeiten und Radikaler in ihren eigenen Reihen, hat man dem SPD-Kanzler Helmut Schmidt vorgeworfen, dass er mit seiner Politik die Grünen erst erfolgreich gemacht hat. Heute wirft man dasselbe Angela Merkel in Bezug auf die AfD vor. Und die Grünen sind heute stärker denn je, sie haben sogar Chancen, eine neue Volkspartei zu werden.

Was heißt das für die AfD? Ich spreche Lea van Acken auf die Partei an. «Oh, die AfD hatten wir im Unterricht», sagt sie. Im Unterricht? Sie erzählt von ihrer Lehrerin, die sich immer besondere Sachen habe einfallen lassen. «Als es um die Bundestagswahlen ging, sollten wir Vorträge halten über etwas, das uns dazu interessiert, und ein Junge aus meiner Klasse hat sich gemeldet. Er wollte über die AfD reden.»

Ihre Reaktion darauf erzählt Lea van Acken mit Selbstironie: «Meine Freundinnenclique und ich, wir alle natürlich Veganerinnen und immer für Frauen vor, waren geschockt. Der Junge war sonst eher ein stiller Typ, er hat erklärt, warum er seinen Vortrag über die AfD halten will: ‹Na ja, wir beschweren uns die ganze Zeit über die mit einem Halbwissen, und die Presse propagiert. Aber ohne Scheiß: Hat sich einer von euch wirklich mal durchgelesen, was die wollen, wisst ihr, wofür die stehen?›» Den Begriff von der «propagierenden Presse», steckt dahinter der Vorwurf der Lügenpresse? Was denkt sie: Hat ihr Mitschüler AfD gewählt? «Ich weiß es nicht, ich glaube nicht, so ist er auch nicht. Aber ich fand seinen Punkt interessant: dass man sich, auch um zu verstehen, wofür man nicht stehen will, auch mit anderen auseinandersetzen muss.»

Nach den Schulstunden sei ihr das noch klarer geworden. «Wenn man ausgrenzt, schafft man eine Kluft. Wenn man die

NPD verbietet, dann entsteht ein Untergrund. Darüber haben wir im Unterricht diskutiert, am Anfang waren viele von uns für ein Verbot, aber am Ende ist das gekippt. Klar gibt es immer ein paar Leute, die sind so radikal, mit denen kannst du nicht mehr diskutieren, aber viele AfD-Wähler sind keine Unmenschen, die sind unzufrieden, vielleicht haben sie Angst, spüren Ohnmacht. Und wenn man diesen Menschen sagt: Ihr seid falsch, dann haben die das Gefühl, dass sie keinen Zugang mehr bekommen.»

Am Tag, an dem ich das Kapitel über Lea van Acken schreibe, lese ich in der Zeitung eine Meldung. Eine Waldorfschule hat sich geweigert, das Kind eines AfD-Abgeordneten aufzunehmen. Die Entscheidung sei bei einer Elternversammlung getroffen worden. Der Politiker und seine Ehefrau hätten sich bei einem Treffen mit etwa 20 Lehrerinnen und Lehrern befragen lassen müssen.

Lea van Acken hat bei ihrer ersten Landtagswahl in Schleswig-Holstein und bei ihrer ersten Bundestagswahl grün gewählt. Was ist eigentlich ihr Deutschlandgefühl? «Es gibt verschiedene Welten. Ich persönlich bekomme viel von Leuten mit, die sich für Nachhaltigkeit interessieren, für gesundes Essen, die demonstrieren gehen. Auf der Unteilbar-Demo waren über 250 000 Menschen, das war ein schönes Gefühl, ich war auch da. Oder die Proteste im Hambacher Forst, da merkt man, es stehen Leute auf und protestieren. Und dann gibt es viele andere Leute, denen ich einfach nie begegne, die ganz anders denken, mit bedrohlichen Tendenzen.»

Ich denke an die Gespräche mit meinem Vater. Und ich denke darüber nach, wie Lea van Acken formuliert hat, welche Folgen es hat, wenn man Menschen sagt: Ihr seid falsch, nur weil sie anders denken, andere Ängste haben.

Auf Twitter kann man das seit Jahren beobachten, jedes Mal,

wenn irgendetwas passiert, das sich so oder so politisch instrumentalisieren lässt, wenn es etwa um die Flüchtlingsfrage geht, ein Verbrechen, eine Nachricht. Twitter ist ja akustisch ein leises Medium, aber wenn ich dann beobachte, wie sich Linke wie Rechte anschreien und jede und jeder natürlich recht behält, weil er oder sie in Wahrheit nur mit ihrer eigenen Gruppe kommuniziert, also einfach nur gebrüllt und zurückgebrüllt wird, dann denke ich darüber nach, wie es wäre, wenn Twitter ein akustisches Medium wäre. Den Krach könnte niemand ertragen.

Lea van Acken wurde 1999 geboren, im Jahr nachdem in Bonn die erste rot-grüne Bundesregierung an die Macht kam. Sie ist aufgewachsen im Wirtschaftsboom, der auch durch die Reformen der rot-grünen Regierung entstanden ist. Ich frage sie, ob sie sich an eine Krise erinnern kann. Sie schüttelt den Kopf. «Doch, warte, die Bankenkrise 2008, das habe ich schon mitbekommen, weil mein Vater selbständig ist, darüber wurde bei uns zu Hause gesprochen. Aber sonst? Nee, es war eigentlich immer gut. Eigentlich haben wir, also meine Generation, die besten Voraussetzungen, wir können überall in der EU studieren, wir können alles werden, wir bekommen alle Möglichkeiten geboten, zumindest die allermeisten von uns.» Auch sie gehört zu den Globalisierungsgewinnern, das weiß sie.

«Wir sind ja vollkommen globalisiert aufgewachsen», fügt sie hinzu. «Für uns ist alles möglich, ich kann eine Freundin in China haben, die ich einfach nur übers Chatten kennenlerne, und dann kann ich auch einfach mal zu ihr reisen, vielleicht studiere ich da auch, keine Ahnung. Ich kauf mir einen Pulli, der kommt aus Bangladesch, das ist eigentlich vollkommen abstrus. Wir sind aber vielleicht auch die Ersten, die sagen: Okay, wir haben das alles mitbekommen, wir sind damit aufgewachsen, und vielleicht ist nicht alles cool daran, zum Beispiel, dass mein Pulli aus Bangladesch kommt.»

Es ist Abend geworden, sie muss nach Kreuzberg und bietet mir an, mich ein Stück mit dem Auto mitzunehmen, ich muss in ihre Richtung.

Ich frage sie, wann sie eigentlich wusste, dass sie Schauspielerin werden wollte. In der Schule hat sie beim Krippenspiel mitgemacht, «und mit meiner besten Freundin habe ich Modenschau gespielt, viel mehr war eigentlich nicht». Aber ihre Eltern haben zu Hause oft alte Filme geschaut, besonders gerne mit Audrey Hepburn. Eines Tages sagte ihre Mutter: «Lea, in Bad Segeberg suchen sie doch immer Statisten, vielleicht ja auch Kinder, bewirb dich doch mal, die haben ja auch Pferde.»

Bad Segeberg liegt nur ein paar Kilometer entfernt von dem kleinen Dorf, in dem sie aufgewachsen ist – und sie muss mir nicht erklären, dass die Karl-May-Festspiele gemeint sind. Als Kind war ich dort selbst öfter, meine Eltern hatten Freunde in Bad Segeberg, und ich weiß noch, wie meine Mutter einmal zu mir sagte, da war ich vielleicht fünf oder sechs, dass sie ja gar nicht weit weg von hier geboren worden sei, in Husum. Ich habe das damals nicht wirklich verstanden, weil sie doch in Baden-Württemberg, in Bietigheim-Bissingen, einer Stadt in der Nähe von Stuttgart, aufgewachsen ist, wo ihre ganze Familie noch immer lebte.

Lea van Acken erzählt weiter von ihrem Bad Segeberg. «Es gab nur zwei Kinder, wir haben uns immer abgewechselt, weil wir nicht durchspielen durften, Kinderschutz. Das Stück war *Winnetou und der Ölprinz*, ich war ein Mädchen im Treck der Siedler, eine Statistin, ich hatte gar keine Sprechrolle.» Aber sie liebte die Atmosphäre am Set, die Einblicke hinter die Kulissen. Einer der älteren Schauspieler merkte, dass diese Statistin sich wirklich für seinen Beruf interessierte, und setzte sich dafür ein, dass sie am Ende der Spielzeit einmal einen Satz sagen durfte. «Das Haus war ausverkauft, mein Herz hat so laut geschlagen!»

Lea van Acken hat dann ihren Satz vor lauter Aufregung viel zu schnell gesagt. «Ich glaube, meine Eltern waren die Einzigen, die überhaupt verstanden haben, was ich gesagt habe.» Aber von diesem Moment wusste sie, dass sie Schauspielerin werden wollte. Ihr Satz? «Die Indianer kommen!»

An einer Straßenkreuzung setzt mich Lea van Acken ab, wir machen noch ein Selfie für ihren Instagram-Account, 80 000 Fans folgen ihr dort.

Dann fährt sie weiter, und ich gehe noch ein paar Schritte an der frischen Luft durch die Nacht. Ich schicke meiner Mutter eine WhatsApp-Nachricht. «Mama, wie genau war das damals, als du in Husum geboren wurdest? Warum eigentlich in Husum, 1952? Und wann seid ihr nach Bietigheim gezogen?» – «Das ist eine längere Geschichte.» Sie schreibt, dass sie in ein paar Tagen spontan nach Berlin komme, die Deutsche Börse, für die sie lange gearbeitet hat, finanziert hier ein Start-up, das will sie besuchen. «Dann sehen wir uns, Mama! Gute Nacht!»

Kapitel 6

Meine Mutter

Meine Mutter war jung, als ich auf die Welt kam, gerade mal 21. Das war auch Mitte der siebziger Jahre ungewöhnlich. Sie hatte meinen Vater in Paris kennengelernt, in einem Sprachkurs. Die beiden hatten sich ineinander verliebt – und dann wurde sie schwanger. «Du warst schon in meinem Bauch, als wir geheiratet haben», sagt sie, als sie mich in meiner Wohnung in Berlin besucht.

Dann ging alles schnell; kurz darauf kauften meine Eltern ein Grundstück in einem Neubaugebiet im Heimatdorf meines Vaters, in der Nähe des Waldes, wo wir später mit den US-Soldaten spielen sollten. Sie bauten ihren Bungalow, und vier Jahre nach mir wurde mein Bruder Lars geboren.

Meine Mutter kam aus, wie man immer so schön sagt, einfachen Verhältnissen. Ihr Vater arbeitete in einer Justizvollzugsanstalt, ihre Mutter, eine ehemalige Buchhalterin, war vor allem mit den vier Kindern beschäftigt. Meine Mutter war die Älteste, und sie hatte den größten Ehrgeiz. Wie mein Vater war sie die Erste in ihrer Familie, die eine Universität besuchte, eine Bildungsaufsteigerin der jungen Bundesrepublik. Sie studierte Mathematik und Sport, erst auf Lehramt, aber als klar wurde, dass keine Lehrerinnen und Lehrer mehr eingestellt werden würden, schwenkte sie um auf Informatik. Sie wurde Systemanalytikerin, zunächst bei Control Data, dann bei der Deutschen Börse in Frankfurt. Eine meiner frühesten Kindheitserinnerungen sind die Lochkarten aus Papier, die meine Mutter nach Hause brachte, auf denen wir Kinder herumkritzelten. Die Papierkarten waren damals die Speicher für die Rechner der Deutschen Wertpapierzentrale.

Meine Mutter hat erst in diesem Jahr das Rentenalter erreicht, sie arbeitet aber natürlich weiter, als Beraterin, «Senior Business Consulting», so beschreibt sie das, was sie jetzt macht, auf dem Karrierenetzwerk LinkedIn.

Die Ehe meiner Eltern war nur die ersten Jahre wirklich glücklich, irgendwann fingen sie an, miteinander zu streiten, und hörten einfach nicht mehr damit auf. Sie trennten sich, versuchten es noch einmal miteinander, dann kam die Scheidung. Meine Mutter ist wieder verheiratet, sie lebt seit langem mit ihrem Mann Jürgen zusammen, in Frankfurt und in ihrem gemeinsamen Haus in der Südpfalz.

Und jetzt sitzt sie mir gegenüber in meiner Küche in Berlin, ich lege mein kleines Aufnahmegerät auf den Tisch. Ich habe wahrscheinlich einige hundert Interviews in meinem Leben geführt, mit sehr berühmten Menschen von Madonna bis Angela Merkel, aber ich habe keine Ahnung, wie man seine eigene Mutter interviewt.

Ich habe mich natürlich vorbereitet, mir Fragen notiert und dabei gemerkt, dass ich erstaunlich wenig weiß über ihre Kindheit, ihre Jugend, die Zeit, bevor ich geboren wurde. Warum ist das so? Sie hat doch nichts zu verschweigen, sie wurde nach dem Krieg geboren, und ich hatte keinen Grund, nicht zu fragen. Meine frühesten Erinnerungen an meine Mutter sind die einer strahlenden Frau, die gerne Partys bei uns zu Hause organisierte, die bei unseren Kindergeburtstagen sich ein Spiel nach dem anderen ausdachte, die gerne Popmusik hörte, Disco,

Pop, Soul. Mit ihren Platten haben mein Bruder und ich später gerne auf unseren Plattenspielern gescratcht.

Jetzt sitzt sie mir gegenüber und strahlt mich an wie eh und je. Wie interviewt man seine eigene Mutter? Vielleicht fängt man einfach mit dem Anfang an. Ich sage ihr, dass ich eigentlich nicht mehr weiß, als dass ihr Vater aus Danzig kam und ihre Mutter aus Ostpreußen, dass sie beide geflohen sind, erst in Norddeutschland waren und später nach Schwaben gezogen sind. Und dass sie in Husum geboren wurde, der Stadt in Nordfriesland in Schleswig-Holstein, in der ich noch nie war, nicht weit weg von dem Dorf, in dem Lea van Acken aufgewachsen ist, nicht weit weg von Bad Segeberg, wo Lea van Acken zur Schauspielerin wurde. Heute leben dort 23 000 Einwohner.

«Husum, Mama, warum wurdest du eigentlich dort geboren?», frage ich sie. «Meine Mutter Erika, deine Großmutter, ist am Ende des Krieges mit ihrem Bruder aus Pyritz geflüchtet, das liegt bei Stettin in Pommern.» Meine Großmutter wurde 1925 geboren. In Pyritz hatte ihr Vater einen Verlag, meine Großmutter hat dort als junge Buchhalterin gearbeitet, erzählt meine Mutter, viel mehr wisse sie nicht. Und sie weiß auch nicht, wie genau meine Großmutter und ihr Bruder aus Pommern nach Hamburg kamen, nur dass sie dort eigentlich jemanden treffen wollten, der aber gar nicht da gewesen sei, als sie in Hamburg ankamen, sodass sie nach Husum weitergeschickt wurden. In Schobüll, heute ein Ortsteil von Husum, am Deich, gab es ein Kriegsversehrtenlazarett, dort fingen sie an zu arbeiten, pflegten Verwundete. Und dort traf meine Großmutter meinen Großvater, der aus Danzig geflüchtet war. Er arbeitete auch im Lazarett, war fünf Jahre jünger, geboren 1930. «Als er eingezogen werden sollte, ist er abgehauen», sagt meine Mutter. «Aber kein Mensch weiß, wie er nach Husum gekommen ist.»

Wie auch immer – meine Großeltern verliebten sich dort, und 1952 wurde meine Mutter geboren. Ich rechne im Kopf kurz nach: Der Krieg war 1945 zu Ende, das sind sieben lange Jahre bis zur Geburt meiner Mutter. Was weiß sie noch aus dieser Zeit? «Nichts», antwortet sie, «sie haben nie darüber geredet.» – «Und ihr habt auch nicht gefragt?», frage ich. «Nein. Du darfst nicht vergessen, wie das damals war: Der Zweite Weltkrieg und der Nationalsozialismus wurden auch in der Schule so gut wie gar nicht thematisiert. Ja, es wurde mal angesprochen, aber immer nur kurz. Niemand wollte mit der schweren Vergangenheit etwas zu tun haben, am besten vergessen und verdrängen. Alle haben sich nur für den Aufschwung interessiert.»

Was heißt das genau? «Ganz banal: Essen zum Beispiel. Wo bekomme ich etwas zu essen her? Das war die ersten Jahre in meiner Kindheit extrem knapp bemessen. Das Ende des Monats lag oft weit weg, gegen Ende gab es bei uns öfter mal nur noch Haferflocken.» Kölln Flocken?, frage ich sie. Die hellblauen Packungen fallen mir sofort ein, wenn ich an die Küche meiner Großmutter denke, bei uns zu Hause gab es Kellogg's Cornflakes, bei meinen Großeltern Kölln Flocken, und ich habe mich immer gefragt, warum Köln auf den Packungen falsch geschrieben ist. «Ja, Kölln Flocken», lacht meine Mutter in meiner Berliner Küche.

1954, dem Jahr, in dem die deutsche Fußballnationalmannschaft in der Schweiz überraschend Weltmeister wird, was viele heute für die eigentliche Geburtsstunde der Bundesrepublik halten, bekam mein Großvater eine Arbeitsstelle in Stuttgart. Er war ausgebildeter Werkzeugmacher und konnte dort in einer Fabrik arbeiten. Meine Großmutter war schwanger mit meinem Onkel, als die kleine Familie in Bietigheim-Bissingen, einer Stadt in der Nähe von Stuttgart, eintraf.

Jetzt kenne ich mich aus, denke ich und unterbreche meine Mutter kurz. «Dann seid ihr ja in die Wohnung in der Wolf-Hirth-Straße gezogen.» Es ist die Wohnung, in der meine Großmutter bis zu ihrem Tod gewohnt hat, in der wir sie besucht haben, in deren Hinterhof mein Bruder und ich so lange Fußball gespielt haben, bis es Ärger gab, weil wir den Putz von den Wänden geschossen hatten.

«Nein», sagt meine Mutter, «das war erst viel später.» – «Ah ja?» – «Es gab damals eine Art Programm, das Familien wie unsere auf Häuser anderer Familie verteilt hat.» – «Wie, verteilt?» – «Wir wurden von der Gemeinde in ein Reihenhaus eingeteilt, das einer anderen Familie gehörte, die da mit zwei Kindern wohnte. Die mussten ihre zwei Zimmer im oberen Stock räumen, und da haben wir dann gewohnt, Wohnküche, zweites Zimmer, Toilette.» – «Okay», höre ich mich sagen. «Für eine kurze Übergangszeit.» – «Nein, für sechs Jahre.» – «Für sechs Jahre?» – «Ja. Die andere Familie fand das natürlich überhaupt nicht lustig, und so war dann auch die Stimmung. Aber es gab damals einfach keine Wohnungen.»

Davon höre ich zum ersten Mal, meine Mutter hat nie davon erzählt. Und während ich sie noch ansehe und mir vorstelle, wie das gewesen sein muss für die junge Familie, für sie, die älteste Tochter, sagt meine Mutter: «Wir Flüchtlinge mussten ja untergebracht werden.»

Wir Flüchtlinge. So habe ich meine Mutter noch nie betrachtet: als Flüchtlingskind. Und mich selbst: als Kind eines Flüchtlingskinds.

Das Reihenhaus, in dem sie wohnten, war eines von vieren, die direkt nebeneinanderstanden, vor einer Art Platz, und auf der anderen Seiten gab es ein paar Geschäfte, einen Tante-Emma-Laden, eine Bäckerei. Als Älteste musste meine Mutter oft alleine einkaufen gehen. «Einmal, das weiß ich noch genau», erzählt sie jetzt, «stand ich in der Schlange in der Bäckerei, und die Leute haben sich über meine Mutter den Mund zerrissen, von wegen ‹kein Geld, aber immer schicke Kleider›. Dabei lag es an den Stoffresten, die ihr einer ihrer Brüder manchmal vorbeibrachte, der mittlerweile in der Pfalz lebte und Handelsvertreter für Kleidung war.» Ich frage meine Mutter, was sie gedacht hat, als sie hörte, wie die Nachbarn über ihre Mutter geredet haben. «Ich habe laut gesagt: ‹Na ja, meine Mutter näht die Kleider auch alle selber!› Dann gab es eine Pause. ‹Oh›, hat jemand gesagt, dann haben die Leute das Thema gewechselt.»

Obwohl meine Mutter im Alter von zwei nach Schwaben gezogen ist, hat sie nie wirklich Schwäbisch gesprochen, vielleicht auch, weil sie zu Hause Pommern-Deutsch und das Deutsch aus Danzig hörte. «Ich war immer sofort der Flüchtling», sagt sie. Noch Jahre später, als sie auf der Oberstufe des städtischen Gymnasiums war, hat ihr Mathelehrer, der sie wegen ihres mathematischen Talents eigentlich mochte, sie vor anderen Schülern damit aufgezogen: «Heute bringen wir dir mal Schwäbisch bei.» Das war als Scherz gemeint, und doch traf es meine Mutter, einmal Flüchtling, immer Flüchtling.

Ihre Mutter hat sich stets gegen den Begriff gewehrt: «Wir sind keine Flüchtlinge, wir sind Vertriebene», hat sie wieder und wieder gesagt, aber im Nachkriegswunderland klang das nach Vergangenheit, nach Krieg, und davon wollten die meisten nichts mehr wissen.

In meiner Kindheit und Jugend spielte das Wort eigentlich kaum noch eine Rolle, ab und zu sah ich Bilder im Fernsehen, von den Treffen der Vertriebenenverbände, von Menschen, die sich folkloristisch kleideten und auf alles Linke schimpften. Diese Leute kamen mir wie von gestern vor, und meist waren sie es ja auch, aber nie wäre ich auf die Idee gekommen, dass ich selbst aus so einer Familie komme. Bei meiner Mutter war das nie Thema.

Sie erzählt jetzt, dass mein Großvater, ihr Vater, eigentlich SPD-Mitglied war. «Der war immer rot gewesen, Sozialist, seit seiner Jugend, aber eines Tages kam er von einem Ortsvereinstreffen und schimpfte und schimpfte und hörte nicht mehr auf.» Ich rate: «Die Anerkennung der Oder-Neiße-Grenze?» – «Ja.»

Wir googeln kurz: Es war 1970, als die Bundesrepublik Deutschland die sogenannte Oder-Neiße-Grenze offiziell als Grenze anerkannte, damit fielen frühere deutsche Gebiete endgültig an Polen – die Heimat meiner Großeltern. Der Bundeskanzler damals: Willy Brandt, SPD. Beraten von seinem engen Mitarbeiter und Minister Egon Bahr, sorgte er in den siebziger Jahren unter dem Motto «Wandel durch Annäherung» für mehr Entspannung zwischen den deutschen Staaten, die Anerkennung der Grenze war damals ein wichtiger Schritt, der letztlich mit zur Wiedervereinigung führte.

Aber das Ende der DDR war 1970 nicht abzusehen, und mein Großvater fühlte sich verraten. «Er ist ausgetreten und nie wieder hingegangen», sagt meine Mutter.

Ich habe meine Mutter als selbstbewusste Frau erlebt, die ihren Weg gegangen ist, die eine beeindruckende Karriere gemacht hat. Nie im Leben wäre ich auf die Idee gekommen, dass sie sich selbst einmal fremd gefühlt haben könnte in dem Land, in dem sie groß geworden ist.

Sie erzählt von einer Geburtstagsfeier einer Mitschülerin aus der Nachbarschaft. «Das war in der zweiten Klasse, und alle waren eingeladen, Mädchen wie Jungs. Nur ich nicht. Das wurde auch so gesagt: Ich war nicht eingeladen, weil ich ein Flüchtlingskind war.»

Aber wie schon in der Schlange in der Bäckerei hat sie sich davon nicht einschüchtern lassen. «Ich bin dann einfach hingegangen.» Zu der Feier, frage ich erstaunt? Wie alt warst du da, sieben? Bist du allein hingegangen? «Ja, allein. Ich habe geklingelt und bin zu den Eltern hin und habe gesagt: ‹Alle habt ihr eingeladen, nur mich nicht. Ich bin jetzt einfach da, ich möchte auch dabei sein.› Die waren baff, die Mutter hat dann gesagt: ‹Du hast recht, komm, setz dich her, kriegst einen Kuchen.›»

Bis 1960 blieb die Familie im ersten Stock des Reihenhauses wohnen. Als meine Großmutter zum vierten Mal schwanger wurde, bekamen sie von der Gemeinde schließlich eine Vierzimmerwohnung zugewiesen, in der Wolf-Hirth-Straße, Hausnummer 4. Sozialer Wohnungsbau, das Haus war gerade neu gebaut worden. Mein Großvater hatte eine neue Arbeitsstelle in einer Justizvollzugsanstalt, wurde später verbeamtet, ein sicherer Job, ordentlich bezahlt, er profitierte von der boomenden Bundesrepublik.

Anfangs aber, erinnert sich meine Mutter, gab es Diskussionen zu Hause, denn das Gefängnis war eine ganze Strecke weit weg, «und ein Auto konnten wir uns lange nicht leisten». Also fuhr ihr Vater mit dem Rad, auch das Zugticket war anfangs noch zu teuer.

Mir fällt ein, wie stolz mein Großvater später auf seinen Daimler war, wie er ihn meinem Bruder und mir vorführte. Und wie er milde enttäuscht war, als wir seine Begeisterung für Autos nicht ganz teilen konnten, auch wenn wir gerne Autoquartett spielten, aber sein Daimler hatte nun mal nicht 12 Zylinder wie der Lamborghini Countach, mit dem man immer gewann.

«Ja, sein Daimler war sein ganzer Stolz», sagt meine Mutter, alle paar Jahre musste es ein neues Modell sein. «Sein letztes Auto war ein rotes Mercedes Cabrio, das war sein großer Traum, das hatte er beim Händler bestellt, aber es kam und kam nicht, und dann bekam er plötzlich die Krebsdiagnose, Lungenkrebs. Er wurde behandelt, es sah eine Zeitlang gut aus, sie waren voller Hoffnung, dann kam das Cabrio, und ich weiß noch, wie deine Großeltern das ganze Frühjahr und den ganzen Sommer durch damit Ausflüge gemacht haben.»

Mein Großvater ist nicht alt geworden, er starb mit gerade einmal 63, in dem Jahr, in dem ich Abitur machte. «Das Rauchen», sagt meine Mutter, «er hat zwar mit 40 aufgehört, aber diese Reval ohne Filter, die er jahrzehntelang geraucht hat ...»

Kaum war die Familie in die größere Wohnung gezogen, hatte sich eingerichtet, begann langsam anzukommen, passierte etwas, womit sie selbst am allerwenigsten gerechnet hatten: Sie bekamen Nachfolger als Fremde. Italienische und spanische Männer, dann schnell auch ihre Familien, zogen in die Nachbarschaft. Sie fingen an, in den Fabriken zu arbeiten, in der Autoindustrie, Jobs gab es überall.

Meine Mutter erzählt, wie die Reaktionen ihrer Eltern anfangs waren. «Mit denen spielst du aber nicht», sagte ihr Vater über die italienischen Jungs, die plötzlich in der Straße auftauchten. Meine Mutter aber fand es aufregend: «Da gab es einen Enzo, der sprach eine andere Sprache, das war doch spannend. Wir waren stolz, dass die plötzlich da waren, in unserer kleinen Welt!»

Ihre Eltern hatten schon wieder vergessen, dass sie sich doch die genau gleichen Sprüche hatten anhören müssen, keine zehn Jahre zuvor.

Ich erzähle meiner Mutter, dass Herbert Grönemeyer das Gleiche im Ruhrgebiet erlebt hat, die beiden sind ja gerade mal drei Jahre auseinander. «Türken, Italiener, Griechen, in meiner Jugend waren wir darauf stolz», hat er mir erzählt. «Guck mal, haben wir gedacht. Wer alles zu uns in den Ruhrpott kommt!»

Meine Großmutter ist 90 Jahre alt geworden, geredet hat sie über all ihre Verletzungen mit ihrer Familie nie, über Erlebnisse vor und nach dem Krieg, über ihre Haltung zum Nationalsozialismus vor 1945, über ihre Flucht und darüber, wie es ihr in ihrer neuen Heimat ergangen ist, von der sie dachte, dass sie als Deutsche in diesem Deutschland doch willkommen geheißen werden würde – und es lange nicht wurde.

Nur ein einziges Mal, am Rande der Feier ihres 85. Geburtstags, der mit der ganzen Familie mit einem Ausflug nach Schloss Solitude in Stuttgart begangen wurde. Ich habe sie beim Spazierengehen gefragt, woran sie sich erinnert, wenn sie an ihre frühen Jahre denkt, wie das Ankommen in der Bundesrepublik war. Meine Großmutter hat angefangen zu weinen. Ich hatte sie noch nie weinen gesehen. Dann hat sie gesagt: «Wir wurden auf der Straße nicht gegrüßt.»

Kapitel 7

Laura Karasek

Ich habe mir während meiner Reisen angewöhnt, mein altes Buch dabeizuhaben, ich lese immer wieder mal darin. Im Kapitel über den Literaturkritiker und Buchautor Hellmuth Karasek bleibe ich an einem Satz hängen, dem ich damals keine große Bedeutung zugeschrieben habe. «Ich bin ein Flüchtling», hat er mir sagt, «ich bin es früh geworden und immer geblieben.»

Hellmuth Karasek wurde 1934 in Brünn geboren, das heute in Tschechien liegt. Sein Vater Walter war Soldat bei der Wehrmacht, ein überzeugter Nazi, wie fast alle seine Verwandten. Walter Karasek wäre am liebsten zur Waffen-SS gegangen, wurde dann eingezogen und kämpfte in Russland. Hellmuth Karasek hat die Napola Loben in Schlesien besucht, eine jener «nationalsozialistischen Erziehungsanstalten», die ihre Schüler zu Hitlers zukünftigen Führungskräften formen sollte.

Nach dem Ende des Zweiten Weltkrieges ist Hellmuth Karasek zweimal geflohen, zweimal in Richtung Westen. Bei der ersten Flucht aus Schlesien kam die Familie bis nach Bernburg an der Saale in der DDR, dort machte Hellmuth 1952 sein Abitur. Und kaum war er 18, floh er wieder, diesmal allein, noch weiter in den Westen, in die Bundesrepublik.

Er fing in Tübingen an zu studieren und machte anschließend eine ziemlich atemberaubende Karriere. Mit 28 Chefdramaturg am Theater in Stuttgart, zwei Jahre später Feuilletonredakteur der *Stuttgarter Zeitung*, dann Feuilletonchef der *ZEIT* in Hamburg und von Mitte der siebziger Jahre zwei Jahrzehnte einflussreicher Kulturchef beim *Spiegel*. Bekannt wurde er aber durchs Fernsehen, er moderierte Talkshows, vor allem aber war er neben Marcel Reich-Ranicki und Sigrid Löffler Mitglied des *Literarischen Quartetts* im ZDF, der Sendung, die damals so einflussreich war, dass sie über Nacht Bücher zu Bestsellern machen konnte.

Als Hellmuth Karasek mir damals diesen Satz über sich sagte, gab es in Deutschland keine Flüchtlingsdebatte. Die Welt stand kurz vor dem Irak-Krieg, der 11. September war noch nicht lange her, eine andere Zeit, andere Themen.

Ich wollte von ihm wissen, was er unter dem Begriff verstand. «Bei mir hat sich das in übertriebener Anpasserei geäußert», antwortet er mir. Am Theater in Stuttgart habe ihn einmal ein älterer Kollege beiseitegenommen: «Sie können so viel! Sie wissen so viel! Sie müssen nicht immer nachgeben! Sie mit Ihrer Flüchtlingsmentalität! Hauen Sie endlich mal auf den Tisch!»

Hellmuth Karasek starb am 29. September 2015, zwei Wochen nach jener Freitagnacht, in der Flüchtlinge in die Bundesrepublik kamen, in der Zeit also, die das Land bis heute beschäftigt. Am Ende seines Lebens war Hellmuth Karasek ein Konservativer, er hat die Amerikaner immer verteidigt, oft den Antisemitismus mancher Linker seiner Generation kritisiert. Was würde er wohl sagen über das Deutschland von heute?

«Ach du Scheiße, passt bloß auf.»

Es ist einer der letzten warmen Herbsttage, als ich diese Antwort höre, in einem Café vor der Alten Oper in Frankfurt. Laura Karasek hat sie gesagt, die einzige Tochter von Hellmuth Karasek. Ich habe mich mit ihr verabredet, um über ihren Vater zu reden. Sie ist Juristin und hat die letzten Jahre als Wirtschaftsanwältin in einer Frankfurter Kanzlei gearbeitet. Nebenbei hat sie einen Unterhaltungsroman geschrieben, hat moderiert, schreibt eine Kolumne für *stern.de*. Sie hat das Café als Treffpunkt vorgeschlagen, sie wohnt nicht weit weg im Westend. Die Alte Oper: Hier fand das *Literarische Quartett* oft statt, das ihren Vater berühmt gemacht hat.

Als ich mich dem Café nähere, winkt Laura Karasek in meine Richtung, blond gefärbte Haare, rot geschminkte Lippen, goldene Kettchen und goldene Ohrringe, während sie gleichzeitig ihr Smartphone waagerecht vor ihren Mund hält und hineinspricht. Sie verschickt noch schnell eine Sprachnachricht auf WhatsApp.

Ich setze mich ihr gegenüber, und während ich sie scheinbar routiniert frage, ob ich unser Gespräch aufzeichnen darf, bin ich nervöser, als ich gedacht habe. Verlange ich hier nicht gerade zu viel? Nach dem Motto: Kannst du mir sagen, was dein Vater heute denken würde? Welches Erbe von ihm wir nicht bewahren sollten, welche dunklen Seiten wir nicht vergessen dürfen und welche hellen Seiten wir zum Leuchten bringen müssen? Ich drücke auf «Rec».

Und dann passierte etwas, womit ich nie gerechnet hätte. Kaum fangen wir an, über ihren Vater zu reden, erzählt Laura Karasek fast druckreif, so präzise, unterhaltsam und selbstironisch von Hellmuth Karasek, dass ich immer wieder fast den Eindruck habe, er selbst säße vor mir. Denn das konnte er: unterhalten, sich selbst nicht ernst nehmen, zumindest scheinbar.

Wir haben einige Jahre gemeinsam beim *Tagesspiegel* in Berlin gearbeitet, er war Herausgeber der Zeitung, ich junger Redakteur, und manchmal führten wir gemeinsam Interviews. Ich werde nie vergessen, wie etwa Thomas Gottschalk ihn völlig unironisch mit «Herr Professor» ansprach und ihn am Ende des Gesprächs fragte, ob das jetzt substanziell genug gewesen sei.

Einen der vielen Lieblingssprüche von Hellmuth Karasek habe ich mir gemerkt, er ist von Karl Valentin: «Bin gestern in mich gegangen. War auch nichts los.» Laura Karasek lacht: «Stimmt, das hat er oft gesagt. Er liebte ja auch Hildegard Knef und ihre Lieder, neulich erst habe ich eins wieder gehört: ‹Ich möchte mich gerne von mir trennen / wenn möglich auf längere Zeit›.»

Laura Karasek ist 37, sie ist verheiratet, ihre Tochter Josephine und ihr Sohn Constantin wurden 2015 geboren. Sie erzählt, dass sie nach sechs Jahren als Anwältin gerade von der Arbeit in der Kanzlei eine Pause macht, um zu schreiben und zu moderieren.

«Das kam durch den Tod meines Vaters. Ich war ja zur gleichen Zeit schwanger mit meinen Zwillingen, da dachte ich plötzlich: jetzt oder nie. Du wirst auch nicht jünger, und du erzählst immer allen, du schreibst deinen zweiten Roman, du willst schreiben und moderieren – wann machst du das eigentlich? Wie lange willst du dir das eigentlich noch selbst erzählen?»

Der Tod ihres Vaters, die Geburt ihrer Kinder. «Ich war schwanger, mein Vater hatte sich wahnsinnig auf die Kinder gefreut. Er haderte zu der Zeit sehr mit seinem Alter, zitierte Nestroy: ‹Lang leben will halt alles – aber alt werden will kein Mensch.› Er litt unter seinem körperlichen Verfall. Er war es gewohnt, dass er der starke Mann im Raum war. Am Ende meiner Schwangerschaft musste er plötzlich unglaublich viel schlafen, das kannte ich gar nicht von ihm. Er war ja immer der Typ Hoch-die-Tassen, um elf das erste Glas Wein oder der Champagner von Aldi. Er aß auch nicht mehr, dabei war er immer ein großer Esser und ein großer Koch gewesen.»

Ich wusste nicht, dass er gerne gekocht hat, sage ich zu ihr. «Er hat immer gesagt: ‹Ich esse so gerne, weil ich in meiner Kindheit so viel gehungert habe.› Er war ja sehr feierwütig.»

Der Tod von Hellmuth Karasek und die Geburt von Laura Karaseks Kindern rücken zeitgleich näher. Dann kommt es zum Drama. «Meine Kinder kamen mit einem Not-Kaiserschnitt auf die Welt, zu früh also, sie lagen auf der Frühchenstation, mein Sohn sogar auf der Intensiv. Ich lebte damals wochenlang im Krankenhaus und habe mich nur noch um meinen völlig verkabelten und mit Sauerstoff versorgten Säugling gekümmert, Tag und Nacht. Ich habe gesagt, ich gehe hier nicht weg, bis er nach Hause darf.»

Nach Tagen der Ungewissheit sagen die Ärzte, das Antibiotikum fange an zu wirken, es gehe aufwärts. Laura Karasek ist erleichtert. 2015 ist ein heißer Sommer, es sind 38 Grad, aber Laura Karasek beschließt, dass sie sich zur Feier des Tages nach fünf Wochen wieder schminkt, das Leben feiert.

Dann ruft ihr Vater sie auf dem Handy an: «Ich habe Krebs.»

Sie bricht zusammen. «Die Schminke lief gerade wieder an mir runter, kaum hatte ich sie aufgetragen, ich habe nur noch geheult.»

Am Telefon gesteht dann ihre Mutter, die langjährige Theaterkritikerin des *Hamburger Abendblatts*, Armgard Seegers-Karasek: «Wir haben dich angelogen, wir wissen es seit drei Wochen, wir haben uns auch mit deinen Brüdern beraten, wann wir es dir sagen.» Aber länger konnten sie es nicht mehr geheim halten, ihre Mutter kam ständig auf Besuch, der Vater hielt sich fern. «Ich habe eine zornige SMS geschrieben, er solle seinen Hintern herschwingen, er drehte damals in Köln eine Ikea-Werbung, und ich dachte, aha, dafür hat er also Zeit.»

Der Werbespot, in dem er selbstironisch den Katalog des Möbelherstellers bespricht, als sei er Literatur, ist das Letzte, was Hellmuth Karasek in seinem öffentlichen Leben gemacht hat. Fünf Wochen später ist er tot.

Dass Hellmuth Karasek aus Rücksicht auf die Situation seiner Tochter mit den frühgeborenen Babys ihr nicht die Wahrheit gesagt hat, das ist die eine Seite seiner Persönlichkeit. Die andere Seite, sagt seine Tochter, war das Wegschauen, Wegschieben alles Dunklen. «Er hatte es ja mit Woody Allen», sagt sie und zitiert ganz wie ihr Vater aus dem Stegreif einen Spruch: «‹Ich habe keine Angst vor dem Sterben, ich will nur nicht dabei sein, wenn's passiert.›»

Vor seinem Tod ist die Familie in Hamburg oft zusammen. Hellmuth Karasek sagt seiner Tochter, er sei jetzt doch traurig, dass er an nichts glaube. «Mein jüngerer Bruder und ich lagen bei ihm auf dem Bett. Er liebte Mozart ja so, also haben wir zusammen Mozart gehört, und er hat geweint. Wobei er sowieso schnell geweint hat, selbst wenn ich mal mittelmäßig Klavier gespielt habe. Oder wenn er eine Dollar-Note sah.» Eine Dollar-Note? «Ja. Er sagte dann immer: ‹Die Amerikaner haben uns befreit. Von den Nazis.›»

Die Amerikaner. Für den jungen Hellmuth Karasek war schnell klar, dass sie Deutschland befreit hatten, und bis zu seinem Tod war er den USA dafür dankbar, so dankbar, dass er in manchen politischen Kommentaren, die er schrieb, um wieder einmal die missglückte amerikanische Außenpolitik zu verteidigen, ideologischer klang, als er es selbst war.

Später hat er seiner Tochter erzählt, dass er eigentlich nach Amerika wollte, «aber in seinem Reisepass stand damals angeblich, dass er als Jahrgangsbester einen Stalin-Preis gewonnen hatte und deshalb nicht in die USA einreisen durfte».

Das enge Verhältnis zu den USA, zum Westen, das so wichtig wurde für die junge Bundesrepublik, führte zum Streit innerhalb der Familie Karasek. Seine Schwestern seien antiamerikanisch eingestellt, ja antiwestlich, hat er mir damals gesagt, «das ist der Bruch in unserer Familie». Als er einmal bei einer Feier seiner Schwester, die seit langem in Frankreich lebt, dort eine erfolgreiche Managerin wurde und heute ein Weingut führt, in seiner Rede gratulierte, sie habe es weiter in den Westen geschafft als er, fing sie an zu heulen und beschimpfte ihn vor allen: «Der Osten ist unsere Herkunft, der Osten!»

Hellmuth Karasek sah nicht gerne zurück, und der Osten, die Nazi-Vergangenheit seiner Familie, seine eigene Zeit auf der Napola, das wollte er hinter sich lassen, es ging ihm da nicht anders als Millionen anderer Mitläufer und Mitwisser.

«Er hat sehr wenig über früher gesprochen. Was ich krass finde: Es gibt keine Fotos aus der Zeit von ihm. Ich weiß nicht, wie mein Vater als Kind aussah. Ich wusste zwar immer, dass er geflohen ist, aber ich konnte nie so ganz genau beantworten, aus welcher Welt er kam», sagt Laura Karasek. Heute ärgert sie sich, dass sie nie danach gefragt hat. Nur Bruchstücke bekam sie zu hören, etwa dass der jüngste Bruder ihres Vaters im Kuhstall mit einer Zange geboren wurde oder dass sie so arm gewesen seien, seine Schwestern hätten sich ein Paar Schuhe geteilt.

Er wollte Abstand gewinnen zu dieser Welt, und es gelang ihm nach Kräften, nur wer genau hinhörte, merkte ihm seine schlesische Herkunft an. Sein berühmtes rollendes R, er ist es bis zum Schluss nie ganz losgeworden, obwohl er ganz offenbar darauf geachtet hat. «Es gibt eine Fernsehaufzeichnung mit ihm», sagt Laura Karasek, «ich glaube aus den Siebzigern, da hat er eine Art Casting-Show moderiert, das war wie *Deutschland sucht den Superstar*, nur eben für Schriftsteller. Meine Mutter hat das mal ausgegraben. Da rollt er das R noch viel stärker, sitzt vor einer Schreibmaschine und raucht die ganze Zeit.»

Bei Laura Karaseks Großmutter, der Mutter von Hellmuth Karasek, die über 90 wurde, zeigte sich noch ganz am Ende ihres Lebens, was Sprache über Herkunft verrät. Da konnte ihr Mann, der überzeugte Hitler-Anhänger, den Familiennamen während des Krieges noch so sehr eindeutschen, von «Karaçek» zu «Karasek», um ja nicht in den Verdacht zu geraten, wie es damals so unschön hieß, «undeutsch» zu sein. «Auf ihrem Sterbebett hat meine Großmutter plötzlich Polnisch geredet», erzählt die Enkelin.

Hellmuth Karaseks Blick war scheinbar nach vorne gerichtet und doch von seiner frühen Erfahrung mit dem Nationalsozialismus geprägt. «Mein Vater liebte nichts mehr als die jüdische Kultur, den jüdischen Humor», erzählt seine Tochter. «Er war mit Billy Wilder befreundet und natürlich mit Marcel Reich-Ranicki. Und er wollte von ihnen geliebt werden.»

Marcel Reich-Ranicki war der einflussreichste Literaturkritiker der Bundesrepublik, geboren 1920 in Polen, gemeinsam mit seiner Teofila hat er das Warschauer Ghetto überlebt, später wurde er Literaturchef der *Frankfurter Allgemeinen Zeitung* und durch das *Literarische Quartett*, dessen Chef er war, zu einem Popstar, dessen Aussprache des Deutschen so unverkennbar war, dass kein Komiker, kein Entertainer auf eine Parodie verzichtet hat. Seine Urteile waren scharf und unterhaltsam, sein oberstes Gebot: «Du sollst nicht langweilen.»

«Wenn wir ihn trafen, waren wir immer sehr ehrfürchtig», erzählt Laura Karasek. «Er fragte meinen Bruder und mich immer», und jetzt imitiert auch sie den berühmten Reich-Ranicki-Sound: ‹Was liest du gerade?›» War er auch privat so streng wie im Fernsehen? «Wenn du Glück hattest, hast du gerade *Jim Knopf* gelesen, wenn du Pech hattest, hattest du ein trashiges Pferdekinderbuch in der Hand. Und dann hat er laut gerufen: ‹Was soll das? Warum dieser Dreck? Hellmuth!›»

Laura Karasek erzählt diese Geschichten gern, das merkt man, aber hinter dem Humor verbirgt sich auch eine Härte, die sie als Kind aushalten musste. Wenn sie beim Abendbrot etwas aus der Schule erzählte, konnte ihr Vater schon mal knallhart urteilen: «Die Geschichte hat ja gar keine Pointe!» Wenn man als

Kind seine Aufmerksamkeit wollte, so erinnert sie sich, «dann musste man sich schon etwas Besonderes einfallen lassen».

Der andere große Mann mit jüdischen Wurzeln in Hellmuth Karaseks Leben war der Filmregisseur Billy Wilder, geboren 1906 in Galizien, aufgewachsen in Krakau, der seine Karriere in Berlin begann und 1933, nachdem Hitler an die Macht gekommen war, erst nach Paris floh und später nach Hollywood zog. Dort wurde er einer der erfolgreichsten Filmemacher, 21-mal für den Oscar nominiert, sechsmal hat er ihn gewonnen.

Die von den Nazis vertriebenen Juden in Hollywood – das war jahrzehntelang ein Thema in der Bundesrepublik, es verband das Land, in dem ich groß geworden bin, auf eine von den Nazis nie geahnte Weise mit den USA, viel stärker als die deutschen Auswanderer früherer Zeiten.

Vor dreißig Jahren drehte Hellmuth Karasek gemeinsam mit dem Regisseur Volker Schlöndorff eine Dokumentation über Billy Wilder, *Billy Wilder, wie haben Sie's gemacht?*, auf Englisch *Billy, how did you do it?*, weil in Billy Wilders eigenem Büro eine Tafel hing, die wiederum von dessen Idol Ernst Lubitsch inspiriert war: «How would Lubitsch do it?» Der Filmemacher Lubitsch, 1892 in Berlin als Sohn jüdischer Eltern geboren, war schon in den zwanziger Jahren nach Hollywood gegangen, wurde ebenso zur Legende.

Zu Hause in Berlin schaue ich mir auf YouTube die Dokumentation an, wie Hellmuth Karasek 1988 in Billy Wilders kleinem Schreibbüro sitzt und seinem Idol Fragen stellt. Er wusste ja, dass er als kleiner Junge an eine Ideologie glaubte, die Menschen wie sein Gegenüber getötet hat.

Damals lebten sie noch, die Zeitzeugen. Billy Wilder ist 2002 gestorben, Marcel Reich-Ranicki 2013.

Laura Karasek hat Billy Wilder kennengelernt, als ihr Vater für ein Buch über den Regisseur recherchierte. «Wir waren eine

Zeitlang jeden Sommer in Hollywood, weil mein Vater mit Billy an dem Buch arbeitete, meine Mutter ging mit uns Kindern nach Disneyland. Billy hat meinem Vater einmal auf den Friedhof geführt, auf dem er sich sein Grab hatte reservieren lassen – direkt neben dem Grab von Marilyn Monroe, er wollte neben ihr liegen.»

Sie nimmt ihr Smartphone, das auf dem Cafétisch liegt, in die Hand. «Es gibt ein Foto mit Billy Wilder und mir, da halte ich einen seiner Oscars in der Hand, Moment, ich suche es kurz.» Sie findet es im Ordner «Papa».

Laura Karasek hat bis heute alle SMS gespeichert, die ihr Vater ihr geschickt hat. Auch die Vertipper. Manchmal kamen fünf Nachrichten hintereinander, in denen nur der Buchstabe P stand, dann die sechste: «Ach, ich bin ein Idiot.» Das Internet war nicht mehr seine Welt. «Einmal hat er mich vor meinem Laptop sitzen gesehen und gefragt: ‹Ist das ein Facebook?›»

Ich komme noch einmal auf Amerika zurück. Diese Verbundenheit, durch die oft traurige, tragische Geschichte des 20. Jahrhunderts, wird sie im 21. Jahrhundert verloren gehen? Von beiden Seiten? Einfach weil bald niemand mehr leben wird, der überhaupt noch weiß, wer Billy Wilder war und warum dieser große Hollywood-Entertainer bis zu seinem Tod Englisch mit Wiener Akzent sprach?

«Ich glaube, die ist schon verloren gegangen», sagt Laura Karasek. «Was natürlich auch an Trump liegt, also vielleicht wird es eines Tages nicht mehr ganz so schlimm sein. Aber die Generation meines Vaters ist eben nicht mehr da, dieses innere Band, das ist weg.»

Und dann denke ich plötzlich: Doch, es ist in seiner Tochter, das unsichtbare Band, ich spüre es ja gerade selbst, so präsent sie mir davon erzählen kann. «Wir haben zu Hause mit meinen Eltern ja die ganze Zeit die alten Filme geschaut, *Manche mögen's heiß* habe ich 17-mal gesehen, *The Apartment*, *Sunset Boulevard*, *All about Eve, Sein oder Nichtsein* von Lubitsch, die Liste könnte ich unendlich fortsetzen.»

Und die große, weite Welt rief immer wieder bei Karaseks zu Hause an. «Ich weiß noch, dass einmal Marlene Dietrich angerufen hat, und ich bin dran gegangen, sie rief aus Paris an, aus ihrer berühmten Wohnung, die sie in den letzten Jahren ihres Lebens nicht mehr verlassen hat. Die wollte mit Hellmuth über sein Billy-Wilder-Buch sprechen. Billy Wilders Frau hat damals immer gesagt: ‹Marlene is the worst.› Marlene galt als absolute Männerkillerin.»

Ich erzähle Laura Karasek, dass mir ihr Vater gesagt hat, er frage sich immer, woher die Fähigkeit komme, nicht immer alles wissen zu wollen, und dass ich das damals merkwürdig fand, von ihm als Journalist, in einem Beruf, in dem es ja genau darum gehe, alles wissen zu wollen. Darauf hat er mir geantwortet: «Man möchte manchmal einen Stein nicht hochheben, weil man das Gewürm darunter nicht ertragen kann.» Deshalb habe er auch nie erforscht, was genau sein Vater im Krieg in Russland gemacht habe.

«Das alles war immer mit viel Scham bei ihm verbunden. Wobei meine Tante später recherchiert hat, dass meine Großmutter auch jüdische Wurzeln hatte – ich blicke da nicht mehr durch.» Und es gab eine weitere Unklarheit, die nicht aufgeklärt wurde. «Mein Onkel hatte eine Niere verloren und wurde Dialyse-Patient, und dann kam raus, dass die Geschwister nicht alle vom selben Vater waren.»

Wie kompliziert Familien sein können – das kann sie auch von ihrem eigenen Vater erzählen. Laura Karasek hat neben ihrem jüngeren Bruder noch zwei ältere Halbbrüder, wesentlich ältere, sie sind 51 und 58, als Laura und ich uns treffen. Hellmuth Karasek ist jung Vater geworden, mit 24. «Die Mutter der beiden hat er ja dreimal geheiratet.» Dreimal? «Die konnten nicht miteinander, und die konnten nicht ohneeinander. Eine Amour fou. Sie war Lateinamerikanerin, er hat immer stolz erzählt, dass sie Miss Amazonas war, sie war 17, er war ihr Lehrer am Goethe-Institut.» Heute lebt sie in Caracas. Und dann sagt Laura Karasek: «Ich habe sie noch nie gesehen.»

Die Vergangenheit hat Hellmuth Karasek immer wieder eingeholt. Manchmal hat ihn auf der Straße ein Mann in seinem Alter angesprochen, und erst dachte er, ach, der kennt mich aus dem Fernsehen, bis der Mann sagte: «Auch Napola gewesen!» Hellmuth Karasek ist dann immer schnell weiter gegangen.

Was hat das eigentlich genau bedeutet, Flüchtling zu sein, immer Flüchtling zu bleiben? Die Tochter erzählt, wie es war, mit ihm in den Urlaub zu fahren. Hellmuth Karasek nahm immer einen leeren Koffer mit. «Meine Mutter fragte jedes Mal: ‹Hellmuth, hast du Badehosen dabei?› – ‹Die kann ich doch im Hotelshop kaufen.› Deshalb hat sie ihn auch ‹unsere Geldvernichtungsmaschine› genannt.» Der Tochter hat er erklärt, woher das komme: «Ich kann keinen Koffer packen, das überfordert mich, weil ich doch nie Besitz hatte.»

Ihr Vater sei ja alleine in die Bundesrepublik gekommen, mit 18, damals habe er nicht gewusst, ob die Familie aus der DDR nachkommen werde. «Flüchtlinge wollen ankommen, wollen sich anpassen, wollen erfolgreich sein. Weißt du, was merkwürdig ist? Ich bin kein Flüchtling, aber das hat sich auf mich übertragen. Mir wird auch immer gesagt, ich sei so rastlos – und das war mein Vater auch. Er war immer getrieben. Das war bei ihm gar nicht so sehr Fleiß. Er wollte dazugehören, er wusste nur nicht, wozu.»

Die Tochter glaubt, dass ihn, den Spätkonservativen, die Flüchtlingsdebatte sehr bewegt hätte, nicht weil er plötzlich alles richtig gefunden hätte an der politischen Linie der Regierung, sondern aus anderen Gründen. «Der Ton in der Debatte würde ihn sehr mitnehmen, weil er ja immer selber gesagt hat: Ich war auch Flüchtling. Er hat uns Kindern gesagt, ich habe in zwei Diktaturen gelebt, erst unter den Nazis, dann in der DDR. Ihr wisst nicht, was es bedeutet, wenn man nachts davor Angst hat, aus dem Bett heraus verhaftet werden zu können. Wenn man sich ständig fragt: Werde ich belauscht, werde ich verraten? Das könnt ihr euch nicht vorstellen.» Dass man aus diesen Welten fliehen wolle, dass könne einem niemand übelnehmen.

Und was denkt Laura Karasek gerade selbst über Deutschland? «Mich beunruhigt vor allem der Hass. Jemand postet seine Meinung zu etwas, und sofort wird losgebrüllt: Du Vollidiot! Dieses aggressive Rausballern von Schnellurteilen macht mir Angst. Heute sagen ja viele, dass die Demokratie in Gefahr ist, das war vor zehn Jahren noch unvorstellbar.»

Sie fragt den Kellner, ob sie im Café eine Ladestation für ihre E-Zigaretten hätten, und als er sagt: «Das tut mir leid, aber nein», kann sie es gar nicht glauben: «Das gibt's doch mittlerweile überall, bist du sicher? Soll ich selbst nachschauen?» Mir fällt erst jetzt ihre rauchige Stimme auf. «Ich werd' verrückt!» Wie aus einem Reflex, es gibt ja nichts zu rauchen, holt sie ihren Lipgloss heraus, trägt ihn auf die Lippen auf.

Ich merke, wie ich ihr noch ewig weiter zuhören könnte, Geschichten, Beobachtungen über ihren Vater. «Er hat ständig Vorträge, die er halten sollte, vertauscht, musste ganze Festtagsreden improvisieren. Er hat aber immer die Nerven behalten, er hat dann zwar geschwitzt und hatte manchmal weiße Taschentuchreste im Gesicht kleben, wenn er sich abgetupft hat, das war wie die Nudel von Loriot. Aber unter Druck konnte er immer arbeiten.»

Manuskripte waren nicht das Einzige, was er verlor, daran erinnere ich mich auch. Wie oft hat er mich fünf Minuten vor einem Interview gefragt, ob ich die vorbereiteten Fragen auch noch mal für ihn hätte.

«Er war ein Chaot, ein Konfusio, er hat auch immer alles liegen gelassen, wie oft hat er seinen Mantel verloren, dazu diese zottelige Frisur, der ewige Fleck auf dem Hemd. Er hat dann immer gesagt: ‹Ich habe mich schon wieder bekleckert, es ist so schrrrrecklich.› Er hat es auf sein Alter geschoben, aber ich habe ihm gesagt: ‹Papa, das hat mit dem Alter nichts zu tun, das hast du auch mit 50 schon gemacht. Und ich mache es schon mit 20.› Er war immer durch den Wind. Die Jeans hing ihm in den Kniekehlen, wie bei einem Hip-Hopper.»

Ich frage die Tochter, was für ein Mensch ihr Vater war, tief in seinem Inneren, dort, wo er nie sein wollte, weil dort angeblich auch nichts los war. «Er war ein Loner, ein Außenseiter. Bedürftig. Er war zwar sehr gesellig, aber nur weil er das Publikum so liebte. Und sein ewiges Witzeerzählen, das Chaos um ihn herum, klar, das war auch ein Schutz, eine Fassade.»

Hellmuth Karasek hat vielleicht auch deshalb die Unterhaltung so geliebt, die Kunst der Oberfläche. Und den Ruhm. Auch wenn er manchmal sogar ihm zu oberflächlich wurde. «Früher im Urlaub haben Leute, wenn sie meinen Vater aus dem Fernsehen erkannt haben, oft gesagt: ‹Das ist doch der Ranikkkki, der Ranikkkki!› Und im Zug haben sie ihm auch manchmal zum Literaturnobelpreis gratuliert, weil er ja irgendwas mit Büchern gemacht hat.» Ihr selbst passiert es bis heute, wenn sie ihren Namen angeben muss, dass jemand zu ihr sagt: «Ah, wie der berühmte Dirigent, Herbert von Karasek.»

Ich erzähle ihr, dass ich vor kurzem Benjamin Heisenberg kennengelernt habe, einen Künstler und Filmemacher, der sich in seiner Arbeit mit dem Erbe seiner Familie beschäftigt. Er ist der Enkel von Hitlers Uran-Wissenschaftler. Benjamin Heisenberg wurde wie ich 1974 geboren, und er hat gesagt, er sei sein

Leben lang auf seinen Großvater angesprochen worden, wenn er irgendwo seinen Namen gesagt habe. In den letzten Jahren aber würden viele zu ihm sagen: «Ah, Heisenberg! Wie der aus *Breaking Bad*!»

Laura Karasek muss jetzt los, nicht nur wegen der Zigaretten, die Kinder warten. Sie schreibt gerade einen neuen Roman, erzählt sie, moderiert zwei Fernsehshows. Aus Frankfurt will sie nicht mehr weg. «Die Stadt tut mir gut.»

Zum Schluss erzähle ich ihr noch eine Anekdote über ihren Vater aus unserer gemeinsamen Zeit beim *Tagesspiegel* in Berlin, irgendwann Anfang der 2000er. Eines Tages rief er an, fragte, ob ich mal kurz in sein Büro kommen könne. «Kennen Sie die Band Phoenix?», hat er mich gefragt. Phoenix? Na klar kannte ich die. «Ich könnte uns da beide hinter die Bühne bringen.» Voller Stolz erzählte er mir, dass der Sänger Thomas Mars sein Neffe sei, der Sohn einer seiner Schwestern, die nach Frankreich ausgewandert sei.

Laura Karasek lacht. «Ja, so war mein Papa!» Und dann toppt sie meine Anekdote natürlich, da ist sie ganz ihr Vater.

«Thomas Mars ist mein Cousin, er ist ja heute mit Sofia Coppola verheiratet. Als ich dreizehn war, habe ich mit den Jungs in Paris zusammen Musik aufgenommen, die Kassetten habe ich noch. Mein Bruder hat Schlagzeug gespielt. Bei ihrer ersten Deutschlandtour habe ich in Hamburg nach dem Konzert den Bassisten kennengelernt. Fred, er nennt sich Deck, wurde mein Boyfriend für ein Jahr! Thomas hat zu ihm gesagt: ‹Don't touch my cousin!› Die waren ja einige Jahre älter. Ich war damals 17 und habe scherzhaft zu Fred gesagt: Ihr macht Musik, ich schreibe später Bücher! Wenn ihr jemals einen Grammy gewinnt, gewinne ich den Literaturnobelpreis. Das Lustige war: Als sie 2010 wirklich den Grammy gewonnen haben, hat Fred mir nur eine SMS geschickt: ‹Where is your Nobel Prize?›»

Kapitel 8

Benjamin Heisenberg

Benjamin Heisenberg, dem Enkel von Werner Heisenberg, bin ich zufällig auf einer Kunstmesse in Berlin begegnet. Ich war mit meiner guten Freundin Anna unterwegs auf
der Art Berlin, die im Flughafen Tempelhof stattfindet. Jener
Flughafen, der inzwischen stillgelegt wurde, damit ein anderer
Flughafen gebaut werden durfte, der bis heute nicht existiert.
Jener Flughafen, dessen Neubau unter den Nationalsozialisten 1941 fertig wurde und der damals das Gebäude mit der
größten Fläche weltweit war. Bis es vom Pentagon abgelöst
wurde.

Anna kenne ich seit ein paar Jahren, sie ist Kunsthistorike-
rin, sie liebt alte Kunst und hält die meisten Zeitgenossen für
überschätzt, und so bleiben wir bei den meisten Ständen auf
der Messe nicht lange stehen. Dann sehen wir ein großes Bild,
eine Collage, die am Eingang einer Installation hängt, die von
der Galerie Ebensperger gezeigt wird. Es ist eine Arbeit von
Benjamin Heisenberg. Ich bleibe vor dem Bild stehen, kann
erst gar nicht glauben, was ich sehe. In der Mitte ist eine große
Schultafel zu sehen, eine Lehrerin steht davor und unterrichtet
eine Gruppe von Schülerinnen und Schülern. Sie alle haben
Gesichter wie von Albrecht Dürer gemalt. Um sie herum sehe
ich Trümmer und zerstörte Häuser, links Bilder aus der Nach-

kriegszeit der Bundesrepublik, daneben der Berliner Mauerfall und ganz rechts eine zerbombte Stadt in Syrien.

Es ist, als sei dieses Bild gemalt worden für meine Deutschlanderkundung. Ganz vorn ist die Rückenansicht einer Figur zu sehen, die die Szenerie betrachtet. Sebastian Hoffmann, der Kurator der Ausstellung, stellt mir den Künstler vor.

«Die Rückenfigur», sagt Benjamin Heisenberg, groß und schlank, dunkelblonde Haare, während wir beide vor seinem Bild stehen, «das sind wir.» Er erzählt, dass er das Bild erst vor ein paar Wochen produziert habe, eine Collage aus Fotos und Gemälden. Die Gesichter sind wirklich von Dürer. «Ich mag seine Gesichter gern, und sie sind für mich alte deutsche Geschichte, aus der Zeit vor den Weltkriegen.» Benjamin Heisenberg wollte mit diesem Bild seinen Blick auf das Deutschland von heute festhalten, das von den Ereignissen von 1945, 1989 und von 2015 bis 2018 geprägt werde. Während ich ihm zuhöre, wie er mir weitere Details erklärt, denke ich darüber nach, wie sich die Bedeutung des Krieges allein zu meinen Lebzeiten verändert hat.

Krieg: Das war ganz lange Zeit etwas Historisches, die beiden Weltkriege, der letzte lag immerhin schon dreißig Jahre zurück, als ich geboren wurde. In meiner Kindheit war die Rede vom Kalten Krieg zwischen dem Osten und Westen, aber der wurde eben nie heiß, blieb letztlich abstrakt, selbst für einen Jungen, der in der Nähe einer amerikanischen Kaserne aufwuchs. Dann fiel die Mauer, Deutschland veränderte sich, suchte seine Rolle, beteiligte sich Ende der Neunziger erstmals wieder an einem Krieg, auf dem Balkan. Seitdem sind deutsche Soldaten wieder im Einsatz, wir haben uns daran gewöhnt. Aber wer hätte früher gedacht, dass ein Krieg im scheinbar weit entfernten Syrien Deutschland in seinem Inneren so erschüttern würde? Deutschland lag so lange Zeit geschützt in der Mitte Europas, die Bilder von den Flüchtlingen, die in Italien auf den Inseln landeten, haben die meisten von uns kälter gelassen, als wir es uns heute eingestehen wollten. Es war ein italienisches Thema, was hatte das schon mit Deutschland zu tun?

Benjamin Heisenberg führt mich jetzt in den zweiten Teil seiner Ausstellung, in einen schwach beleuchteten Raum. Ich sehe alte, schwere Holzkoffer, die geöffnet sind. In ihnen liegen Uniformen und alte Zeitungsartikel. Er erzählt mir, er habe diese Koffer auf dem Dachboden seiner Großmutter entdeckt, darin lagen die Zeitungsartikel und Uniformen. Eine aus dem Ersten Weltkrieg, eine aus dem Zweiten. Man könne heute nicht mehr genau sagen, wer aus seiner Familie die Uniformen getragen habe, aber dass sie getragen wurden, sei sicher.

Dass Benjamin Heisenberg aus einer sehr deutschen Familie kommt, ist untertrieben, er kommt aus zwei deutschen Familien. Väterlicherseits die Heisenbergs mit seinem Großvater Werner Heisenberg, einem der berühmtesten deutschen Wissenschaftler, geboren 1901, gestorben 1976, zwei Jahre nachdem Benjamin Heisenberg geboren wurde. Er wurde wie Géraldine Schwarz und ich 1974 geboren. Sein Großvater wurde für die Begründung der Quantenmechanik 1932 mit dem Nobelpreis für Physik ausgezeichnet, fünf Jahre zuvor hatte er die nach ihm benannte Heisenberg'sche Unschärferelation formuliert.

Und unscharf ist er auch später, nach 1945, geblieben, als er wieder und wieder gefragt wurde, warum er unter Hitler während des Zweiten Weltkrieges das «Uranprojekt» des Heereswaffenamtes mitleitete. Dahinter verbarg sich der eindeutige Auftrag, die Atombombe für Deutschland zu bauen. Nach dem Ende des Krieges hat Werner Heisenberg auf die Frage nach dem Warum – so erzählt es mir sein Enkel einige Wochen nach unserem Kennenlernen auf der Messe am Telefon – wieder und wieder mit derselben Formulierung geantwortet, selbst gegenüber seinem eigenen Sohn: «Wir waren in der glücklichen Lage, sie nicht bauen zu können.» Ich höre dem Enkel übers Telefon das Erstaunen darüber an, dass sein Großvater es dabei belassen hat. «Das Irre an dieser Antwort ist: Es ist keine. Ich bin mittlerweile der Überzeugung, dass er die Bombe wirklich nicht bauen wollte, deshalb finde ich es so erstaunlich, dass er das nicht eindeutig sagt.»

Und Benjamin Heisenbergs Familie mütterlicherseits? Seine Mutter Apollonia Gräfin zu Eulenburg ist eine Nichte von Carl Friedrich und Richard von Weizsäcker. Die Eulenburgs sind ein uraltes, weit verzweigtes Adelsgeschlecht, das so oft eine Rolle in der deutschen Geschichte gespielt hat, dass selbst der Wikipedia-Eintrag sich wie ein eigenes Buch liest. Benjamin Heisenberg erzählt mir von seinem Großvater Botho-Ernst zu Eulenburg-Wicken, der bereits um 1930 herum aus freien Stücken zur SS gegangen sei, bereits 1934 wieder ausgetreten ist und am Ende an der Ostfront in einem Waldstück als vermisst gemeldet wurde. «Man weiß bis heute nicht, ob er erschossen wurde oder sich selbst erschossen hat.»

Benjamin Heisenberg lacht kurz auf, als ich ihn frage, wie er das eigentlich aushalte – dank der Ehe seiner Eltern vereinige sich in ihm so viel deutsche Geschichte. Seine trockene Antwort: «Ich mache ja schon lange Therapie.» Ich muss kurz lachen. Dann ergänzt er: «Mein Therapiebedarf ist aber mindestens so sehr wegen Erlebnissen in meinem eigenen Leben vorhanden, ich hatte Kindheitsepilepsie. Aber vielleicht schon auch, weil meine Vorfahren sehr berühmte Leute waren. Das hat die Maßstäbe von Erfolg und Misserfolg etwas ungesund verschoben.»

Man merkt ihm an, wie intensiv er sich mit der Geschichte seiner Familien und seines Landes auseinandergesetzt hat und wie sehr das seinen Blick geschärft hat. Benjamin Heisenberg ist nicht nur bildender Künstler, er ist auch Filmregisseur, vielfach ausgezeichnet, eingeladen zu den Filmfestspielen nach Cannes und Berlin. Auf der Kunstmesse hat er mich beim Betrachten der Holzkisten auf ein Detail in der Kiste mit der Wehrmachtsuniform hingewiesen. «Schau mal, über welche Stadt auf Seite eins der Zeitung damals berichtet wurde.» Ich beuge mich herunter und sehe eine Karte, eingeklinkt in einen Bericht, «Chemnitz» steht da.

Wie blickt einer wie Benjamin Heisenberg heute auf Deutschland? Was ist Deutschland überhaupt, frage ich ihn. Zum ersten Mal während unseres Gesprächs entsteht eine Pause. «Schwierige Frage», sagt er. «Deutschland ist ja zweimal wiedergeboren worden, wenn man es positivistisch sehen will, einmal 1945 und noch einmal 1989. Dadurch besteht es aus einer Mischung aus positiver Leichtigkeit und ernsthafter Schwere.»

Das ist für ihn auch der Grund, warum Angela Merkel so lange Kanzlerin geblieben ist. «Ihre Ernsthaftigkeit, dieses Ruhigbleiben, die Dinge zu Ende denken und keine Faxen machen», das passe zu Deutschland. Ich frage ihn, ob er auch glaube, dass ausgerechnet das eine Mal in ihrer Amtszeit, als sie sich von ihren Emotionen hat tragen lassen, in den Wochen und Monaten nach dem 15. September 2015, das Land verändert habe. Er verteidigt sie, die Entscheidung sei völlig richtig gewesen, «und auch ihr Satz: ‹Wir schaffen das›, das war doch gut!» Aber warum, frage ich, hat sie danach, als der öffentliche Gegenwind kam, nicht mehr öffentlich geredet? Mehr erklärt, kommuniziert? «Das Problem war natürlich», sagt Benjamin Heisenberg, «dass ihre Gesten auch unter Flüchtlingen so interpretiert wurden: ‹Wir freuen uns, dass ganz Syrien zu uns kommt.›»

Benjamin Heisenberg sagt, er empfinde sein Heimatland als «recht stabil, die Mehrheit weiß, was sie an der Bundesrepublik hat. Aber der demokratiefeindliche Druckzustand nimmt zu.»

Ich komme noch einmal auf seine Familie zu sprechen, erzähle ihm von meiner Begegnung mit Richard von Weizsäcker. Er war einer der populärsten Bundespräsidenten, und ich hatte mich damals, 2002, sehr auf den Besuch in seinem Büro am Kupfergraben an der Museumsinsel gefreut. Ganz in der Nähe wohnt bis heute Angela Merkel.

Ich erinnerte mich noch genau, wie mir mein Vater 1985 – ich war elf Jahre alt und kannte den Namen Richard von Weizsäcker nur von den Urkunden, die wir Schüler bekamen, wenn wir an den Bundesjugendspielen teilgenommen hatten – sagte, dass von Weizsäcker gerade eine bedeutende Rede gehalten habe. Es war der 40. Jahrestag der Kapitulation vom 8. Mai 1945, und der Bundespräsident hatte seiner Bevölkerung erklärt, warum dieser Tag zwar kein Tag zum Feiern, aber ein Tag der Befreiung sei. Er hat die Verbrechen des NS-Regimes benannt und von der Verantwortung gesprochen, die die Deutschen dafür übernehmen müssten. Von heute aus betrachtet: Allgemeinplätze. Aber 1985 bewegte die Rede das ganze Land, auch meinen Vater; es war unglaublicherweise das erste Mal nach vier Jahrzehnten, dass ein Staatsoberhaupt der Bundesrepublik in dieser Ausführlichkeit so offen über die jüngere deutsche Geschichte geredet hatte.

Im Laufe des Gesprächs habe ich Richard von Weizsäcker gefragt, wie das denn gewesen sei, ob er mit seinen eigenen Kindern über seine Zeit als Soldat im Zweiten Weltkrieg geredet habe. Er habe nie eine Antwort verweigert, hat er mir geantwortet, «ich bin allerdings auch selten gefragt worden».

Benjamin Heisenberg staunt erst über diese Antwort, aber er kennt diese Haltung natürlich aus seiner eigenen Familie. Wenn er sich als Künstler mit der eigenen Geschichte beschäftigt, löst er regelmäßig Debatten unter manchen Verwandten aus. «Ich kann das schon verstehen», sagt er. «Es heißt dann, es sei doch alles so oft besprochen worden. Aber ich antworte dann: ‹Es ist in meiner DNA, damit als Künstler umzugehen.›» Er will nichts runterschlucken, abhaken, in den Schubladen lassen.

Bei meinem Besuch auf der Messe hat er mir einen Holzkoffer gezeigt, den er aus künstlerischer Freiheit zu den Fundstücken gestellt hat. Sein Koffer, sozusagen. Darin ein Foto vom Anschlag am 11. September 2001, «das war das erste Mal, dass ich dachte, es könnte ein Weltkrieg zu meinen Lebzeiten stattfinden». Und eine Reiteruniform. Warum das? Benjamin Heisenberg, der in Würzburg aufgewachsen ist, erzählte mir, dass er ziemlich schlecht in der Schule gewesen sei, aber ein guter Reiter. «Ich habe dann angefangen, einfach allen zu erzählen, dass ich Profi-Jockey werde.» Und er habe angefangen, auch im Alltag Reiterhosen, Stiefel und Jacke zu tragen. Er habe sich darin sehr wohlgefühlt. «Erst viel später ist mir klargeworden: Das war ja auch eine Uniform.»

Kapitel 9

Lucia Levitanus

Im Nachrichtenmagazin *The Economist*, Sitz in London, Leserschaft überall auf der Welt, lese ich von Stephan Beneke, 36 Jahre, Buchhalter in einer global tätigen Versandfirma in Hamburg, der mit seiner jungen Familie an Weihnachten in das kleine ostdeutschen Dorf fährt, in dem er aufgewachsen ist. Er hat Gieseritz mit 18 Jahren verlassen, hat studiert, lebt in einer liberalen Großstadt, die Hälfte der Schüler auf der Vorschule, die seine Kinder besuchen, sind nicht deutsch; er selbst arbeitet mit Kunden aus ganz Europa. An Weihnachten, wenn er zurückkehrt nach Gieseritz, so erzählt er es dem *Economist*, ist er überrascht von dem Kontrast des Lebensgefühls der Gieseritzer. «Die meisten sind dort geboren. Sie sagen, sie mögen Europa nicht. Sie fühlen sich nicht als Europäer, und sie sehen Europa nicht.» Stephan Beneke, der sich selbst als europhil versteht, sagt: «Um einen Kompromiss zu finden, muss man verstehen, und um zu verstehen, muss man reden. Der erste Schritt ist reden.»

Seit Wochen rede ich mit meiner Kollegin Ricarda Messner darüber. Ricarda wurde 1989 in Berlin geboren, im Westteil der Stadt. Ihre Mutter ist mit ihren Eltern 1971 in die Bundesrepublik gekommen, aus Riga, der Hauptstadt von Lettland, damals Teil der Sowjetunion, nur mit Handgepäck. Ricardas Vater kommt aus Baden-Württemberg, war lange Zeit Geschäftsmann in Berlin, als er ihre Mutter Ende der achtziger Jahre kennengelernt hat. Ricardas Großeltern durften damals ausreisen, weil ihr Großvater Jude war. Die Nazis hatten seine Familie zum großen Teil umgebracht, in Gefängnissen und im Rigaer Ghetto.

Ricarda und ich reden darüber, dass ich diese Wir-und-ihr-Haltung, die sich quer durch die Gesellschaft zieht, gar nicht kenne aus Deutschland, zumindest nicht aus den vergangenen Jahrzehnten. Und dass diese Haltung sich Jahr für Jahr zu verfestigen scheint, wie ein geistiger Graben, der immer tiefer wird. Ich erzähle von dem Besuch bei meinem Vater, da unterbricht sie mich: «Oder wie bei meiner Oma.» – «Deiner Oma?» – «Ja.» – «Die aus Riga?» – «Lucia, ja. Bei der letzten Wahl in Berlin habe ich sie wie immer zum Wahllokal begleitet, wir wählen immer zusammen. Wir gehen also Hand in Hand die Kaiser-Friedrich-Straße entlang, ich frage sie, was sie eigentlich wählen wird, da sagt sie: ‹AfD.› Ich bin stehen geblieben und habe erst einmal Mama angerufen, so schockiert war ich. Dann habe ich zu meiner Oma gesagt: ‹Ich kann nicht mit dir wählen gehen.›»

Ich frage Ricarda, ob ich ihre Großmutter einmal mit ihr gemeinsam besuchen könnte. Ein paar Tage später nimmt mich Ricarda mit.

Lucia Levitanus ist 95 Jahre alt, sie hat lange als Zahnärztin gearbeitet, erst in Kliniken, später hat sie eine eigene Praxis geführt. Sie wohnt seit dreißig Jahren in ihrer Wohnung. Es ist früher Abend, als ihre Enkelin die Klingel betätigt, in einem bestimmten Rhythmus, dem Erkennungszeichen der Familie. Seit dem Tod ihres Manns Max vor sieben Jahren lebt Lucia Levitanus hier allein.

Sie öffnet die Tür, bittet uns herein. Ihre Wohnung ist wie eine Art Salon geschnitten, links die offene Küche mit einer Bar und einer Tür zum Balkon, rechts ein großes Wohnzimmer, über eine kleine Stufe erreichbar der große Esstisch. Lucia Levitanus ist eine elegante Erscheinung, spricht sehr sorgfältig, ihr Deutsch hat eine osteuropäische Färbung. Sie habe etwas zu essen vorbereitet, sagt sie. «Setzen Sie sich doch.» Und so sitzen wir am Esstisch, bei Lachs, Meerrettich und Kaviar, mir gegenüber Großmutter und Enkelin, und unterhalten uns. «Bitte nehmen Sie ruhig noch mehr», sagt die Großmutter nach einer Weile, als ich den Lachs auf meinem Teller aufgegessen habe, «bei mir gibt es immer Russisch.»

Lucia Levitanus wurde am 29. Dezember 1923 in Lettland geboren, in Mitau, das heute Jelgava heißt, einer Stadt gut 40 Kilometer entfernt von Riga. 1945 zog sie in die Hauptstadt, sie studierte Medizin, wollte Ärztin werden. «Im Sommer 1946», erzählt sie, «gehe ich durch die Stadt, da kommt mir ein braungebrannter, großgewachsener Mann entgegen, der hat mir gefallen. Wir sind aneinander vorbeigelaufen, ich bin dann stehen geblieben und habe mich umgedreht. Und er auch! Wir haben uns in die Augen gesehen, haben aber nichts gesagt. Dann ist jeder von uns weitergegangen.»

Der gutaussehende Mann geht ihr nicht aus dem Kopf, sie erkundigt sich und findet heraus, dass er Max Levitanus heißt und in der lettischen Fußballnationalmannschaft spielt. Er ist ein Star in Riga – und wird es bis zum seinem Tod bleiben. Ricarda sagt: «Als ich mit zehn Jahren zum ersten Mal mit der Familie nach Riga gereist bin und mit Opa durch die Stadt gelaufen bin, ist er ständig erkannt und angesprochen worden.»

Lucia Levitanus erzählt weiter von 1946. «Ich habe versucht, ihn kennenzulernen, über Bekannte hat das geklappt.» Die beiden verliebten sich, sie heirateten, ihre einzige Tochter Aviva wurde geboren, Ricardas Mutter. Lucia Levitanus studierte weiter Medizin, arbeitete in einem Krankenhaus in Riga, Max spielte weiter Fußball. «Er war ja ein bekannter Mann, ein Promi, würde man heute sagen. Das Leben mit meinem schönen Mann war mir nicht immer leicht.»

Doch es bedrückt sie vor allem die politische Lage. Ihr Vater, ein Lette, hatte im Ersten Weltkrieg an der Seite der Armee des Zaren gegen die Bolschewiken gekämpft. In Russland hatte er Lucias Mutter kennengelernt und mit nach Lettland gebracht. «Als ich geboren wurde», sagt sie, «war Lettland unabhängig, selbständig. Wir hatten einfach alles damals, Riga wurde Klein-Paris genannt. Dann kamen 1939 die ersten Russen, ich erinnere mich noch an die Flieger und an die Flieger-Offiziere. Meine Mutter war anfangs glücklich: ‹Ach, da kommen meine Russen!› Aber wie die sich benommen haben – die Begeisterung war schnell wieder weg. 1941 kamen dann die Deutschen, und wir alle haben gejubelt.»

Vor einigen Jahren war ich zu einem Vortrag nach Riga eingeladen, und obwohl ich wusste, dass es eine lange deutsche Tradition dort gab, war ich überrascht zu erfahren, dass die Stadt im Jahr 1201 von einem Deutschen, dem Bischof Albert von Buxthoeven aus Bremen, gegründet worden war. Überlebensgroß hängt ein Bild von ihm noch heute im Dom, den er hat bauen lassen. Riga gehörte wie Hamburg, Bremen und Lübeck zur Hanse, der internationalen Handelsgemeinschaft. Noch im 18. Jahrhundert waren fast die Hälfte der Bevölkerung Deutsche. Lettland wurde dann zum Spielball zwischen Hitler und Stalin, erst bekam die Sowjetunion die Zusage Deutschlands, Lettland besetzen zu können, dann marschierte 1941 doch die Wehrmacht ein. 1945 wurde Lettland zu einer Sowjetrepublik erklärt.

«Es war schrecklich», erinnert sich Lucia Levitanus, «plötzlich wurde Russisch die offizielle Amtssprache, in der Klinik musste ich jetzt alles auf Russisch festhalten.»

Ich komme noch einmal auf die Zeit zwischen 1941 und 1945

zu sprechen. Was hat sie von den Nazis mitbekommen? Juden wurden damals im Rigaer Ghetto interniert, in KZs deportiert, bei mehreren Massakern in den lettischen Wäldern zu Zehntausenden erschossen. «Ich weiß noch, wie meine Eltern eines Tages sagten: ‹Der Doktor Friedenstein ist verschwunden.› Das war unser Kinderarzt.» Von den Verbrechen, sagt sie, habe sie erst nach 1945 erfahren. Insbesondere von ihrem Mann, dessen Familie fast vollständig von den Nazis umgebracht worden ist, von deutschen und von lettischen.

Aber für viele Letten, ohnehin gepeinigt von ständigen Machtwechseln, eines der Länder im Osten Europas, die von den Großmächten Russland und Deutschland im Wechsel schlecht behandelt worden sind, war das Ende des Zweiten Weltkrieges keine Befreiung.

«Es war eine schlimme Zeit», sagt Lucia Levitanus, «wir haben die ganze Zeit darüber nachgedacht, wie wir rauskommen.» Ein Bruder ihres Mannes war noch während des Krieges geflohen, erst nach Amerika, dort hatte er sich in Lewis umbenannt, dann nach Deutschland. In Berlin hatte der Vater der beiden Brüder, ein erfolgreicher Geschäftsmann, ein Haus gekauft, eine kluge Investition, fünf Stockwerke, zwanzig Wohnungen, in der Reichenbergerstraße in Kreuzberg. Das war jetzt das Ziel des jungen Paares Max und Lucia Levitanus.

«Mein Mann war ja aktiver Fußballer und später auch Trainer, aber zu Spielen ins Ausland durfte er nie mitfahren, Fluchtgefahr, wegen seines Bruders in Berlin.»

Doch dann wurde es möglich, für Juden nach Israel auszuwandern, und die Familie stellte einen Antrag. 1971 wurde er genehmigt.

«Ich war damals schon lange verheiratet und über vierzig, meine Tochter Aviva war auch schon zwanzig, und trotzdem musste damals mein Vater noch unterschreiben, dass ich ausreisen durfte!», erinnert sich Lucia Levitanus bei unserem Essen. «Mein Vater hat zu mir damals gesagt: ‹Ich unterschreibe dein Todesurteil.›» Todesurteil? «Er konnte sich nicht vorstellen, wie das Leben im Westen sein würde, die sowjetische Propaganda, wissen Sie, die war schon sehr erfolgreich. Und er dachte wirklich, er sieht mich nie wieder, für die Eltern war es sehr schmerzhaft. Aber wir jüngeren Leute wollten nur weg, wir waren doch unterdrückt!»

Von Riga ging es nach Wien, von dort aus sollte das Paar nach Israel ausfliegen, doch sie wollten nach Deutschland, in das Haus, ihr Haus.

«Wir wurden in Wien von der jüdischen Gemeinde empfangen, die uns natürlich gleich nach Israel weiterschicken wollten, aber mein Mann hat ihnen mitgeteilt: Wir haben eine vielversprechendere Zukunft in Deutschland.»

Ricarda, die Enkelin, fragt ihre Großmutter: «Hatte Opa eigentlich keine Angst vor Deutschland? Wegen der Nazis?» – «Nein, wir wollten weg von den Russen, nur nach Westen.» Aber so einfach war das nicht mit der Einreise nach Deutschland. «Wir haben monatelang auf eine Erlaubnis gewartet, erst in Österreich, dann in Italien.»

Sie bitten schließlich einen Bekannten, der in Soest in Nordrhein-Westfalen lebt, sie schriftlich zu ihm einzuladen – so bekommen sie die Erlaubnis einzureisen. Eine Woche lang müssen sie in ein Aufnahmelager nach Unna, dann ziehen sie nach Köln. Warum Köln und nicht Berlin? «In Köln habe ich sofort eine Zulassung als Ärztin bekommen, in Berlin klappte das irgendwie nicht.» Manche Dinge, denke ich, ändern sich nie, besonders nicht in Berlin.

1971 kam sie nach Deutschland. Wie war das eigentlich für sie, frage ich sie, wie hat das Land auf sie gewirkt? «Ich war traumatisiert. Diese lange Zeit im Ungewissen, das Warten über

Monate, ich fand keine Ruhe.» Sie besuchte eine lettische Gemeinde, «ich dachte, vielleicht finde ich dort ein Zuhause». Aber dort waren ihr die Leute zu religiös, weder sie noch ihr Mann sind gläubig. «Diese Nostalgie fand ich merkwürdig. Da bin ich schnell wieder weg, ich weiß noch, wie ich auf der Straße geweint habe. Ich habe mich ja auch geschämt, aber ich konnte nicht zurück.»

Dass sie auf der Suche nach einem emotionalen Zuhause ist, liegt auch an der Sprache. «Ich konnte nur ein bisschen Schuldeutsch, nicht mehr.» Wie hat sie es gelernt? «Wir haben immer Deutsch miteinander geredet. Als wir nach Deutschland kamen, haben wir das gemeinsam festgelegt. Wir haben uns gesagt: Wir müssen die deutsche Sprache lernen, ob wir Fehler machen oder nicht, wir müssen deutsche Zeitungen lesen, deutsches Fernsehen schauen, keine russischen Programme.» Nur wenn man die Sprache eines Landes spricht, kommt man wirklich in ihm an.

Nach Jahren in Köln zog die Familie schließlich nach Berlin, Lucia Levitanus arbeitete erst als Ärztin in einer Klinik, übernahm dann eine Praxis in Steglitz. Mit dem Bruder einigte man sich schließlich, sie wurden an dem Haus in Kreuzberg beteiligt.

Und doch dauerte es weiter mit dem Ankommen, noch Jahre nachdem sie eingereist waren. «Ich spreche ja Deutsch bis heute nicht wie jemand, der in Deutschland aufgewachsen ist», sagt Lucia Levitanus, «das hört man natürlich sofort.» Als sie die eigene Zahnarztpraxis übernahm, Anfang der achtziger Jahre, erlebte sie wieder, was das bedeutete. «Die erste Zeit war schwer. Ich erinnere mich, wie ein Nachbar zu mir in die Praxis kam, ganz am Anfang, er wollte von mir behandelt werden, aber als ich anfing zu reden, rief er: ‹Sie ist doch Ausländerin!› Und ist weggegangen.»

Er ist weggegangen? «Ja, einfach so. Später hat er sich von mir behandeln lassen, aber am Anfang hat er wirklich gesagt: ‹Sie ist doch Ausländerin!›»

Sie nennt das ihr «zweites Trauma». Später, sagt sie, sei die Praxis gut gelaufen. «Ich wurde schnell bekannt dafür, dass ich sehr vorsichtig behandelt habe. Aber wissen Sie, ich selbst habe bis heute dünne Nerven, das kommt aus dieser Zeit. Ich war so unruhig. Ich wollte zum Schluss sogar Beta-Blocker nehmen, nur um ruhiger zu werden. Deshalb habe ich mit 63 aufgehört zu arbeiten.»

Ihr Mann arbeitete in Deutschland als Sportlehrer, an einer Schule in Wedding. Sie fuhr häufig nur mit ihrer Tochter in den Urlaub, ihr Mann blieb lieber zu Hause. Erst als 1989 Ricarda, die Enkelin, geboren wird, ändert sich alles.

Die Großmutter dreht sich jetzt zu ihrer Enkelin um, die neben ihr sitzt: «Dann kamst du auf die Welt, und dich hat er abgöttisch geliebt. Immer ist er mit dir spazieren gegangen, hat irgendetwas mit dir unternommen.»

Ricarda nickt. «Auf dem Tisch, an dem wir gerade essen», sagt sie, «hat er mir Tischtennis beigebracht. Die Tischplatte wurde frei geräumt, aus dem Bad wurden Handtücher geholt und zusammengerollt, als Netz, dann haben wir gespielt, und Oma saß daneben und hat bis 100 zählen müssen.» Beide lachen jetzt.

Max Levitanus ist im Februar 2012 gestorben, am Ende seines Lebens war er dement, er war lange an Leukämie erkrankt, die letzte Zeit musste er ins Pflegeheim. «Er ist zu Hause so oft einfach umgefallen», sagt Lucia Levitanus, «es wurde zu gefährlich, ich konnte ihn nicht mehr aufheben, es war schrecklich.»

In der Zeit nach seinem Tod war sie, so beschreibt sie es, traurig und durcheinander. «Ich war damals wirklich so verwirrt, ich habe nicht mal mitbekommen, als mir einmal in der U-Bahn das Portemonnaie geklaut wurde.»

Jahrelang sind ihr Mann und sie regelmäßig zu Rogacki gegangen, dem legendären Westberliner Feinkostladen, einer Institution. Nach seinem Tod ist sie öfter alleine dort, und eines Tages geht sie auf die Toilette. Sie legt ihr Portemonnaie auf die Ablage und sagt sich: «Auf keinen Fall darf ich es vergessen.» Und natürlich vergisst sie es, mit allem Geld, Karten, Ausweis.

«Ich komme nach Hause, da klingelt mein Telefon, eine Frau ist dran. ‹Sie waren doch gerade bei Rogacki.› – ‹Ja.› – ‹Und vermissen Sie nicht etwas?›» Sie lacht. Die Frau war nach ihr auf der Toilette gewesen, hat ihren Geldbeutel gefunden.

Die beiden treffen sich zur Übergabe. Lucia Levitanus entschuldigt sich bei der Frau für ihr schlechtes Deutsch: «Ich komme aus Riga.» Da sagt die Frau: «Ich auch.» Eine Deutsche aus Riga! Sie war zwei, als ihre Eltern in den Vierzigern mit ihr als Baby nach Deutschland ausreisten, erzählt sie, die beiden kommen miteinander ins Gespräch. «Mit Frau Seiler bin ich bis heute befreundet, seit Jahren gehen wir einmal im Monat zusammen essen.»

Ich frage Lucia Levitanus, in welcher Sprache sie träumt. «Wissen Sie was?», sagt sie. «Manchmal fallen mir heute Wörter zuerst auf Deutsch ein, nicht mehr auf Lettisch.» Sie hat ihr ganzes Leben lang dafür gebraucht, denke ich. Was ist ihre Heimat, frage ich sie. Sie überlegt.

«Meine Heimat ist Deutschland.» Sie macht eine kurze Pause. «Jetzt.» Noch eine Pause. «Zurück kann ich nicht mehr.» Ricarda wirft ein: «Aber du fährst doch jedes Jahr!» – «Ja, wegen des Meers!» Jetzt strahlt die Großmutter ihre Enkelin an, dann mich. «Die Luft am Meer ist so klar, und nirgendwo ist der Strand so schön wie in Riga.» – «Die Karibik Europas», ergänzt Ricarda. «Genau!», sagt ihre Großmutter.

Ricarda erzählt, dass einige jüdische Freunde und Bekannte, die nach dem Zweiten Weltkrieg nach Israel gezogen waren, in den vergangenen Jahren und Jahrzehnten nach Berlin gekommen seien. «Die Rigenser haben sich dann regelmäßig hier in der Wohnung getroffen. Sie haben Karten gespielt, und es gab genau das gleiche Essen wie heute: Lachs, etwas roten Kaviar, Salat, angemacht mit Mayonnaise.» Ricarda schaute den Erwachsenen beim Kartenspielen zu, lauschte bei ihren Gesprächen. Und einmal, sie war neun oder zehn Jahre alt, daran erinnert sie sich, als sei es gerade erst passiert, hat sie laut in die Runde gesagt: «Ich will auch jüdisch werden!»

Ebenso genau erinnert sie sich an das kurze Schweigen am Tisch und was Riva, die gute Freundin ihrer Großeltern, zu ihr sagte: «Das darfst du auf keinen Fall machen.» Man wisse nie.

Ricarda, die den Nachnamen ihres Vaters, Messner, trägt, wurde dann evangelisch konfirmiert. «Oma», sagt sie plötzlich, «ich möchte übrigens unseren Namen wieder annehmen, Levitanus!»

«Ja?», antwortet die Großmutter und fügt dann hinzu: «Mir wird ja bis heute immer wieder mal gesagt, Levitanus sei ein schöner Name, er klinge wie Musik. Levitanus kommt ja von Levitan, das heißt Priester.»

Jetzt schaut Lucia Levitanus mich an und sagt: «Ich finde übrigens den Namen Amend so interessant.» Ich lache verlegen, sage, der Name sei eher selten. Dann fragt sie: «Das ist kein deutscher Name, oder?»

Erst Wochen nach meinem Besuch, als ich an meinem Küchentisch sitze und die Aufnahme unseres Gesprächs anhöre, fällt mir auf, dass Lucia Levitanus ab da die Gesprächsführung übernimmt. «Ihre Vorfahren waren wahrscheinlich auch keine Deutschen.» Ich höre mich «Wahrscheinlich» sagen, obwohl ich doch eigentlich weiß, dass das nicht stimmt, dass Amends oft ursprünglich aus Bayern oder angrenzenden Regionen kommen und am Ende der Dorfstraße gewohnt haben. Und dass mir mal ein Sprachforscher gesagt hat, dass es früher in vielen Dörfern einen Acker gab, der allen gemeinsam gehörte und Allmende hieß. Wenn der Acker eines Bauern unfruchtbar war, konnte er die Allmende bestellen. Und die Leute, die auf dieses Grundstück aufpassten, wurden so genannt: Allmende, Allmend, Amend.

Wenn ich früher, ob in Frankfurt oder in München, meinen Nachnamen buchstabieren sollte, habe ich gesagt: «Ganz einfach – wie in der Kirche mit d.» Als ich nach Berlin gezogen bin, habe ich gemerkt, dass der Spruch nicht mehr funktionierte. «Wie – wie in der Kirche?» Dafür mache ich in Berlin eine andere Erfahrung, wieder und wieder. Wenn ich in ein bestelltes Taxi steige, sieht der Taxifahrer mich zuerst im Rückspiegel an, sieht dann noch einmal auf sein Display, dann wieder in den Rückspiegel. Frage: «Sie haben bestellt?» Ich antworte immer brav: «Ja.» Dann Nachfrage des Taxifahrers: «Sie sehen nicht aus wie ein Ahmed.»

Zurück an den Esstisch von Lucia Levitanus. Sie steht auf, sagt: «Ich würde den Kaffee einschalten. Möchten Sie?» – «Gerne.»

Die Großmutter dreht sich um und geht mit langsamem Schritt zur Küche. Ich frage Ricarda, ob sie wirklich ihren Nachnamen ändern will. Sie nickt. «Ich habe das Mama erzählt, und sie hat mich fragend angeschaut. ‹Das wird Papa aber weh tun.›»

Während ihre Großmutter in der Küche den Kaffee kocht, sagt Ricarda: «In den letzten Jahren habe ich mir öfter die Frage gestellt: Woher komme ich eigentlich? Ich bin mit der Kultur meiner Mutter groß geworden. Ich habe meinem Opa so viel zu verdanken, ich will auch nicht, dass der Name ausstirbt. Und ich bin eine geborene Levitanus. Meine Eltern haben ja erst ein Jahr nach meiner Geburt geheiratet.»

Der Kaffee ist fertig, Lucia Levitanus bringt ihn auf einem Tablett, wir helfen ihr dabei, es gibt Kuchen.

Sie hat mir ihre komplizierte Geschichte mit Deutschland erzählt, die ein Happy End hat, für ihre eigene Familie, für sie, ihre Tochter und ihre Enkelin, die wie selbstverständlich in einem freien, demokratischen und wohlhabenden Land aufgewachsen ist. Warum hat sie dann ihrer Enkelin erzählt: «Ich wähle AfD»?

Es geht um die Flüchtlinge.

«Ich bin in dieser Frage mit meiner Enkelin nicht einer Meinung, aber in meinem Bekanntenkreis, die Deutschen, die Russen, die Letten, die Leute aus meiner Generation sind da meiner Meinung. Das kann man nicht so machen, wie es gemacht wird.» Was genau meint sie damit?

«Natürlich muss man den Menschen helfen, aber wir können nicht alle ins Land holen. Man muss dort, wo sie leben, helfen.» – «Aber du bist doch damals auch von woanders gekommen», sagt die Enkelin. – «Das ist etwas anderes.» – «Warum?» – «Ich habe nichts kassiert vom Staat. Ich bin vom ersten Tag an arbeiten gegangen für kleines Geld. Aber viele, die jetzt kommen, nicht alle, aber viele, arbeiten nicht. Mir tun die Menschen leid, die ich auf der Straße sehe, die Flaschen sammeln müssen oder in den Mülleimern so was suchen, weil sie nicht von ihrer Rente leben können. Denen muss man doch zuerst helfen.» – «Aber was ist mit denen, denen Bomben vor die Häuser fallen und die nicht wissen, wohin?»

In der AfD, sagt Lucia Levitanus, seien doch nicht «alle Nazis, da gibt es auch Vernünftige». – «Aber es reicht doch, wenn Nazis auch dabei sind!», sagt ihre Enkelin. «Aber die machen doch nichts.» – «Aber wer hat damals unsere Familie umgebracht? Die! Das kannst du nicht machen, Oma!»

Dann redet Lucia Levitanus über Angela Merkel. «Wissen

Sie, ich fand das falsch, was die Frau Bundeskanzlerin damals gemacht hat.» Sie meint die Nacht im September 2015 und die Wochen danach. «Sie hat den Eindruck vermittelt: ‹Lasst nur alle rein, wir schaffen das.› Viele von meinen Bekannten waren darüber schockiert, und sie sind es bis heute, ich auch.»

Als ich mein Stück Kuchen aufgegessen habe, fragt sie: «Wollen Sie noch ein Eis?» – «Danke, das schaffe ich nicht mehr», sage ich und muss an meine eigene Großmutter denken und dass ich als kleiner Junge nach einem ausgiebigen Essen im Restaurant immer noch ein riesiges Eis, ein Bananensplit, bestellt habe, mit dem Satz «Oma – ein Eis geht immer noch rein».

Lucia Levitanus sagt jetzt zu ihrer Enkelin: «Ich wollte dich provozieren.» – «Ja, gut, ich weiß bis heute nicht, wo du dein Kreuz gesetzt hast.» Bei der Bundestagswahl, sagt sie, habe sie Christian Lindner gewählt. «Der gefällt mir.»

Mein Blick schweift durch die Wohnung, an jeder Wand hängen Gemälde, ein Motiv kommt mir bekannt vor, eine schwarze Kreidezeichnung auf weißem Papier. «Ist das die Altstadt von Riga?», frage ich. «Ja», sagt Lucia Levitanus, «in Riga ist viel Jugendstil gebaut worden, wie in Deutschland.» Ricarda sagt: «Ich finde das Bild so düster, als Kind hat mir das immer Angst gemacht, diese dunkle Gasse, gruselig.» – «Das ist abends!», sagt die Großmutter. «Trotzdem gruselig!»

Wir stehen alle drei auf und gehen jetzt gemeinsam von Bild zu Bild. «Das ist Riga, das auch und hier rechts auch», erzählt Lucia Levitanus. «Dort ist Moskau zu sehen, aber ansonsten ist alles Riga.» Wie lange hängen die Bilder schon? «Oh, seitdem wir eingezogen sind, seit 1988.» Sie wohnt in einer Welt, die an jeder Wand Riga zeigt, ihre alte Heimat, in einer Wohnung, die in Berlin liegt, ihrer neuen Heimat.

95 Jahre alt ist sie, was für eine Energie noch immer in ihr

steckt, denke ich. Wie sieht ein ganz normaler Tag in ihrem Leben aus? «Ich schlafe nicht mehr gut, meine Knie tun mir weh, ich wache nachts öfter auf, manchmal jede Stunde. Um 7 Uhr stehe ich auf, um 7 Uhr 20 ist meine erste Gymnastik im Fernsehen, Bayerischer Rundfunk, die mache ich jeden Morgen, eine Viertelstunde lang, um 8 Uhr 30 dann noch einmal.» – «Du machst mehr Sport als ich!», sagt die Enkelin.

«Dann gehe ich einkaufen, aber meine Beine sind in der letzten Zeit nicht mehr so gut, deshalb mache ich das nicht mehr jeden Tag. Dann schaue ich Facebook.»

Facebook. Klar, denke ich. Facebook?

«Ja, mit dem Computer habe ich vor drei Jahren angefangen, und Ricarda schaue ich auf Instagram.»

«Darüber haben wir uns einmal so gestritten», sagt die Enkelin, «dann habe ich mein Profil privat gestellt, damit du es nicht sehen kannst.» Die Großmutter lacht.

Was ist passiert? «Da hast du mich angerufen, weil du von einem Bild so schockiert warst. Ich hatte ein Buch über Alltagssexismus zwischen meine Beine gelegt und fotografiert.» – «Ja», sagt die Großmutter zu mir, «da habe ich zuerst ihre Mama angerufen und mich darüber beklagt, aber die hat gesagt, das ist nicht schlimm. Dann habe ich Ricarda angerufen, und anschließend haben wir eine Woche lang nicht miteinander geredet. Ricarda, ist das Bild eigentlich geblieben? – «Ja, Oma, alles, was ich poste, bleibt.»

Manchmal spielt Lucia Levitanus digitales Puzzle an ihrem Computer, aber sonst kenne sie sich damit nicht aus, sagt sie. «Wenn dann etwas falsch eingestellt ist, rufe ich Ricarda an, aber die hat nie Zeit, und dann ärgere ich mich.» Die Enkelin lacht. «Von wegen nie Zeit!»

Wir brechen auf. Zum Abschied gibt es noch ein Nimm-2-Bonbon aus einer Schale, die auf der Theke in der Küche steht.

Hat sie einen Ratschlag an die jüngere Generation, frage ich sie zum Schluss, als wir schon an der Tür stehen. «Nicht aufgeben, immer weiterkämpfen. Ich bin jetzt 95. Ich habe viel gearbeitet, ich hatte viel Stress und viel Kummer, aber ich habe nie aufgegeben.»

«Stillsitzen kannst du ja nicht, Oma», sagt Ricarda, «dann wird dir immer sofort langweilig.»

Und Lucia Levitanus, die vor langer Zeit den Weg von Riga nach Berlin angetreten ist, um frei zu sein, die eine Deutsche geworden ist, obwohl es ihr oft nicht leicht gemacht wurde, und die Angst davor hat, dass dieses komplizierte, wohlhabende Land, das ihr Arbeit und fast 50 Jahre geschenkt hat, eines Tages an den Herausforderungen scheitern könnte, sagt: «Ich muss mich bewegen. Bewegung ist mein Leben.»

Einige Monate nach meinem Besuch, am Tag der Europawahl, postet Ricarda ein Bild auf Instagram. Ich sehe sie mit ihrer Großmutter, wieder sind die beiden auf dem Weg zum Wahllokal. Am nächsten Tag frage ich Ricarda, ob sie sich wieder auf dem Weg gestritten haben. «Nein, dieses Mal waren wir uns sehr einig. Sie hat mir noch einmal gesagt, wie wichtig sie Wahlen findet, nicht mehr für sie, aber für ihre Enkelin, für mich.»

Kapitel 10

Lena Meyer-Landrut

Ängste und Sorgen, darüber redet jede und jeder sofort, wenn ich das Thema Deutschland anspreche, und das, obwohl es dem Land wirtschaftlich so gut geht wie seit Jahrzehnten nicht. Und hat Joachim Fest mir damals in Kronberg nicht gesagt, dass das Fundament der Bundesrepublik ihr Wohlstand sei? Wehe, wenn es damit mal weniger werde, hat er gesagt. Was wird erst, wenn es wieder zu einer Wirtschaftskrise kommt?

Dabei ist es noch gar nicht lange her, gerade mal ein gutes Jahrzehnt, da schien Deutschland ganz bei sich zu sein. Und diese Zeit begann, wie ganz zu Beginn der deutschen Geschichte, mit dem Blick von außen. Nur dass diesmal nicht Julius Cäsar die bösen Barbaren beschrieb und sie Germanen nannte, sondern dass die Welt zu Gast bei Freunden war – und sich in das neue, moderne, liberale Deutschland verliebte.

2006 fand zum ersten Mal nach über drei Jahrzehnten wieder eine Fußballweltmeisterschaft in Deutschland statt – Franz Beckenbauer, die Lichtfigur, der Kaiser, hatte sie, so glaubten wir damals, mit einer unendlichen Reise durch alle Länder der Welt, die bei der Fifa mitstimmen durften, nach Hause geholt. Der tanzende Kaiser in Afrika – unvergessene Bilder.

Dann geschah das nächste Wunder, und wer hätte es besser

beschreiben können als Franz Beckenbauer selbst: «Mit dem Eröffnungsspiel ist der Sommer eingezogen, nachdem wir vorher noch im Wintermantel rumgelaufen sind und die Schneefallgrenze bei 800 Metern lag.»

Diese vier Wochen wurden zu einem Sommermärchen: Plötzlich sah man überall junge und nicht mehr so junge Menschen mit schwarz-rot-goldenen Fahnen an den Wagen und an den Wangen – sie feierten nicht nur auf den Straßen, sie versammelten sich an einem neuen Ort, der Fanmeile genannt wurde, und niemand, auch nicht die kritischsten, skeptischsten Stimmen, konnten darin den alten, gefürchteten Nationalismus entdecken. Die internationalen Medien bejubelten dieses neue Cool Germany, beschrieben, wie international seine Hauptstadt geworden sei. Und beschleunigten damit die Internationalisierung Berlins natürlich noch weiter.

Die deutsche Mannschaft hatte neue Stars, die ebenso jung wie viele Fanmeilenfans waren und nicht mit ihren vollständigen Namen, sondern einfach nur Poldi und Schweini gerufen wurden, als seien sie Maskottchen dieses neuen Deutschlands, und sie waren es ja auch. Ihr Trainer hatte gar keinen Trainerschein, aber verbreitete umso bessere Laune und wurde dafür zwar nicht mit dem Weltmeistertitel, aber mit einem riesigen Erfolg in den Kinos belohnt: Jürgen Klinsmann war einer der Stars in Sönke Wortmanns Dokumentation *Deutschland. Ein Sommermärchen*, die am Ende des Jahres auch noch im Fernsehen elf Millionen Zuschauer erreichte.

Die Mannschaft hörte in der Kabine «Dieser Weg» des Soul-Sängers Xavier Naidoo, eines Mannheimers mit südafrikanischen Wurzeln.

In einer tragenden Nebenrolle, im Film und im wahren Leben, war eine gewisse Angela Merkel zu sehen, die erste Frau an der Spitze eines deutschen Staates, die erst im Jahr zuvor zur

Bundeskanzlerin gewählt worden war. Wenn ihr Wahlkampf ein Fußballspiel gewesen wäre, hätte man gesagt: Sie hat gleich zu Beginn 3:0 geführt und nach einer anschließend erstaunlich schwachen Leistung am Ende ein 3:2 gerade noch so über die Zeit gerettet. Im Sommermärchen aber entdeckten die Deutschen die sympathische Seite ihrer Kanzlerin, als sie im Fernsehen sahen, wie süß sie auf der Tribüne jubelte.

Die junge Nationalmannschaft von Klinsi mit Schweini und Poldi schied schließlich im Halbfinale aus, aber das machte nichts – die Stimmung blieb sonnig, über diesen einen Sommer hinaus. Nur wenige Jahre später erlebte Deutschland sein nächstes Märchen. Als zweite deutsche Musikerin überhaupt gewann die völlig unbekannte Schülerin Lena Meyer-Landrut den Eurovision Song Contest, früher bekannt als Grand Prix Eurovision de la Chanson.

Lena.

In der ZEIT erschien daraufhin auf der Titelseite ein Leitartikel: «Man wundert sich ja fast, dass Lena Meyer-Landrut, zumindest bis Redaktionsschluss, das Amt des Bundespräsidenten noch nicht angeboten wurde. Als die Gewinnerin des Eurovision Song Contests am Sonntag mit dem Flugzeug in Deutschland landete, wurde sie von Niedersachsens Ministerpräsident Christian Wulff wie ein Staatsgast empfangen – die Grüße der Bundeskanzlerin richtete er gleich mit aus. Dann wurde die 19 Jahre alte Lena Meyer-Landrut live im Fernsehen gefragt, was sie tun werde, wenn sie nach Hause komme. Sie antwortete in ihrer typischen Mischung aus Leichtigkeit und Selbstreflexion: ‹Schlafen, essen. Und denken.›

Kreischende Fans, devote Politiker, dazu eine ARD, die ihre Lena immer wieder ins Programm hob (und ihr damit größeres Gewicht gab als dem Rücktritt Roland Kochs): Wie kommt es zu diesem Wirbel um eine Sängerin, die gar nicht so gut singen kann? Wie zu Einschaltquoten, die sonst nur bei Fußballweltmeisterschaften üblich sind?

Auf der Bühne von Oslo hielt Lena Meyer-Landrut nach ihrem Sieg ganz selbstverständlich eine schwarz-rot-goldene Fahne in der linken Hand, aber sie schwenkte sie nicht triumphierend. Diese Geste war typisch für sie, und sie hatte etwas Lässiges, so wie viele Deutsche ihr Land heute gern sehen: erfolgreich, aber nicht um jeden Preis, kein falscher Stolz, aber auch kein schlechtes Gewissen. Ziemlich cool: Wir haben kein Problem mit unserem Land, aber wir trumpfen nicht gleich auf deshalb.

Lena Meyer-Landrut macht nicht alles mit, das macht sie sympathisch. Sie weigerte sich, ihr Privatleben ausschlachten zu lassen, sprach nicht mit der *Bild*-Zeitung und nicht mit RTL. Die Familie und ihr Umfeld in Hannover schwiegen. Auch so wurde ein Publikum zum Komplizen seiner Sängerin.

Zudem verweigerte sie sich der Pathos-Maschinerie des Eurovision Song Contests. Sie legte weder ihren merkwürdigen englischen Akzent noch ihre merkwürdige Art zu tanzen ab – und bewahrte sich Eigenständigkeit. Sie hat sich nicht stylen lassen in einer immer durchgestylteren Welt. Das ist ihr Stil.

Die Deutschen sind aber auch begeistert, weil die Europäer begeistert sind: Es stimmt eben nicht, dass niemand die bösen Deutschen mag, auch in der Finanzkrise sind wir nicht der Buhmann.»

Der Autor des Leitartikels war ich. «Freu dich, kleiner Götterfunken» hatte Giovanni di Lorenzo, der Chefredakteur der ZEIT, als Überschrift über den Beitrag geschrieben.

Ich hatte, wie viele andere Zuschauerinnen und Zuschauer auch, Lena über die Castingshow *Unser Star für Oslo* kennengelernt, die der Moderator und Musiker Stefan Raab gemeinsam mit der ARD veranstaltet hatte. Unbekannte Talente sangen um die Wette, und am Ende der Show, die wöchentlich gesendet wurde, wurde abgestimmt, wer Deutschland in Oslo vertreten sollte, beim Finale des Eurovision Song Contests, der von allen Fans nur noch ESC genannt wurde.

Schon bei ihrem allerersten Auftritt hatte einer der Juroren, der Sänger Marius Müller-Westernhagen, Lena prophezeit: «Die Menschen werden dich lieben.» Und so kam es. 20 Millionen Zuschauer sahen Lena im Mai 2010 dabei zu, wie sie mit der Deutschlandfahne in der Hand den ESC gewann.

Ihre drei Songs stiegen zeitgleich in die Top 5 ein, so etwas war seit Beginn der Erhebung der Charts im Jahr 1959 noch nie passiert.

Im Sommer 2010 bin ich Lena Meyer-Landrut zum ersten Mal begegnet, im Gebäude der Firma Brainpool, die Stefan Raabs Castingshow produziert hatte, einer der Fernsehstars, die in den neunziger Jahren durch den Sender Viva bekannt geworden sind, der mit seiner schnoddrigen Art für ein entspanntes Deutschland stand, auch weil er aus einem einzigen, spontanen Satz von Bundeskanzler Schröder, «Hol mir mal 'ne Flasche Bier», einen Pophit machen konnte.

Lena saß im Schneidersitz auf einem Sessel und tippte auf ihrem iPad herum, stand auf und begrüßte mich, 1 Meter 70, dunkle glatte Haare, Stiefel, Jeans. «Wollen Sie sich hier hinsetzen?»

In den folgenden Wochen habe ich sie für ein Porträt begleitet, in Hamburg bei einem Radiopreis, als Hans-Dietrich Genscher ihre Hand nicht mehr loslassen wollte, in Baden-Baden bei einem Musikfestival, als so viele Fans ihren kleinen Bus so umlagerten, dass sie es mit der Angst zu tun bekam. «Das Mädchen der Nation» habe ich sie damals genannt. Fünf Jahre später, in einem Hotel in Berlin, traf ich sie wieder, aus dem Mädchen war eine junge Frau geworden, die ihre ersten Niederlagen hinter sich hatte.

Ihr Förderer Stefan Raab war auf die Idee gekommen, sie noch einmal beim ESC antreten zu lassen, die Zuschauer konnte nun aber nicht mehr darüber abstimmen, wer Deutschland vertreten sollte, sondern nur noch, mit welchem Lied Lena antritt. Lena gegen Lena gegen Lena. Der *Spiegel* hatte über den «totalitären Lenaismus» gespottet. Dann hatte sie auf ziemlich schnippische Art bei einem Live-Interview im Fernsehen den Moderator Frank Elstner mehrmals auf Fehler in seinen Fragen hingewiesen und einen Auftritt bei einem Hamburger Musikfestival so verpatzt, dass er vom *Abendblatt* als «Tiefpunkt aller 300 Auftritte» bezeichnet wurde.

Bei unserem Wiedersehen nach fünf Jahren redete Lena offen über diese Niederlagen und Fehler, über ihr Verhältnis zur deutschen Öffentlichkeit und darüber, wie es ist, vor aller Augen erwachsen zu werden.

Als ich sie jetzt gefragt habe, ob wir uns wiedersehen können, um über Deutschland, ihr Deutschland, zu reden, hat sie spontan zugesagt und als Treffpunkt einen Donut-Laden in Kreuzberg vorgeschlagen. «Ich sitze ganz hinten», simst sie mir ein paar Minuten vor der verabredeten Uhrzeit.

Schwarzer bequemer Pullover, dazu eine weit geschnittene schwarze Hose mit weißem Muster, die dunklen Haare nach hinten gebunden, in der einen Hand ihr Smartphone, mit der anderen winkt sie mir zu. «Willst du auch einen Donut?»

Wir begrüßen uns, gehen zur Theke, suchen uns Donuts aus, «Salted Caramel», «Nougat», dazu Tee und Espresso. Zurück am Tisch, ganz hinten im Laden, schneidet Lena die Donuts, verteilt sie auf unseren Tellern. «Jeder probiert von jedem?»

Das Wochenende von Oslo. Ich spreche die berühmte Szene an, als sie am Tag nach dem Sieg am Flughafen ihrer Heimatstadt Hannover von Christian Wulff empfangen wird. Er überreichte ihr einen Blumenstrauß und richtete ihr herzliche Grüße von

Angela Merkel aus. «Abgedreht, dass die Bundeskanzlerin über mich redet», sagte sie damals, «aber auch 'ne Ehre.» Später trug sie sich in das Goldene Buch der Stadt ein: «Wow! Verdammte Axt ist das geil! Dankeschönst. Leni.»

Was ist das Erste, was ihr da durch den Kopf ging? «Ich war maßlos überfordert davon», sagt sie. «Für mich ist das heute wie ein Film. Ich habe ganz wenig konkrete Erinnerungen daran, nur kleine Ausschnitte, dazwischen Filmriss.» Filmriss? «Ja, ich hatte keinen alkoholischen Filmriss, sondern einen emotionalen.»

Und an dem Abend vorher? «Ich habe gesungen, bin von der Bühne runter, wir waren dann alle gemeinsam backstage, und irgendwann flüstert mir der Moderator zu: ‹Du hast gewonnen.› Stefan Raab rastet völlig aus vor Freude, und jetzt heißt es plötzlich, ich muss das Lied noch mal singen, das war ein Horrortrip. Wie noch mal singen, dachte ich, darauf war ich überhaupt nicht vorbereitet! Ich hatte ja nie im Leben damit gerechnet, dass ich gewinne.»

Ich erinnere mich an diesen zweiten Auftritt genau. Meine Freundin und ich wollten noch zu einer Party, der Fernseher lief eher nebenbei, aber je länger der Abend ging, desto klarer wurde, dass Lena, unsere Lena, wirklich eine Chance hatte zu gewinnen, desto öfter saßen wir nebeneinander vor dem Fernseher und fieberten mit. Als es dann so weit war, hat es sich angefühlt wie der Gewinn einer Fußballweltmeisterschaft. Nach Mitternacht sind wir mit dem Auto durch Berlin gefahren, und jeder zweite Radiosender spielte Lenas Song «Satellite».

«Ich weiß noch», erzählt Lena Meyer-Landrut jetzt, «am selben Abend gab es eine Pressekonferenz, ich hatte ein T-Shirt an von Harley-Davidson, da stand eine 1 drauf, das hat mich gefreut, weil ich schon als Kind immer ein Fan von den Harleys meines Patenonkels gewesen bin.» Von der Halle der Show sind sie ins

Hotel gefahren. «Alles war Amok, und Stefan hat im Bus die ganze Zeit ‹Ich liebe deutsche Land› gebrüllt, alle haben mitgegrölt.»

Ihr Förderer Stefan Raab schützte sie von Anfang an, so wie er sein eigenes Privatleben auch nicht vor den Boulevardmedien ausbreitet. Die Öffentlichkeit wusste damals nicht viel über das Privatleben der jungen Frau, die plötzlich jede Woche im Fernsehen sang, nur ihr Nachname sorgte für Recherchen. Meyer-Landrut – war da nicht etwas?

Ihr Großvater väterlicherseits, Andreas Meyer-Landrut, war einer der führenden Diplomaten der Bundesrepublik gewesen, mehrfach war er Botschafter in Moskau, auch zu jener Zeit Ende der achtziger Jahre, als sich Deutschland und die Sowjetunion unter Helmut Kohl und Michail Gorbatschow einander annäherten. Später leitete er das Bundespräsidialamt unter Richard von Weizsäcker, unter Hans-Dietrich Genscher war er vorher Staatssekretär, vielleicht war das der Grund, warum Genscher Lenas Hand nicht mehr loslassen wollte, damals, als sie sich zufällig über den Weg gelaufen sind.

Ihr Onkel Nikolaus Meyer-Landrut väterlicherseits ist ebenfalls Diplomat geworden, als seine Nichte den ESC gewann, arbeitete er im Kanzleramt, später wurde er engster Berater von Angela Merkel für Europafragen, heute ist er der deutsche Botschafter in Paris. Das klingt nach einem großbürgerlichen Hintergrund und erfüllt die Sehnsucht der Öffentlichkeit nach dem Kind aus guter Familie. Dabei ist es nicht einmal die halbe Wahrheit.

In Wirklichkeit hat Lena Meyer-Landruts Vater Ladislas ihre Mutter verlassen, als die gemeinsame Tochter zwei Jahre alt war. Er kümmerte sich nie, zahlte kein Geld, Vater und Tochter haben sich seit über zwei Jahrzehnten nicht mehr getroffen. Er sah sie erst wieder im Fernsehen, 2010, als sie in der Castingshow zum Star wurde.

Die Mutter wohnte mit ihrer Tochter alleine in einer kleinen Wohnung in Isernhagen, einer Gemeinde, die direkt an Hannover angrenzt. Und kämpfte, emotional, finanziell. «Ich bin damit aufgewachsen, dass es keine Kohle gibt», sagt Lena Meyer-Landrut heute. Was ist ihre früheste Erinnerung an ihre Kindheit? «Ich weiß nicht, ob ich mich wirklich daran erinnern kann oder ob ich das Foto später oft gesehen habe, warte mal, ich schaue, ob ich es auf meinem Handy habe, meine Mutter hat es mir mal geschickt.»

Sie nimmt ihr Smartphone, fängt an zu scrollen. «Oh mein Gott! Ich sehe gerade, dass meine Mutter und ich uns 2500 Fotos hin- und hergeschickt haben! Meine Mutter ist ja die Königin der Emojis. Wenn sie übers Einkaufen schreibt, kommt immer noch das kleine Täschchen-Emoji hinterher.» Bei einem Bild bleibt sie hängen, es zeigt sie als Vier- oder Fünfjährige. «Ich habe Lackschuhe an und Strumpfhosen mit roten Söckchen, die da rausgucken. Ich trage ein Cape aus Samt, schwarzes Stirnband mit einer roten Schleife und stehe in unserem Flur in Isernhagen. Ich sehe aus wie ein kleines, süßes Ding. Sind Geschenke von meiner Patentante, sie hat immer darauf geachtet, dass ich gute Klamotten hatte. In meiner Kindheit war sie für mich sehr wichtig. Ich bin ja ohne Vater gewesen. Meine Mutter hat sehr darauf geachtet, dass ich noch andere Leute eng um mich hatte. Meine Patentante und mein Patenonkel aus Mönchengladbach waren wichtig für mich.» Sie zeigt mir noch ein zweites Foto, ihr Patenonkel auf einer Harley-Davidson, sie hinten drauf. Und jetzt verstehe ich, warum ihr das Harley-T-Shirt damals auf der Pressekonferenz so wichtig war – es war ein geheimer Gruß an den Mann, der für sie da war, als sie ihn brauchte.

«Schau mal», sie zeigt ein Foto von ihrer Mutter aus den Neunzigern. «Sie hatte damals dieselben Fingernägel wie ich heute! Keine Kohle und trotzdem immer noch schön gemacht!» Sie lacht.

Wir reden weiter über Oslo, und Lena Meyer-Landrut erzählt von dem Moment, den man nur versteht, wenn man ihre Familiengeschichte kennt. «Rimowa hat mir damals zwei rote Koffer geschenkt, einen kleinen und einen großen», erzählt sie. «Das war für mich völlig absurd, dass ich plötzlich so etwas Teures hatte. Das konnten wir uns ja nie leisten. Ich fand die Farbe Horror, aber das war egal, es war Rimowa!»

Als sie mir davon erzählt, denke ich plötzlich anders über ihre spätere Karriere als Model, als Werbefigur für Kosmetik, über ihre Arbeit als Influencerin auf Instagram. Sie erzählen eben auch vom Aufstieg des kleinen Mädchens mit der alleinerziehenden Mutter aus Isernhagen in die große, weite Welt des Glamours.

Lena Meyer-Landrut packte also ihre beiden teuren Koffer und stieg ins Flugzeug. «Es ging eigentlich die ganze Zeit weiter mit dem ‹Ich liebe deutsche Land›-Grölen. Kurz bevor wir in Hannover rausgegangen sind, hat Stefan mir diese Hawaii-Deutschland-Blumen umgehängt. Ich habe selber gar nicht agiert, ich habe mich einfach nur mitziehen lassen, ich bin mitgelaufen.»

Sie stiegen aus, das Fernsehen übertrug alles live. «Die Hawaii-Blumen, Wulff, das habe ich alles gar nicht gepeilt, aber dann gab es eine Situation, da hatte ich plötzlich eine Idee, wie ein Blitz war das. Wir sollten ins Auto steigen, da bin ich einfach aufs Auto geklettert, aufs Dach, da habe ich mir meinen Moment genommen ...» Sie stockt plötzlich, während sie davon erzählt. «Wenn ich daran denke, fange ich an zu weinen.»

Und sie weint.

Ich reiche ihr eine der Papierservietten, die auf dem Tisch liegen. «Es ist so lange her, dass ich das letzte Mal daran gedacht habe.»

Sie erzählt, wie es weiterging. «Wir sind mit einer Karawane von zehn Autos zum Rathaus gefahren, das war so verrückt, überall am Straßenrand standen die Leute, an der Autobahn, auf den Brücken. Plötzlich fahren wir eine abgesperrte Straße entlang, links und rechts die jubelnden Menschen.» Ich sage zu ihr, dass man das eigentlich nur mit der Fußballnationalmannschaft erlebt, wenn sie Weltmeister wird. Wieder lacht sie.

«Vor ein paar Jahren hat mich der Fotograf Paul Ripke, ein Freund, zu seiner Buchpräsentation eingeladen, der war ja in Rio dabei, als die Mannschaft Weltmeister wurde. Und Paul hat auf der Bühne erzählt, wie das war, als die Nationalelf wiedergekommen ist nach dem Sieg, das Privatflugzeug, die Fans, die Fahnen. Er hat ein Detail nach dem anderen aufgezählt, und ich saß im Publikum und dachte: ‹Das war bei mir auch so. Das auch. Und das auch. Ah – ja, das ebenso.›»

Lena Meyer-Landrut nimmt sich noch ein Stück Donut, gleich haben wir alle Stücke gegessen. Wir holen also noch zwei neue Donuts von der Theke, sie macht ein Foto davon. «Glaubt mir natürlich wieder keiner, dass ich die gegessen habe, aber was soll's.»

Seit Jahren wird ihr immer wieder von Boulevardmedien unterstellt, sie sei magersüchtig. «An diesen Quatsch bin ich jetzt schon gewöhnt. Ich weiß nicht, woher das kommt, und ich verstehe es auch nicht, wirklich nicht. Vielleicht ist das so, wenn man zur Projektionsfläche gemacht wird: wie man auszusehen hat, was man sagt, was nicht – es gibt Menschen, die glauben, sie könnten einem das vorschreiben.» Damit sei sie nicht allein, selbst die allseits beliebte Moderatorin Barbara Schöneberger habe es sich vorhalten lassen müssen, als sie abgenommen habe.

Deutschland – was für ein Verhältnis hat Lena Meyer-Landrut zu ihrem Heimatland heute? «Als junger Mensch war ich supernaiv», sagt sie. «Ich habe nie gedacht, dass Deutschland etwas ist, das mich betrifft. Egal, was wir für Trouble zu Hause hatten, er war immer privat, nie politisch. Und meine Mutter hat das Politische auch nicht in mich hineingetrichtert.» Wenn sie an den Mauerfall 1989 denke, sagt sie, «muss ich ehrlich antworten: Das Erste, an das ich denke, ist: David Hasselhoff.» Ich muss lachen.

Gerhard Schröder ist der erste Kanzler, den sie bewusst miterlebt hat, sie war sieben, als er 1998 zum ersten Mal gewählt wurde. «Ich fand den gut», sagt sie, aber für Politik habe sie sich seinetwegen auch nicht mehr interessiert als vorher. Da musste erst Angela Merkel kommen. «Ich war immer schon riesiger Angie-Fan», sagt die Frau, die sich selbst früher Leni genannt hat. «Ich hab sie abgefeiert für ihre Ausstrahlung, für ihre Persönlichkeit, für ihren Vibe. Für ihre feinfühlige Diplomatie. Sie ist sensibel und schafft es trotzdem, immer einen Weg zu finden. Und ich glaube, sie hat einen hohen moralischen Anspruch an sich selber.»

Persönlich kennengelernt hat sie die Kanzlerin bis heute nicht, mit ihrem Wahlkampfteam war sie einmal im Kontakt, und vor der letzten Wahl, 2017, hat sich Lena Meyer-Landrut mit einem Instagram-Post zu ihr bekannt: «I love Raute – weil sie Frauen die Vision gibt, alles werden zu können.» Das gab Applaus und Ärger, bereut hat sie den Post nicht, sagt sie.

«Wenn ich Position beziehe, bricht vielleicht ein bisschen was von der Projektionsfläche Lena weg, aber das ist gar nicht schlimm. Ich habe das auch völlig unabhängig von Parteien gemeint, sie ist ein Rollenvorbild. Ich kenne sie ja nicht persönlich, ich weiß nicht, ob mir das zusteht, über sie zu urteilen, aber ich habe wirklich das Gefühl: Es ist ihr nicht egal. Und ich habe mich immer wohlgefühlt, wenn sie uns im Ausland vertreten hat.» Sie fügt hinzu, dass sie mit Angela Merkels Politik keineswegs immer einverstanden gewesen sei: «Ich würde nicht alles unterschreiben, was sie gemacht hat, ist ja klar.»

Und ich denke, dass man noch gar nicht absehen kann, welche Langzeitwirkung Angela Merkels lange Kanzlerschaft haben wird, wie viele Generationen, Frauen wie Männer, davon geprägt worden sind, dass eine Frau das Land führt, ganz selbstverständlich die Chefin ist.

Ein Vorbild ist Lena Meyer-Landrut auch geworden, und sie kann sich auf ihre Art in jemanden wie Angela Merkel hineinversetzen, auch wenn der Druck bei ihr nicht politisch ist – oder vielleicht doch?

Bei einem Treffen einige Wochen vor unserer Verabredung in dem Donut-Laden in Kreuzberg hat sie mir einmal gesagt: «Heute Morgen habe ich darüber nachgedacht, was kann ich eigentlich sagen?» Und erwähnt, dass sie die zwei jungen Moderatorinnen des Radiosenders Eins Live besonders mag, Sophie Passmann und Larissa Rieß. «Ich liebe die! Die sagen die ganze Zeit, was sie denken, haben eine klare Haltung, zu der sie auch stehen, und natürlich werden sie dafür kritisiert, aber sie können sich gut dagegen wehren, die gehen dann auf Twitter und Instagram und erklären sich.» Könnte sie das nicht auch machen? «Meine Situation ist anders.» Lena Meyer-Landrut folgen 2,9 Millionen Menschen. «Wenn ich etwas auf Instagram sage, sehen und hören das sofort 40 000 Menschen.» Und die Boulevardmedien natürlich auch.

«Ich denke zurzeit öfter: Warum tangiert mich das so? Warum ziehe ich mich dann zurück, um mich zu schützen? Ich mache dann weniger, weil ich kein Risiko eingehen will, aber am Ende bin das dann gar nicht mehr ich. Ich beobachte gerade, wie ich meine Angst verliere, das zu tun, auch wenn es Trouble gibt.»

Sie hat einen Song über ihren Vater geschrieben, über eines der Themen ihres Lebens, über das sie sich nie öffentlich geäußert hat. «If I Wasn't Your Daughter» heißt der Song. «I'm one of your great mistakes», singt sie. «You're twenty years late /

And I'm still here dreaming you're calling me.» Angerufen hat der Vater bis heute nicht.

Es ist ihre Art, sich auszudrücken, in einem Song, in ihrer Musik, da fühlt sie sich am sichersten. «Ich wurde verlassen», sagt sie. «Ich wurde verletzt, und in den vergangenen Jahren habe ich mich natürlich gefragt, wie mich das geprägt hat – und besonders das Verhalten meiner Mutter. Sie hat es geschafft, dass ich keinen Hass auf Männer entwickelt habe, das rechne ich ihr hoch an.»

Angefangen, sich solche Fragen zu stellen, hat sie in den vergangenen Jahren, 2016, 2017, während der Produktion eines Albums, das fast fertig war und dann nie erschienen ist. Es war dieselbe Zeit, in der sie zweimal eine geplante Tournee verschoben hat.

«Ich habe der Plattenfirma gesagt: Mir geht es richtig, richtig schlecht, wenn ich das jetzt veröffentlichen muss, wird es eine Qual. Und die haben super reagiert, das war eine Lehre für mich: Ich war transparent, und es hat funktioniert.»

Sie konnte noch einmal von vorne anfangen, und plötzlich merkte sie, es geht nicht nur um die Musik. «Ich habe mir Zeit für mich genommen, habe mit einem Coach gesprochen, habe mir Fragen gestellt: Was macht mich glücklich? Wer bin ich? Und wer will ich sein?»

Große Fragen, denke ich, die größten überhaupt.

«Ich denke oft», sagt sie jetzt. «Wie bin ich eigentlich 29 geworden? Das ging alles so schnell! Und muss ich tagsüber den ganzen Quatsch machen, um mir abends Dinge kaufen zu können, um glücklich zu werden? Oder kann ich nicht gleich das machen, was mich glücklich macht – und brauche ich all die Dinge dann noch?»

Als sie meinen skeptischen Blick bemerkt, weil ich sie mir, die Mode und Glamour viel zu sehr liebt, wirklich nicht als Anti-Konsum-Klassensprecherin vorstellen kann, muss sie selbst lachen. Ihr Blick fällt auf ihren Geldbeutel, der neben ihr liegt. «Na, also das Yves-Saint-Laurent-Portemonnaie braucht man natürlich schon.» Sie grinst.

Ein paar Wochen nach diesem Treffen ruft mich Lena Meyer-Landrut an, sie habe da eine Idee zu einem Video, das sie für ihre neue Single «Thank You» drehen will, fragt mich, ob ich da mitmachen möchte. Es geht in «Thank You» um die großen Fragen, über die wir uns unterhalten haben, ich sage zu. Ein paar Tage nach dem Telefonat fahre ich nach Rummelsburg, einem Stadtteil Berlins, der erst in den letzten Jahren entdeckt wurde. Dort wird in einer leerstehenden Fabrikhalle das Video gedreht, ich lerne die anderen Leute kennen, die wie ich mitwirken sollen, eine junge australische Schauspielerin, die Gesangslehrerin von Lena Meyer-Landrut, ein ehemaliger Gewinner der Castingshow *The Voice Kids*, Lena ist dort seit einigen Jahren Jurymitglied. Und Dora Osinde.

Wir kommen gleich ins Gespräch, sie arbeitet als Marketingmanagerin für Netflix, pendelt deshalb zwischen der Europazentrale des Streamingdienstes in Amsterdam und Berlin. Lena und Dora haben sich bei gemeinsamen Dreharbeiten für Netflix kennengelernt. Dora hat eine gewinnende, offene Art, wie man sie eigentlich vor allem von Amerikanern kennt. Sie hat dunkle Haut und trägt ihre Locken offen, ihr Nachname klingt auch nicht typisch deutsch. «Ich komme aus Chemnitz», sagt sie, als ob sie meine Gedanken erraten hat.

Aus Chemnitz. Der Name der Stadt hat seit dem Sommer 2018 einen anderen Klang. Ende August haben syrische Asylbewerber nachts um drei eine Gruppe junger Männer mit Messern angegriffen, einer, der Deutsch-Kubaner Daniel H., war an den Folgen der Messerstiche gestorben, die anderen beiden Männer, Russlanddeutsche, haben überlebt.

Rechtspopulisten und Rechtsextreme haben daraufhin zu Demonstrationen aufgerufen, es kam zu ausländerfeindlichen Ausschreitungen, Hitler-Grüße wurden gezeigt, ein jüdisches Restaurant wurde angegriffen. Über die Frage, ob man die Verfolgung von Ausländern durch Deutsche, die in einem Video dokumentiert worden war, «Hetzjagd» nennen kann, was der Präsident des Verfassungsschutzes Hans-Georg Maaßen bestritten hatte, wäre am Ende beinahe die Große Koalition in Berlin zerbrochen. CSU-Chef Horst Seehofer hielt zu Maaßen, Angela Merkel nicht, am Ende war Maaßen seinen Job los, und die Deutschen waren maßlos verärgert über ihre Regierung, die sich wochenlang mit der Personalie beschäftigt hatte.

Aus Chemnitz also. «Na ja, aufgewachsen bin ich natürlich in Karl-Marx-Stadt», sagt Dora, so hieß die Stadt in der DDR. Ihre Mutter lebt noch dort, erzählt sie, und ich frage sie, wie es war, in der Stadt aufzuwachsen. «Dazu musst du die Geschichte meiner Mutter kennen. Sie hat sich in den achtziger Jahren in einen afrikanischen Studenten verliebt, die damals oft in die DDR kamen, um zu studieren.» Ich erinnere mich: die berühmten sozialistischen Bruderstaaten. Von ihrem Vater, erzählt Dora weiter, sei die Mutter längst getrennt, er lebe wieder in Afrika, sie selbst habe keinen Kontakt zu ihm.

Ihre Mutter aber sei in den neunziger Jahren zum Islam konvertiert und habe später einen Tunesier geheiratet. Wie hat ihre Mutter, frage ich sie, die vergangenen Monate in Chemnitz erlebt? Dora muss lachen. Was ist daran so komisch? «Nichts. Ich dachte nur gerade, dass du mir das nicht glauben wirst.» Was? «Meine Mutter regt sich fürchterlich über die Situation auf, aber nicht so, wie du denkst. Nachts überall die jungen Männer, die Asylbewerber, die oft in Gruppen durch die Stadt ziehen und Krach machen – sie sagt, dass sie Angst vor ihnen hat. Und dass es so etwas früher nicht gegeben habe.»

Früher.

Ich erzähle Dora von dem Buch, an dem ich gerade arbeite, und dass ich ihre Mutter gerne einmal in Chemnitz besuchen würde. Sie verspricht mir, sie zu fragen. Dann beginnen die Dreharbeiten.

Bei unserem Treffen im Donut-Laden in Kreuzberg frage ich Lena Meyer-Landrut, wie es damals eigentlich genau dazu kam, dass sie in der Castingshow gelandet ist, die sie berühmt gemacht hat. «Meine Freundin Naomi und ich wollten mal zu *TV total* gehen.» Einmal ein Fernsehstudio von innen sehen und Stefan Raab live erleben, darum ging es den beiden. Als sie sich Tickets kaufen wollten, lasen sie auf der Website, dass es demnächst eine Castingshow geben soll. «Da habe ich spontan gesagt: Ich bewerbe mich, das wollte ich immer schon mal machen», erzählt Lena Meyer-Landrut.

Sie wollte also nach Köln zum Casting fahren, aber das Geld zu Hause war knapp. Sie fragte ihre Mutter, die antwortete kurz und knapp: «Auf gar keinen Fall.» Und dann passierte etwas wie in einem dieser kitschigen Filme, die sonntagabends im ZDF laufen. «Ich hatte mit meiner Oma das Kreuzworträtsel der *Apotheken Umschau* gelöst und die Lösung eingeschickt. Und wir haben 50 Euro gewonnen.» Die Großmutter gab ihr das Geld für die Hin- und Rückfahrt, sie konnte fahren.

«Das Geile war: Als ich dann später den Anruf aus Köln bekommen habe, dass ich bei der Castingshow dabei bin, saß ich bei meiner Oma auf der Waschmaschine und sagte laut: ‹Ich bin in einer Castingshow!›» Und was sagt sie zu mir? «Aber du kannst doch gar nicht singen!» Sie lacht. «Und ich so: Offenbar ja doch, sonst wäre ich ja nicht eingeladen worden!»

Ihre Freundin Naomi arbeitet heute auch beim Fernsehen, als Aufnahmeleiterin.

Was für ein Deutschlandgefühl hat Lena Meyer-Landrut eigentlich? Sie wisse gar nicht, ob sie eins habe, sagt sie, wenn sie auf Tournee ist, sei die Stimmung in den verschiedenen Städten und Gegenden so unterschiedlich. «In Köln ist immer Abriss-Stimmung, Berlin ist schwieriger, vielleicht weil die Leute hier von dem Angebot verwöhnt sind, und Berlin ist natürlich auch mehr eine Nachtlebenstadt, im Gegensatz zu Hamburg, da gibt es Konzertgänger, das ist eine ganz andere Kultur.» Und während sie die Städte und Mentalitäten durchgeht, denke ich, das ist so wie bei der *Deutschlandkarte* im *ZEITmagazin*, Deutschland ist nicht ein Land, es gibt unendlich viele Deutschländer, je nachdem mit welcher Brille, welchem Filter, welcher Perspektive man auf das Land schaut.

«In meiner Jugend sind wir immer von zu Hause aus mit dem Metronom-Gruppenticket nach Hamburg gefahren», erzählt Lena Meyer-Landrut. «Wir haben bei irgendeinem Kumpel gepennt, sind auf Konzerte gegangen, ich habe mich da reingeschmuggelt. Meine Mutter war cool, sie hat mich mit 14, 15 fahren lassen.» An welche Konzerte erinnert sie sich? «Ich war ja ein Indie-Girl, ich war bei Panic! at the Disco, The Kooks, Whitest Boy Alive, Ólafur Arnalds.»

Für sie selbst waren Konzerttourneen oft anstrengend, erst in letzter Zeit sei das besser geworden, sagt sie. «Früher war ich immer ziemlich fertig danach.» Ich erzähle ihr von meiner Begegnung mit Herbert Grönemeyer, der mir erzählt hat, wie sehr er seine Konzerte genießt, das Spielen, die Reaktionen der Fans. Grönemeyer sei eigentlich nicht ihr Ding, sagt sie und meint die Musik, aber sie arbeitet mit demselben Tourmanager, und vor ein paar Jahren hat der sie zu einem Konzert eingeladen. «Das war krass. Ich kenne wirklich nur ein paar Songs aus dem Radio und kam dann auch noch etwas zu spät, so 'ne richtig doofe Nummer, aber als ich da war, musste ich erst mal heulen. Hört mal, habe ich gesagt, hört mal, wie schön der Text ist, und die Fans, wie die alles auswendig mitsingen können!»

Wenn man Herbert Grönemeyer fragt, warum ihn die Deutschen so lieben, antwortet er: «Ich weiß es wirklich nicht.» Er freue sich darüber sehr, er arbeite auch daran, dass es so bleibe, aber warum das so sei, «keine Ahnung». Was denkt Lena Meyer-Landrut über ihre Popularität, wo kommt die her? «Damals, beim ESC, hat es, glaube ich, viel damit zu tun gehabt, dass ich die Leni von nebenan war. Ich hätte in der Wohnung nebenan wohnen können, das habe ich ja auch. Ich war normal – damit konnte man sich identifizieren.»

Und danach? «Ich kann mir vorstellen, dass man seitdem als Außenstehende oder Außenstehender das Gefühl hat, mich auf meinem Weg begleiten zu können. Bei mir ist ja viel passiert, und das oft in der Öffentlichkeit. Ich bin in den Medien erwachsen geworden, meine Fehler, wenn ich mich mal falsch verhalten habe, wenn ich Blödes gesagt oder getan habe, das war ja alles sichtbar.» Sie ist das Mädchen der Nation geblieben, das wird bei aller Kritik, die sie sich auch immer wieder anhören muss, auch so bleiben, und dennoch hat sie sich fest vorgenommen, sich davon nicht erdrücken zu lassen.

«Ich will doch am Ende meines Lebens nicht denken: Warum habe ich das nicht gemacht? Ich stelle mir vor, wie der Sargdeckel zugemacht wird, und es gehen einem 400 Sachen durch den Kopf, die man nicht ausprobiert hat, ich will nicht, dass mir das passiert.» In dieser Hinsicht ist der 29-jährige Star mit 2,9 Millionen Instagram-Followern der 18-jährigen Schülerin treu geblieben, die kein Geld für das Zugticket hat, um bei einer Castingshow mitzumachen, weil sie das eben mal ausprobiert haben will.

Was ist aus dem anderen Märchen von damals geworden, dem Sommermärchen? Heute wissen wir, dass Franz Beckenbauers Tänze in Afrika nicht gereicht haben, es wurde bestochen und Geld verschoben, und aus der einstigen Lichtfigur ist ein Schattenmann geworden. Poldi und Schweini sieht man vor allem in Fernsehwerbespots für Chips und Sportwetten, und wenn ich heute den Song «Dieser Weg» im Radio höre, muss ich daran denken, dass ausgerechnet Xavier Naidoo, der erste deutsche Soulsänger, seit damals immer wieder durch rechte Verschwörungstheorien aufgefallen ist.

Warum wirkt der Sommer von 2006, von heute betrachtet, so naiv? Oder gab es damals doch Zeichen dafür, dass es mit Deutschland eben nie so einfach ist, wie man manchmal hofft? Um es mit einem alten Facebook-Statusspruch zu sagen: «Es ist kompliziert.»

Als ich meinen Leitartikel von 2010 jetzt noch einmal lese, erschrecke ich über die letzten Zeilen. Ich hatte sie komplett vergessen: «Schade, dass sich einige Zuschauer selbst an diesem Abend nicht richtig freuen konnten und Onlineforen mit antisemitischen Parolen füllten. Lena hatte nichts falsch gemacht. Aber Israel hat an die Deutsche keine Punkte vergeben.»

Während unseres Gesprächs hat mir Lena Meyer-Landrut ihre Kette gezeigt, die sie hat produzieren lassen. An der Kette baumelte ein Herz aus zusammengeklebtem Porzellan. «Das ist eine alte japanische Keramikkunst, Kintsugi», erklärt sie mir. Bei Kintsugi werden gebrochene Porzellanstücke so zusammengeklebt, dass man die Bruchlinien nicht verbirgt, sondern sie mit goldenem Kleber hervorhebt und dadurch zeigt, dass es nun wertvoller ist als vorher.

Natürlich musste ich da an Deutschland denken.

Kapitel 11

Katrin Bernhardt

In den Tagen nach den Dreharbeiten mit Lena Meyer-Landrut schreibe ich Dora Osinde, der Netflix-Managerin aus Chemnitz, und frage nach ihrer Mutter. Ich bin immer noch neugierig. Sie wisse nicht, ob ihre Mutter sich mit mir treffen wolle, schreibt Dora Osinde zurück, sie sei gerade in Marokko.

Ich höre nichts.

Einige Wochen später meldet sich die Tochter. Die Reaktion ihrer Mutter sei kurz und knapp gewesen: «Nee – wozu?» Dora Osinde bittet mich um Geduld.

Und tatsächlich: Eines Tages im Frühling bekomme ich die E-Mail-Adresse der Mutter, schreibe ihr, sie antwortet vorsichtig, man könne ja mal telefonieren: «Ich hoffe, Dora hat Ihnen gesagt, dass ich quasi ein Outcast bin.»

Am Telefon erzählt Katrin Bernhardt dann, sie sei grundsätzlich skeptisch, auch was die Medien im Allgemeinen betrifft – und auch was die Wahrnehmung ihrer eigenen Person betrifft, «es gibt zu viele Vorurteile und Klischees, gegen die hat man keine Chance». Ich erzähle ihr, dass ich mich genau deshalb für ihre Geschichte interessiere, und nach einer Weile sagt sie, ich könne sie ja mal besuchen kommen, «dann sehen wir weiter».

Obwohl Chemnitz, nach Dresden und Leipzig die drittgrößte Stadt Sachsens, gar nicht weit weg von Berlin liegt, dauert es eine Weile mit dem Zug, ich muss umsteigen, Chemnitz liegt nicht an einer ICE-Strecke.

Katrin Bernhardt holt mich in Begleitung ihres Manns am Bahnhof ab. Sie trägt ein helles Kopftuch. Er heißt Abdelmonem, ist jünger als sie, kurze schwarze Haare, beide begrüßen mich herzlich. Sie schlägt vor, bei Yasmin, einem syrischen Imbiss, essen zu gehen. «Der soll sehr gut sein, haben mir Bekannte erzählt, ich war selbst noch nicht da.» Wir gehen zu ihrem Kleinwagen, steigen ein. Wir fahren am weltbekannten Karl-Marx-Monument vorbei. «Der Nischel!», sagt Katrin Bernhardt. «Der Nischel?», frage ich. «Ja, so wird das Denkmal hier genannt, Nischel ist sächsisch für Kopf.» Wir halten an, ich springe kurz raus, mache ein Erinnerungsfoto.

Später lese ich nach, dass der Nischel das Werk des russischen Künstlers Lew Kerbel ist, eingeweiht 1971, laut Wikipedia «nach der ägyptischen Sphinx der zweitgrößte freistehend modellierte Kopf der Welt». 1953 hatte die DDR-Führung Chemnitz in Karl-Marx-Stadt umbenannt, und man muss nicht lange in der Stadt sein, um zu sehen, dass der Zweite Weltkrieg nicht viel vom alten Chemnitz übrig gelassen hat. 80 Prozent der Innenstadt waren zerstört, und die 80 Prozent der DDR-Architektur prägen das Stadtbild bis heute.

Ich steige wieder ins Auto, wir fahren weiter geradeaus. «Sie wollen doch sicher sehen, wo es passiert ist», sagt Katrin Bernhardt.

Es.

Sie meint den gewaltsamen Tod von Daniel H. im vergangenen Sommer in der Nacht nach dem Stadtfest. Wieder halten wir, wieder steige ich aus, mache ein paar Bilder und bin davon überrascht, wie zentral der Tatort liegt, unmittelbar neben einem Reisebüro und einer Shisha-Bar, gegenüber vom Redaktionssitz der *Freien Presse* mit ihrer Lokalausgabe, der *Chemnitzer Zeitung*, an einer Hauptstraße der Stadt.

«Ich kannte ihn vom Sehen.» Wie hat sie von der Tat erfahren? «Mein Mann hat es zuerst auf Facebook gelesen», sagt sie. Für dieses Jahr hat die Stadt Chemnitz das Stadtfest abgesagt, der Prozess gegen die mutmaßlichen Täter läuft.

An der Ecke Heinrich-Zille-Straße/Straße der Nationen parkt Abdelmonem Bernhardt das Auto. Bei Yasmin ist nicht viel los, an einem Tisch sitzen zwei Frauen, auf der Speisekarte steht, dass Yasmin zweimal hintereinander von einem Stadtmagazin zum «Imbiss des Jahres» gekürt wurde. Wir setzen uns an einen Tisch am Fenster, bestellen Falafel-Teller. Und dann erzählt Katrin Bernhardt aus ihrem Leben.

«Ich wurde 1962 in Halle in der Uniklinik geboren. Meine Mutter war Sekretärin, mein Vater Ingenieur. Die erste Frau meines Vaters war gestorben, er hat aus dieser Ehe zwei Jungs mit eingebracht. Einer der Brüder ist mittlerweile gestorben, mit dem anderen habe ich keinen Kontakt, meine Eltern sind auch beide tot.» Ihr Vater hat immer neue Arbeitsstellen gehabt, quer durch die DDR. «Die meiste Zeit habe ich auf Rügen verbracht, bin ein Fischkopp. Als meine Eltern sich haben scheiden lassen, ist meine Mutter in ihre Heimatstadt zurückgegangen, sie war geborene Chemnitzerin. Mich hat sie mitgeschleift.»

Dafür, dass Katrin Bernhardt eigentlich gar nicht über ihr Leben reden wollte, denke ich, tut sie es jetzt mit klaren Sätzen. «Ich hatte immer einen Drang in die Ferne», sagt sie, «aber wir konnten ja nicht raus.»

Sie konnte nicht raus in die Welt, aber sie holte sich die Welt von draußen rein, so gut es ging. Doras Vater, Godfrey Osinde aus Uganda, lernte sie 1983 oder 1984 auf einer Party kennen, erzählt sie. «Er hat in Ost-Berlin studiert.» Sie verliebten sich ineinander, wollten heiraten. «Aber das war zu DDR-Zeiten gar nicht so einfach. Man brauchte eine Genehmigung von höchster Stelle, die war nicht leicht zu bekommen. Ich habe einen Antrag gestellt, das Ganze dauerte anderthalb Jahre. Die Stasi war bei mir, wollte mich werben, ich hatte damals wilde Albträume deshalb, ich hatte ja Kontakt zu Bürgern aus dem nicht sozialistischen Ausland, wie das damals hieß.» Sie fragte ihre Mutter, was sie tun soll. «Ihr Rat war: Stell dich einfach dumm, das habe ich gemacht. Hat dann auch geklappt.» Sie sagt, die Stasi habe sich dann nicht mehr gemeldet.

Das junge Paar durfte schließlich heiraten, 1985 wurde ihre Tochter Dora geboren, doch die Liebe hielt nicht lange. «Wir haben nie richtig zusammengelebt, er war in Berlin, ich in Karl-Marx-Stadt.» Sie trennten sich, da war ihre Tochter drei oder vier, noch zur DDR-Zeiten ließen sie sich scheiden. «Nach der Scheidung war mein Ex plötzlich weg, erst ist er nach West-Berlin, dann bekam ich einen Brief aus Kenia von ihm: Ob ich ihm seine Bücher schicken könne? Die waren bei mir im Keller, er hat Ethnographie studiert. ‹Klar, ich schick dir deine Bücher nach Kenia›, habe ich gedacht, und das war's.»

Das war der letzte Kontakt? «Ja. Er hat sich nie wieder gemeldet, wir haben bis heute keinen Kontakt, keine Ahnung, was aus ihm geworden ist. Er hat auch alle Fotos von sich mitgenommen. Dora hat mich manchmal gefragt: ‹Wie sah denn mein Vater aus?› Meine Antwort war dann immer: ‹Ein bisschen wie Dr. Alban!›» Katrin Bernhardt lacht.

Ihr Exmann habe nie Geld für die gemeinsame Tochter gezahlt. «Ich habe sie ganz alleine großgezogen. Wobei erziehen: Dora hat sich alleine großgezogen, die konntest du nicht erziehen.» Wieder lacht die Mutter.

1989 fiel die Mauer, die Wende. «Eine Nacht, bevor die Mauer gefallen ist, klingelte es bei mir, Dora schlief natürlich. Ich hatte keinen Türspion, ich habe also einfach aufgemacht, da standen zwei Typen in Uniform mit Maschinengewehren und haben mir merkwürdige Fragen gestellt. ‹Kennen Sie einen Mike Soundso? Wir haben Informationen, dass er hier sein soll.› Das war eine Testfrage, die wollten checken, ob ich daheim bin.» Später hat sie erfahren, warum. «Ich stand auf der Liste von unliebsamen, verdächtigen Personen, wegen meiner Kontakte ins Ausland. Wenn die Wende nicht gekommen wäre, wären wir alle in Augustusburg gelandet, die hatten dort schon ein Lager für Leute wie mich vorbereitet. 50 Pfennig am Tag Verpflegungsgeld hätte es gegeben, und Dora wäre im Kinderheim gelandet.»

Was für ein Glück, die Wende, sage ich. Katrin Bernhardt schaut mich plötzlich ernst an. Sie hat diese Zeit ganz anders in Erinnerung. «Eine Freundin von mir hat geweint, weil sie sich plötzlich eine weiße Bluse kaufen konnte, eine weiße Bluse! Das habe ich nicht verstanden. Den meisten ging es doch um Konsum, nicht um Freiheit. Und plötzlich ploppten hier überall Nazi-Gruppen auf», sagt sie, «das hat mir Angst gemacht. Ich habe damals oft geträumt, dass ich die Polizei anrufe und die nicht reagiert. Es wurde damals alles so chaotisch.»

Mit dunkler Hautfarbe aufzuwachsen, das war für ihre Tochter schon zu DDR-Zeiten nicht immer einfach, erzählt sie, und danach wurde es nicht besser. «Dora hat darüber nie ausführlich gesprochen, aber ich weiß, dass sie sich in der Schule oft geprügelt hat, besonders mit einem marokkanischen Jungen, der sie ständig mit ihrer Hautfarbe aufgezogen hat. Als Dora ihr erstes Handy hatte und anfing, abends alleine loszuziehen, bin ich fast gestorben vor Angst, ich weiß nicht, wie viele schlaflose Nächte ich damals hatte. Aber Dora hat immer nur gesagt: «Mutter, keene Panik, keene Panik.»

Ich denke an meinen ersten Eindruck, den ich von Dora Osinde hatte, als ich sie beim Videodreh von Lena Meyer-Landrut kennengelernt habe. Wenn ich hätte raten müssen: Mutter oder Vater Amerikaner, Internationale Schule in, sagen wir, München, aufgewachsen in einer Welt, in der man dann eben in Amsterdam bei Netflix landet, oft in Kreuzberg ist oder sonst wo in einer der Städte, in der Hipster heute gerne sind. Easyjetset. Wie man sich eben von den eigenen Vorurteilen und Klischees leiten lässt, wenn man sich keine Zeit nimmt und keine Mühe macht.

Ich höre Dora Osindas Mutter weiter zu. Sie erzählt jetzt von ihrem beruflichen Weg. Schulabschluss mit 17, sie lernte Fotolaborantin, arbeitete im Fotolabor der Technischen Universität. «Ich wurde aber ständig krank, wir haben ja mit den Händen in Wassertrommeln gerührt, gesund war das nicht.» Nebenher absolvierte sie eine Ausbildung zur Handelskauffrau, später wechselte sie in die Verwaltung, seit einigen Jahren arbeitet sie in der Buchhaltung des Studentenwerks.

Ich frage, was ich mich schon die ganze Zeit interessiert: Wie kam es, dass ausgerechnet sie, mit ihrer Biographie, in den neunziger Jahren zum Islam konvertiert ist? «Das wollen Sie nicht wissen!» Wieder lacht sie. «Sie sind nicht christlich aufgewachsen, oder?», frage ich. «Meine Eltern waren überzeugte Kommunisten, stramme SEDler», sagt sie. «Ich habe ein verrücktes Leben gehabt, das bekommen Sie ja langsam mit. Ich habe damals versucht, mir auf alles einen Reim zu machen. Ich wollte wissen: Was hält die Welt zusammen?»

Sie fing an, sich für Religionen, für Glauben allgemein, zu interessieren, «Ich war nicht haltlos, aber ich war auf der Suche.» Zuerst suchte sie im Christentum, dann bei Bhagwan. «Ich wäre fast in Poona gelandet, ich war kurz davor, das Ticket nach Indien zu kaufen.» Jetzt lacht ihr Mann, der lange Zeit nur zugehört hat. «Aber dann habe ich Bilder von den Jüngern da in ihren bordeauxfarbenen Togen gesehen und dachte, nee, das kann ich der armen Dora nicht antun, die hätte ja mitkommen müssen.» Also suchte sie weiter, eines Tages gab ihr eine Freundin eine Broschüre auf Französisch, in der erklärt wurde, wie Muslime beten. «Ich habe angefangen, Gott Briefe zu schreiben, so ratlos war ich. Eines Tages im Büro, ich war 36, hat mir eine innere Stimme gesagt: Islam. Ich habe einen Tag gefastet, geduscht und das erste Mal gebetet.»

Warum der Islam? «Der absolute Monotheismus des Islam – das hat mich vom Verstand her angesprochen.» Wie haben ihre Freunde reagiert, Kollegen, ihre Familie? «Meine Mutter hat damals noch gelebt, sie war von mir schon allerhand gewöhnt, sie hat nichts gesagt.» Wieder lacht ihr Mann. «Auf der Arbeit ging es natürlich los, als ich anfing, Kopftuch zu tragen, es wurde getuschelt, aber ich hatte einen coolen Chef. Er hat mir den Rücken freigehalten. Es gab ein Zimmer, da war das Archiv, dort konnte ich beten.»

Wie war es auf der Straße? «Am schlimmsten waren die alten Frauen. ‹Hau ab, geh dahin zurück, wo du hergekommen bist›, haben sie gerufen, ‹du gehörst nicht hierher!› Die dachten: Das kann nicht sein, dass sie aus Deutschland kommt, die dachten, Syrien, Araberin, was auch immer. Eine Zeitungsverkäuferin motzt mich bis heute an: ‹Diese Araber!› Damit meint sie mich. Ich bin auch angespuckt worden von irgendwelchen Jungs, aber die Älteren sind am schlimmsten.» Warum? «Die kennen das nicht!» Früher, als Chemnitz noch Karl-Marx-Stadt hieß, habe es fast keine Ausländer in der Stadt gegeben.

Sie erzählt von einer Begegnung. «Als es losging mit der Flüchtlingswelle, bin ich zu einem Forum gegangen in der Stadt, wir wurden an verschiedene Tische gesetzt, jeweils ein Vertreter der sächsischen Regierung mit ganz normalen Leuten aus der Bevölkerung. Ich war an einem Tisch mit Herrn und Frau Baumann, beide Rentner, sie Hausfrau, er ehemaliger Bauingenieur. Die beiden hatten richtig Angst, dass man ihnen etwas wegnimmt.»

Andererseits, fährt Katrin Bernhardt fort, sei es seit zwei, drei Jahren unruhiger in der Stadt, besonders wenn es dunkel wird. «Früher ist nachts um vier höchstens einmal ein Betrunkener über den Rosenhof getorkelt und hat ein bisschen gesungen. Heute gibt es da immer Randale! Das gab's früher nicht. Der Rosenhof war ein Bonzenviertel, da haben Parteimitglieder gewohnt. Die, die Randale machen, sind keine Deutschen, das sind kriminelle Gruppen, Drogenhändler. Bei mir im Haus wohnen auch welche, die machen laut Musik, da ist Prostitution im Spiel. Als die Polizei mal da war, habe ich eine Frau gehört, die ihnen gesagt hat: «Mein Mann schickt mich anschaffen.»

Da sitzt eine Frau mit Kopftuch vor mir, eine überzeugte Muslimin, die mit älteren Deutschen darüber diskutiert, dass sie doch nicht glauben sollen, es werde ihnen etwas weggenommen. Und die gleichzeitig die Probleme beschreibt, die sie in ihrer Nachbarschaft sieht. Oder übertreibt sie? Ich frage noch einmal nach: Ist es wirklich so schlimm, nachts in manchen Ecken von Chemnitz? «Jemand wie ich könnte vielleicht nachts herumlaufen, aber eine Blondine könnte das bestimmt nicht mehr», sagt sie. «Es gibt Probleme, die Kriminalität ist gestiegen, auch wenn die Kriminellen natürlich nicht immer Muslime sind. Aber es sind viele Gesetzlose hier, die auch in ihren Heimatländern keiner will.»

Sie lebt also in der muslimischen Gemeinde hier, sage ich. «Nein», sagt sie, «ich sage Ihnen doch: Ich bin ein Outcast. Ich bin Sufi. Und die islamische Gemeinde hier versteht das nicht.» – «Sie sind ihnen zu liberal?» Der Sufismus gilt, vereinfacht formuliert, als die liberale Variante des Islam, weltweit gibt es rund 15 Millionen Sufis. «Andersgläubige Muslime behandeln mich oft nicht gut», sagt Katrin Bernhardt. «Du bist ungläubig, sagen sie. Deshalb halte ich mich aus dem Gemeindeleben raus. Die wollen mich sonst immer retten aus dem vermeintlichen Sumpf.» Sie lacht.

Wieder überrascht sie mich. «Sie tragen Kopftuch in Chemnitz und sind selbst in der muslimischen Gemeinde hier nicht zu Hause?» Es ist mehr eine Aussage als eine Frage, die ich jetzt formuliere. «Ich bin nirgendwo richtig zu Hause», sagt sie. «Das ist mir egal.» Kurze Pause. «Mittlerweile.»

Ihren Mann hat sie 2011 kennengelernt. «Im Internet», sagt er, und sie nickt. Er ist aus Tunesien. «Richtig aus der Wüste», sagt sie. Sie haben sich viel geschrieben, dann ist sie hingefahren, hat ihn kennengelernt, seine Familie. «Dann habe ich gesagt: Okay, ich nehme dich mit. War auch nicht einfach: Papiere, Papiere, Papiere. Ich habe gesucht, wo wir heiraten könnten, sodass die Heirat in Deutschland anerkannt wird, und habe die Seychellen gefunden. Also haben wir dort geheiratet.»

Er lacht. 2012 ist er eingereist.

Abdelmonem Bernhardt ist heute 31, fast halb so alt wie sie. «Ich habe erst einen sechsmonatigen Integrationskurs gemacht», erzählt er. «Ich musste ja die Sprache lernen, die Geschichte, die Gesetze. Ich habe Arbeit gesucht. Erst habe ich in einer Gießerei gearbeitet, dann habe ich mich bei Ikea Leipzig beworben, die haben mich eingestellt, also es ist nicht richtig Ikea, aber ein Unternehmen, das für Ikea arbeitet.» Wie geht es ihm dort? «Ich habe mich vorher bei der Arbeit oft fremd gefühlt», sagt er und fügt ein «Christoph» hinzu, er sagt also: «Ich habe mich vorher bei der Arbeit oft fremd gefühlt, Christoph.» Er redet weiter. «Bei Ikea fühlt man sich nie fremd. Alle respektieren sich, alle sind open minded. 90 Prozent meiner Kollegen sind Ausländer. In Chemnitz Arbeit zu finden ist gar nicht so einfach, Christoph, meine Kumpels fahren nach Leipzig, nach Berlin zum Arbeiten.

Hier wird man nicht eingestellt, meistens sagen sie einem: Die Sprache, die Sprache, das reicht nicht.»

Seit 2015 hat er die deutsche Staatsbürgerschaft, das Jahr, in dem sich in Deutschland so viel verändert hat. Wie sieht er die Situation heute? «Es ist unterschiedlich: Gute und schlechte Menschen gibt es überall. Ich sage: Meine Freiheit endet bei der Freiheit anderer Menschen.»

Bei den Guten, wie Abdelmonem Bernhardt sie nennt, sei das Problem oft, dass sie nicht arbeiten dürfen, solange ihre Verfahren laufen. Ein Vertreter der Handwerkskammer, so Katrin Bernhardt, habe ihr einmal erzählt, man suche händeringend junge Leute. «Aber die werden nicht zugelassen. Ist doch klar, dass die dann im Görlitzer Park enden.» Als Drogendealer in Berlin. «Die haben ihre Familien zu Hause, so läuft das doch, und die sagen ihnen: Macht was draus, dass ihr in Deutschland seid! Die Familien glauben ja nicht, dass auch hier das Geld nicht aus dem Wasserhahn läuft.»

Ich erzähle den beiden von einer Fernsehreportage der Journalistin Dunja Hayali, die sich in Chemnitz mitten unter die Demonstranten begeben und sich der Diskussion gestellt hat. «Kenne ich», sagt Abdelmonem Bernhardt. «Du hast sie gesehen?», fragt sie. Er nickt. Einige Demonstranten haben der Reporterin Hayali gesagt, dass sie früher in der DDR unterdrückt worden seien – und jetzt gehe es in ihnen wieder so, niemand höre auf sie.

«Ich kann das nachvollziehen», sagt Katrin Bernhardt. «Aber ich sag's mal so: Ich habe einige Kollegen, die sind immer nur am Jammern, denen sage ich: Kümmere dich doch mal selbst um dich, du kannst das nicht immer auf deinen Chef schieben, auf die Regierung, auf wen auch immer. Aber viele brauchen einen Sündenbock, auf dem sie herumtrampeln können, ob das jetzt Angela Merkel ist oder Ali aus Mali.»

Einen Moment lang denke ich, dass Katrin Bernhardt Angela Merkel mögen könnte. Aber natürlich sagt sie wieder etwas anderes. Als ich sie nach ihrer Meinung zu Merkel frage, schüttelt sie nur den Kopf. «Soll ich das wirklich sagen? Meine ehrliche Meinung?» – «Ja.» – «Lieber nicht. Ich habe sie jedenfalls nicht gewählt, da können Sie sicher sein.»

Wie ist eigentlich ihr Alltag als Muslimin in Chemnitz? «Es geht los mit dem Frühgebet. Das ist ja unterschiedlich, je nach Sonnenstand. Das kann um zwei Uhr sein, um sechs, je nachdem. Um zwei Uhr nachts legt man sich danach aber noch mal hin.» Ich frage Abdelmonem Bernhardt, ob er auch gläubig ist. «Ja.» Beten sie zusammen? Sie lacht: «Er ist ja kein Sufi!» Ich frage ihn: «Wie halten Sie es mit einer Sufi aus?» Jetzt lachen beide. «Ich zeige Respekt, Christoph.»

Und wie ist das Frauenbild bei den Sufis? «Besser als bei den anderen. Die gelebte Position der Frauen im Islam entspricht aus meiner Sicht oft nicht dem, was Mohammed sagt: Wir Frauen sind doch nicht dazu verpflichtet, den Haushalt zu führen und zu kochen.» Aber das wird oft nicht gelebt, oder? Sie nickt. Warum nicht? «Weil es bequem ist. Manche Männer sind wirklich krass, die machen gar nichts zu Hause. Sie dürfen nicht vergessen: Viele leben Tradition, nicht Religion. Der Islam braucht keine Aufklärung, er braucht eine Entstaubung.»

Wir haben unsere Falafel aufgegessen. «Ich hätte gerne einen Tee», sagt Katrin Bernhardt, und ihr Mann steht auf und geht zum Tresen, kommt zurück mit heißem Wasser und Teebeutel. Sie ist enttäuscht. «Ich dachte, wir bekommen hier syrischen Tee, aber na gut.»

Hat sie nie darüber nachgedacht, von hier wegzugehen?

Sie nickt. Und sagt: «Tunesien.» Tunesien? Seit einem Jahr ist Abdelmonem Bernhardt immer wieder in seiner alten Heimat, kümmert sich um den Bau eines Hauses, nur ein paar Kilometer entfernt vom Mittelmeer. «Wenn ich in Rente bin, ziehen wir nach Tunesien», sagt sie. «Das ist jedenfalls der Plan, es dauert ja noch fünf, sechs Jahre.»

Ich frage die beiden, was sie nach unserem Gespräch noch machen werden, es wird ja langsam Abend. «Ich werde noch beten», sagt sie, «und er trifft sich mit anderen Kumpels aus Tunesien.» Er nickt. «Wir trinken zusammen Tee und reden, das ist schön, mal wieder Arabisch zu reden. Sprache ist Heimat, Sprache ist wichtig, Christoph», sagt Abdelmonem Bernhardt.

Dann fahren mich die beiden zurück zum Bahnhof. Als wir uns verabschiedet haben, geht mir die kleine Geschichte durch den Kopf, die mir Katrin Bernhardt über ihre Kindheit erzählt hat. «Ich war vielleicht drei, ich habe mit meiner Cousine gespielt und mir Perlenketten umgehängt und mich ziemlich verrückt verkleidet, während meine Cousine immer ganz brav war. Meine Tante hat sich dann aus einer Zeitung eine Art Fernrohr gedreht und gesagt: ‹Was sehe ich denn hier? Ich sehe ein ganz ordentliches Mädchen. Und was sehe ich da: Ich sehe ein ganz verrücktes Mädchen.› Das verrückte Mädchen war ich.» Sie hat nicht besonders traurig gewirkt, als sie davon erzählt hat.

Kapitel 12

Christian Berkel

Christian Berkel treffe ich in der Nähe seiner alten Schule, er ist auf das französische Gymnasium in der Berliner Kurfürstenstraße gegangen, nur ein paar Häuser weiter weg ist das Café Einstein, eine Westberliner Institution, in der es herrlichen Kaiserschmarrn gibt.

«Wobei», sagt Christian Berkel, nachdem wir uns an einen Tisch mit Fensterblick auf die Straße gesetzt haben, «die meiste Zeit war ich noch im alten Gebäude der Schule, die war in Tegel, direkt am Flughafen am Kurt-Schumacher-Damm. Wir Schüler haben es dort geliebt, weil jedes Mal, wenn ein Flugzeug gelandet ist, der Unterricht unterbrochen wurde, und irgendwann kam alle fünf Minuten eins.» Warum der Unterricht dort stattfand? «Das neue Gebäude wurde nicht rechtzeitig fertig.» Das ewige Berliner Thema.

Er erzählt, dass die alten Gebäude noch immer stehen, links von der Landebahn. «Jedes Mal, wenn ich mit dem Flugzeug lande, sehe ich unsere alte Schule, ziemlich runtergekommen mittlerweile. In der Nähe lag die Napoleon-Kaserne der französischen Armee, die ehemalige Hermann-Göring-Kaserne.»

Seine Schulzeit hat Christian Berkel auch in Paris verbracht, zwischen 14 und 16 war er dort. «Eigentlich sollten es nur drei Monate werden, aber ich fand es so toll dort, dass ich meine Eltern bekniet habe, länger bleiben zu dürfen.» Am Ende wurden es zwei Jahre. Heute sagt Christian Berkel über diese Zeit: «Ich wollte auf Biegen und Brechen einen Identitätswechsel vornehmen.» Er wollte Franzose werden. So sehr, dass einer seiner Lehrer ihn damals vor der Rückkehr nach Berlin warnte: «Vorsicht, Vorsicht, Sie werden sich entscheiden müssen.»

Die Sehnsucht der Deutschen, keine Deutschen zu sein, hat natürlich mit dem Zweiten Weltkrieg und dem Holocaust zu tun – wer wollte schon im Ausland als Deutscher auffallen? Mein Vater hat mir einmal erzählt, wie er mit einer Schulkasse 1984 in Frankreich war und plötzlich seine Schülerinnen und Schüler weinend vor ihm standen: «Herr Amend, da hängen ja überall Flaggen – warum hängt da keine deutsche?» Die Alliierten feierten den 40. Jahrestag der Landung in der Normandie am 6. Juni 1944, ein entscheidender Sieg gegen die Wehrmacht. Für die Schüler war das ein Schock und vielleicht eine Erfahrung fürs Leben, mein Vater hat diesen Moment jedenfalls nie vergessen. Und ich stelle mir vor, wie hilflos er gewesen sein muss: einerseits selbst getroffen davon, was die Generation seiner Eltern verbrochen hatte, sich selbst fragend, ob er schuldig sei – und andererseits in der Pflicht, als Pädagoge und Autoritätsperson seinen Schülern eine rationale Erklärung zu geben.

Christian Berkel hat eine solche deutsch-französische Erfahrung auch selbst als Schüler erlebt. Einmal, auf dem Schulhof in Paris, haben Mitschüler ihn damit aufgezogen, dass in Hollywoodfilmen die Deutschen immer nur die Bösen waren. Seine verzweifelte Reaktion: «Ich bin ja kein richtiger Deutscher.»

Und doch hat ausgerechnet er, der eigentlich Franzose werden wollte, später, in seiner Karriere als Schauspieler, nie davor zurückgeschreckt, deutsche Figuren zu spielen wie den SS-Arzt in *Der Untergang* oder einen Widerstandskämpfer gegen Hitler in *Operation Walküre*. Helmut Schmidt hat er gleich zweimal verkörpert, einmal den Hamburger Innensenator während der Sturmflut 1962, später den Kanzler von 1977 während der Entführung einer Lufthansa-Maschine durch die linksradikalen Terroristen der Rote-Armee-Fraktion.

Er hat also irgendwann aufgehört, davor wegzulaufen, ein Deutscher zu sein, auch deshalb habe ich mich mit ihm im Einstein verabredet. Christian Berkel hat einen Roman geschrieben, der von einer Familie und einem Ich-Erzähler berichtet, die, sagen wir es mal so, seiner eigene Familie und ihm selbst ziemlich ähnlich sind. Und diese Geschichte hat es in sich.

Wir bestellen Frühstück, und dann fängt er an zu erzählen. Er war sechs oder sieben Jahre alt, die Familie bekam Besuch, «ein schöner blauer Sonntag, wir haben uns unter einem Apfelbaum versammelt», und ganz nebenbei im Gespräch hörte er zum ersten Mal von seinen jüdischen Wurzeln. Seine Mutter sagte zu ihm, er sei «nicht ganz jüdisch und nicht ganz deutsch», und mit dieser Formulierung löste sie in ihrem Sohn eine Identitätskrise aus, mit der er sich sein Leben lang beschäftigen würde, auch in seinem Roman, den er deshalb *Der Apfelbaum* genannt hat. «Das war ein Schock, ich kam damit nicht zurecht», sagt Christian Berkel. «Dieses ‹nicht ganz› hat ein Gefühl von Identitätsverlust in mir ausgelöst, wie bei einem Spielzeug, das kaputtgeht, das nicht mehr ganz ist.»

Er merkte, dass die Leute am Tisch unter dem Apfelbaum merkwürdig reagierten, aber er konnte nicht einordnen, warum. «Ich habe das Tabu gespürt, und vor allem habe ich gespürt, dass meine Mutter nicht wirklich darüber reden wollte.»

Wenn sie ihm aus der Bibel vorlas, dann immer aus dem Alten Testament, auch abstrakt hatte sie ihm vom Judentum erzählt. «Aber ohne ein Wort über sich und ihre Familie zu verlieren. An ihrer Reaktion unterm Apfelbaum habe ich gemerkt: Darüber zu reden war ihr nicht recht, also wurde darüber nicht gesprochen.»

«Das deutscheste aller Themen», sage ich.

Er nickt und wiederholt die Formulierung: «Das deutscheste aller Themen.»

Heute weiß Christian Berkel, warum es seiner Mutter nicht leichtfiel und warum er auch von seinem Vater fast nichts über die Vergangenheit hörte. Als sich seine Eltern kennenlernten, war die Mutter 13, der Vater 17. Sein Vater studierte Medizin, hatte Glück, dass er das Studium gerade abgeschlossen hatte, wurde deshalb als Arzt in den Zweiten Weltkrieg eingezogen, kam nach Russland.

Christian Berkels Mutter stammt aus einer jüdischen Familie. Ihr Vater ist der bekannte Schriftsteller und Anarchist Johannes Nohl, eine schillernde Figur. Nach den Rassegesetzen der Nazis ist Christian Berkels Mutter Halbjüdin, sie floh 1938 nach Frankreich. Als die Deutschen 1940 einmarschierten, wollte sie nach Amerika, gemeinsam mit einer Freundin. Sie hatten die Schiffstickets schon in der Tasche, doch die Freundin verlor ihren Rucksack, die beiden kehrten noch einmal um – und wurden verhaftet.

Die Mutter kam in das Konzentrationslager Gurs in den Pyrenäen, zeitweise waren dort 19 000 Frauen, unter ihnen die Autorin Hannah Arendt, die zwei Jahrzehnte später über den Eichmann-Prozess berichten sollte. Mit Hilfe einer Cousine, die gute Beziehungen in Paris hatte, wurde die Mutter aus dem Lager geholt und ohne Pass in einen Zug nach Deutschland gesetzt. Sie sollte sich in Leipzig bei der Polizei melden, tauchte aber unter und versteckte sich bei Freunden.

Bei einem Heimaturlaub von der Front in Russland besuchte Berkels Vater die Mutter in Leipzig, «dort ist mein Bruder entstanden». Und dann verloren sich beide für Jahre aus den Augen.

Der Vater kehrte zurück an die Front und geriet in Kriegsgefangenschaft, fünf Jahre lang, erst 1950 kehrte er nach Deutschland zurück. «Das Einzige, was er mir aus dieser Zeit erzählt hat, war seine Phantasie, perfekt Russisch zu lernen, um fliehen zu können. Aber irgendwann hat er gemerkt, er schafft es einfach nicht, obwohl er nach einer Zeit offenbar sehr gut Russisch konnte.» Woran ist er gescheitert? «Er sagte immer, dass die Landbevölkerung in jedem Satz drei Flüche untergebracht hat, auf derart lässige und nie aggressive Art, wie er das als Deutscher einfach nicht hinkriegte.»

Später, bei den Recherchen für seinen Roman, hat Christian Berkel im Nachlass seines Großvaters eine Postkarte seines Vaters gefunden, seitdem weiß er, dass er in einem Lager bei Rostow in der Nähe von Moskau war.

«Mein Vater musste viele Kinder operieren, er hatte das Glück, dass die einen Arzt im Lager brauchten. Nur einmal wurde er in den Wald zum Baumfällen geschickt, als ein anderer Arzt auftauchte. Nach einem Tag im Wald ist er zum Lagerverwalter, so hat er es mir jedenfalls erzählt, hat mit der Faust auf den Tisch gehauen und laut protestiert: ‹Ich bin hier als Arzt, Sie verstoßen gegen die Genfer Konventionen.› Der war offenbar so baff, dass er ihn weiter als Arzt beschäftigt hat. Das hat ihm wahrscheinlich das Leben gerettet – im Wald starben die Leute wie die Fliegen.»

Was hat sein Vater vom Krieg selbst erzählt, frage ich Christian Berkel. War er in Stalingrad? Und ich muss an Herbert Grönemeyers Vater denken, der dort einen Arm verlor und sich danach trotzdem zum Dienst zurückmeldete.

«Das weiß ich nicht. Das Einzige, was er vom Krieg erzählte, war, wie er als Arzt die anderen Soldaten immer davor gewarnt hat, aus dem Schlamm zu trinken. Die Leute waren natürlich am Verdursten und haben sich in den Schnee und in den Schlamm gestürzt und getrunken und sind dann an Koliken verreckt. Mein Vater wusste: Sie werden sterben.»

Bis auf diese wenigen Ausschnitte hat Christian Berkel nichts von seinem Vater erfahren, obwohl der doch Jahre in Russland war, erst als Angehöriger der Wehrmacht, dann als Gefangener. Auch hier also: Schweigen.

Und nur einmal hat sich der Sohn doch getraut, nachzuhaken. «Die einzige Frage», erzählt Christian Berkel, «die ich meinem Vater überhaupt zum Krieg gestellt habe, war: ‹Musstest du töten?› Seine Antwort: ‹Gott sei Dank nicht, aber ich habe Glück gehabt, weil ich Arzt war.›»

Christian Berkels Mutter gelang 1942 erneut die Flucht aus Deutschland, diesmal schaffte sie es bis nach Argentinien, dort erlebte sie das Ende des Krieges. 1943 wurde Christian Berkels älterer Bruder geboren. Sie hat ihrem Sohn aus dieser Zeit nicht viel erzählt, blieb dabei immer schwammig. «Argentinien, das war ihr Wunderland, wo immer alles toll war», sagt Christian Berkel. «Deswegen wollte sie auch nie wieder dorthin. So schön, so wunderschön, wie es damals war, kann es nicht wieder sein, hat sie immer gesagt.»

Nach ihrem Tod hat Christian Berkel Briefe seiner Mutter gefunden, die sie aus Argentinien geschickt hat, und sie waren ganz anders als das, was sie ihn hatte glauben lassen. «Erschütternd», sagt er, «sie war ein doppeltes Opfer, erst als Jüdin geflohen, jetzt als alleinstehende Mutter weit weg von der Heimat, und dann auch noch in einem Land, in dem der Machismo zu Hause war.» Man könne diese Zeit nicht anders beschreiben als «die Karriere einer Depression».

1955 kehrte sie nach Berlin zurück, fünf Jahre nach Christian Berkels Vater. Sie machte sich auf die Suche, fand den Namen im Telefonbuch. Und rief an. Er ging ans Telefon, erkannt ihre Stimme aber nicht, fragte, was die beiden verbinde. «Ein Kind», sagte sie.

Noch am selben Tag trafen die beiden sich im Café Kranzler am Kurfürstendamm, so etwas wie das Café Einstein heute. Er ließ sich scheiden, heiratete sie, zwei Jahre später wurde der Mann, der mir jetzt zum Gespräch gegenübersitzt, geboren.

Als er die Idee zu seinem Familienroman hatte, dachte Christian Berkel, das wird nicht schwer. Seine beiden Eltern kennt er gut, auch von seinen Großeltern weiß er viele Geschichten. Er fing an, schrieb und schrieb und schrieb, fast 200 Seiten hatte er beisammen, bis ihm klar wurde, irgendetwas stimmt nicht, irgendetwas funktioniert nicht. Dann merkte er, was nicht stimmt. «Ich selbst kam gar nicht vor.»

Ich verschlucke mich fast an einem Bissen Rührei. «Verrückt», sage ich. «Sie wollten ein Buch über Ihre Familie schreiben, aber sich selbst rauslassen?»

Er lacht. «Ja, und ich war mir dessen nicht einmal bewusst! Vielleicht war es ein Selbstschutz, eine Abwehr auf einer unbewussten Ebene, so als ob ich mir selbst zugerufen hätte: Bitte ohne mich, lasst mich bitte raus!»

Der Sohn einer Mutter, die nie von sich erzählt hat, und eines Vaters, der nie von sich selbst erzählt hat, wollte natürlich auch nicht von sich erzählen. Und ich denke an meine eigene Familie. Erzählen wir uns nicht alle viel zu wenig?

Christian Berkel schmiss alle 200 bereits geschriebenen Seiten weg und fing von vorne an. Das Erste, was ihm einfiel, war eine Szene mit seiner Mutter und ihm, am Ende ihres Lebens. Er war damals längst ein erfolgreicher Schauspieler, hatte zwei Söhne mit seiner Frau, der Schauspielerin Andrea Sawatzki. Sein Vater war zu dem Zeitpunkt schon einige Jahre tot. Plötzlich erzählte die Mutter ihm von einem anderen Mann in ihrem

Leben, sie habe vor einer Woche einen Mann geheiratet, Carl Benz, der inzwischen schon wieder verstorben sei, also ein paar Tage nach der Eheschließung.

Ungläubig fragte der Sohn nach: *den* Carl Benz? Ja, und er habe ihr damals ein Konto geschenkt, das sie bis heute habe, und jetzt sei die Zeit gekommen, dass sie das Geld, zwei Millionen Euro, an ihre Kinder weitergebe. Der Sohn fragte wieder nach, einige Punkte an der Geschichte kamen ihm merkwürdig vor, aber seine Mutter bestand darauf, dass er sie jetzt zur Bank begleite, damit sie ihm das Geld überweisen könne. Die beiden zogen sich an und machten sich auf den Weg zu der Filiale, bei der seine Mutter ihr Konto hatte. Auf dem Fußweg dorthin dachte Christian Berkel die ganze Zeit: «Jeden Moment wird sie sagen: Lass uns wieder umdrehen, war nur ein Spaß.» Aber sie drehte nicht um, sie betraten die Bankfiliale, und der Sohn ertappte sich selbst bei dem Gedanken: «Na ja, so viel Geld zu haben wäre auch nicht schlecht.»

Den Dialog zwischen seiner Mutter und dem Bankangestellten wird er nie vergessen. «Junger Mann, mein Konto, bitte.» – «Bitte sehr.» Auf dem Konto waren ein paar tausend Euro, mehr nicht. «Nicht das, junger Mann, das andere.» – «Es gibt kein anderes Konto.»

Christian Berkel kann heute mit leichtem Amüsement in der Stimme davon erzählen, mit zeitlichem Abstand sieht er die absurde Komik der Situation, aber damals konnte davon keine Rede sein. Er begleitete seine Mutter hinaus, sie gingen den Weg wieder zurück zu ihr nach Hause. «Ihr Erschrecken über sich danach war wirklich furchtbar», erzählt er. «‹Das kann doch nicht sein›, hat sie gesagt, ‹ich kann mir das doch nicht eingebildet haben.›»

Es ist erst der Anfang, Dutzende solcher Geschichten könnte er erzählen, die Anekdote mit dem angeblichen Konto hat er, literarisch, in seinen Roman mit aufgenommen.

«Ich habe nie wirklich herausgefunden, was das genau für eine Krankheit war», sagt er. «Ein befreundeter Arzt, der auch meine Mutter gut kannte, meinte, es könnte sich um etwas handeln, das man ‹eingekapselte Demenz› nennt, zusammenphantasierte Geschichten, die oft irgendwo einen wahren Kern haben.»

Vor allem bewegte den Sohn, dass die Frau, die nie etwas erzählt hatte, plötzlich eine Geschichte nach der anderen präsentierte, während sie langsam auf das Ende ihres Lebens zuging. In seinem Roman schreibt Christian Berkel: «Die Geschichten, die sie erzählte, waren so abgedichtet wie ein Aquarium, bei dem die Sauerstoffzufuhr defekt ist. An den dicken Glaswänden schnappten Fische sterbend nach Luft, wie die allzu aufrechten Figuren in einer leblosen Erzählung.» Ein brutales Bild. Aber wie brutal muss das für ihn, den Sohn, gewesen sein, dass die Mutter erst anfing zu erzählen, als sie nur noch Phantasien im Kopf hatte?

«Erinnern hat mit Vergessen zu tun», sagt Christian Berkel jetzt. Wir bestellen beide noch einen Espresso. Vom Fenster draußen scheint die Sonne in sein Gesicht, er ist schwarz gekleidet, wie immer, wenn ich ihm irgendwo begegnet bin, schwere Lederstiefel, die markante rasierte Glatze, oft ein Lächeln auf den Lippen.

Das Bild von seiner Mutter, die schwieg, solange sie ihr Leben hätte erzählen können, geht mir nicht mehr aus dem Kopf. Geht es nicht für uns alle genau darum – zu erzählen, solange wir können? Und gilt das nicht auch für das ganze Land, erzählen und zuhören? Wir müssen uns unsere individuellen Geschichten erzählen, auch wenn sie kompliziert sind, ungelenk, manchmal ohne perfekte Pointe, auch wenn die großen mora-

lischen Fragen nicht immer wie in einem Film am Ende so be-
antwortet werden, dass man beruhigt nach Hause gehen und
einschlafen kann.

Christian Berkels Vater hat, so erinnert sich der Sohn, eigentlich immer gelesen, «jeden Abend saß er in seinem Sessel
mit einem Buch in der Hand». Das war einerseits ein schönes
Bild, andererseits durfte man ihn auch nicht stören, richtig ins
Gespräch seien sie höchstens einmal gekommen, wenn der
Vater ihn von der Schule abgeholt habe mit seinem Mercedes,
20 Minuten dauerte die Fahrt, mehr ging nicht. «Mein Vater war
niemand, mit dem du dich eine Stunde lang unterhalten konntest. Aber das war typisch für die Zeit.»

Zu der komplexen Geschichte seiner Familie gehört, dass
seine Mutter von ihrer Mutter als Kind verlassen worden war.
«Meine Mutter war sechs oder sieben, als ihre Mutter mit einem
zwanzig Jahre jüngeren ungarischen Maler durchgebrannt und
abgehauen ist. Mein Großvater hat dann die Kinder fast alleine
erzogen, er war ja selber Bohemien und Anarchist und in Wahrheit auch schwul. Aber er hat Kinder geliebt, wollte unbedingt
welche haben. Bis zu seinem Tod haben sich Großvater und
Großmutter durchaus warmherzige Briefe geschrieben, ich
habe sie gelesen.»

Die Großmutter beschreibt Berkel auch in seinem Roman,
sie lebte in Madrid, wo er sie als Kind besuchte. War sie wirk-
lich so ein Charakter wie in seinem Buch, frage ich ihn. Er nickt.
«Eine faszinierende Frau, aber furchteinflößend. Ich hatte als
Kind wirklich Angst vor ihr. Sie war preußisch streng, lebte
spartanisch in einer Wohnung mit Glühbirnen, die von der
Decke hingen, das war damals in den sechziger Jahren sehr un-
gewöhnlich. Als sie gestorben ist, hat man ihre gesammelten
Rohdiamanten in Penicillin-Tuben gefunden, lauter solche
Scherze. Und beim Essen hat sie sich wirklich an die Weisung

gehalten, dass man jeden Bissen 38 Mal kauen sollte. Sie war extrem schweigsam und kühl.»

Seiner schweigsamen Mutter hat er andererseits auch viel zu verdanken. Als ich ihn frage, was er als Nächstes drehe, erzählt er von einem Kinderfilm. «Da erfüllt sich ein uralter Traum, ich spiele den Teufel!» Voller Stolz zeigt er mir ein paar Bilder aus dem Film. Eines seiner frühen, prägenden Erlebnisse mit Theater und Literatur war der *Faust*. «Ich habe mit zehn die Faust-Schallplatten meiner Mutter mit Gründgens als Mephisto gehört», sagt er. «Den Anfang habe ich auswendig gelernt und immer meinen Stofftieren vorgespielt.» Er lacht.

Gustaf Gründgens und sein Mephisto, natürlich haben wir die Verfilmung in der Schule gesehen, und obwohl mich damals, das weiß ich noch, das Nichtfilmische des Films anfangs eher abgeschreckt hat, hatte ich nach ein paar Minuten im dunklen Videoraum der Schule vollkommen vergessen, dass dieser Teufel von einem Menschen gespielt wurde. Was für ein Mensch das war, wurde uns gleich in der Folgestunde erklärt: einer, der unter den Nazis Karriere gemacht hatte, von 1933 bis 1945, unter dem besonderen Schutz von Hermann Göring, also einer, der genau wusste, wovon *Faust* handelte, dem Pakt mit dem Teufel.

Nach unserer Begegnung im Café Einstein google ich auf meinem Handy und stelle fest: Die berühmte *Faust*-Inszenierung mit Gustaf Gründgens feierte 1960 Premiere, da war Christian Berkel drei Jahre alt.

Wie kam es, dass er schon mit zehn den *Faust* im Kinderzimmer hatte, frage ich. «Meine Mutter hatte ein pädagogisches Gen, sie hat sehr früh bei mir mit dem Vorlesen angefangen, auch mit Musik. Und ich bin schon als Kind immer ungern früh aufgestanden, ich habe auch deshalb später gedacht, ich werde Schauspieler, die müssen nicht so früh aufstehen, was leider nicht stimmt.» Er lacht. «Meine Mutter hat jedenfalls gesagt:

Pass auf, ich wecke dich ein bisschen früher, aber ich leg dir eine Platte auf, dann kannst du noch eine halbe Stunde liegen bleiben. Da habe ich jeden Morgen erst mal eine halbe Stunde Theater gehört. Abends habe ich mir etwas gewünscht, so nach dem Motto: Morgen würde ich gerne *Die Räuber* hören.» Mit zwölf hatte Christian Berkel die Dramen-Literatur einmal durchgehört, Kleist, Schiller, Goethe, Lessing: «Über diese Platten bin ich zum Schauspieler geworden.»

Ich erzähle Christian Berkel jetzt von meiner Begegnung mit dem Drehbuchautor Herbert Reinecker. Natürlich sagt er ihm etwas, Reinecker war einer der prägenden Autoren des deutschen Nachkriegsfernsehens, er hat *Derrick* erfunden und den *Kommissar, Jakob und Adele*, eine Reihe über ein altes Liebespaar, er hat auch für *Traumschiff* geschrieben. Von seinem Millionenpublikum wurde er geliebt, von ebenso vielen gehasst für die immer gleichen Plots, für seine Spießigkeit, für das, was man früher «bundesrepublikanische Enge» nannte.

Herbert Reinecker, 1914 in Münster geboren, hatte unter den Nazis Karriere gemacht als linientreuer Journalist, er war Kriegsberichterstatter der Waffen-SS, schrieb Sätze wie «Jungvolkjungen sind hart, schweigsam und treu». Noch 1944 veröffentlichte er im *Völkischen Beobachter* einen Artikel mit der Überschrift «Der Führerglaube der jungen Soldaten». Er war ein überzeugter Nationalsozialist, ein Schreibtischtäter.

Herbert Reinecker hat das alles nie bestritten, nach dem Krieg hat er, aus seiner Sicht, viel Glück gehabt, er wurde nie verurteilt. Als ich ihn zu Hause in seinem Haus in Starnberg besuchte, war er schon ein sehr alter Mann, konnte kaum noch sehen und nicht mehr gut hören.

Und ich weiß noch, wie ich sein Haus betrat, in dem er seit 1964 mit seiner Frau wohnte – und mich plötzlich wie in einer Folge von *Derrick* fühlte. Ich nahm Platz auf einem schwarzen

Ledersofa an einem Glastisch und hörte – nichts. Unter dem Glas der Tischplatte lagen Bücher von Nietzsche. Ich dachte: Gleich steht Harry im Zimmer.

Als ich mich mit Herbert Reinecker unterhielt, über sein Leben, über Schuld, über Deutschland, vor und nach dem Krieg, dachte ich plötzlich: Er war Derrick.

Tatsächlich waren er und seine berühmteste Figur ungefähr gleich alt. Im Fernsehen hatte Derrick keine Vergangenheit, die Zuschauer haben bis zur letzten Folge nie erfahren, was der Oberinspekteur im Krieg gemacht und gedacht hat. Aber sein leerer Blick, seine Ruhe, das hatte immer etwas Lebloses an sich. Hatte er seine Gefühle an der Front des Zweiten Weltkrieges verloren?

Ordnung schaffen, Störungen derselben verfolgen, Verständnis zeigen für die Irrläufer und sie in die Gesellschaft zurückholen – so hat Herbert Reinecker einmal das Prinzip *Derrick* erklärt. Früher, in den siebziger und achtziger Jahren, wurde das als Kritik an der Jugend verstanden, aber ich denke, dass man es auch als Selbstkritik eines Irrläufers verstehen kann. Herbert Reinecker sagte mir damals: «Ich habe seit 1945 nie mehr ein Zuhause gefunden.»

Christian Berkel hat mir aufmerksam zugehört. An seinem Gesichtsausdruck sehe ich, dass er keineswegs überrascht ist, dass ich ihm von Derrick, dem großen Schweiger unter den deutschen Fernsehermittlern, erzähle. Denn Christian Berkel spielt selbst so einen. Als die erste Folge von *Der Kriminalist* 2006 ausgestrahlt wurde, schrieb *Spiegel Online*: «Die Generation Derrick hat ausgedient.»

Damals stand *Der Kriminalist* für einen neuen Typ Ermittler: cool und doch empathisch, weil er sich seinen Fällen über die Biographien der Opfer nähert, die Serie spielte nicht mehr in den gelackten Kulissen von Herbert Reineckers Münchner

Villenvierteln, sondern im damals noch rauen Berlin, in Kreuzberg, Friedrichshain.

«Ich habe schon geahnt, worauf Sie hinauswollen», sagt Christian Berkel. Er sieht die Parallelen, Schweiger sind beide Figuren, beide haben keine Vergangenheit, keine Familiengeschichte. *Derrick* lief freitagabends um 20 Uhr 15 im ZDF. *Der Kriminalist* auch. Beide Serien haben ein Millionenpublikum. Bei aller Unterschiedlichkeit: Ist der Kriminalist doch so etwas wie der Nachfolger von Derrick?

Christian Berkel hat einen Moment überlegt, bevor er etwas sagt: «Es gibt wahrscheinlich zwei Ebenen. Die bewusste Ebene damals, als wir anfingen, die Figur zu entwickeln, war: Es gab reihenweise Ermittler im Fernsehen, bei denen es fast nur noch ums Privatleben ging. Da habe ich gesagt: Kommt, das können wir nicht auch noch machen, nach dem Motto – wer sind seine Freunde, was für eine Frau hat er, säuft er, säuft er nicht, hat er einen Arm oder zwei? Unser Ansatz war: Der Kriminalist definiert sich über seine Arbeit, so wie ich übrigens auch.»

Das war die bewusste Ebene. Und die andere?

«Als wir die Figur damals entwickelt haben, hatte ich mich mit meiner eigenen Geschichte noch nicht so intensiv beschäftigt, ganz klar», sagt er. «Da ist viel Selbstschutz dabei. Heute würde ich das wahrscheinlich anders machen.»

Der Kriminalist ist ein riesiger Erfolg, selbst die Wiederholungen finden seit Jahren ein großes Publikum, so wie bei *Derrick* auch – der Lieblingsserie meines Großvaters. Im Frühjahr hat Christian Berkel die letzte Staffel des *Kriminalisten* zu Ende gedreht.

Neulich, erzählt er, war er auf einer Hochzeit und hat eine Kollegin getroffen, die gerade einen Film mit ihm gesehen hatte, den er zu einer Zeit gedreht hat, als er gleichzeitig intensiv an seinem Roman arbeitete. «Ich habe dich noch nie so gesehen», sagte die Kollegin. Das hat ihn natürlich gefreut. «Kann sein, dass die Dreharbeiten auch aus ganz anderen Gründen gut gelaufen sind», meint er. «Aber ich habe das Gefühl, dass die Arbeit an meinem Buch auch meine Arbeit als Schauspieler sehr verändert hat.»

Als enge Freunde sein Buch gelesen hatten, gratulierten sie ihm zu seinem Mut. «Ich selbst hatte darüber gar nicht nachgedacht.»

«Gott sei Dank», sage ich zu ihm, «sonst wäre das Buch vielleicht nie so geworden.»

«Wahrscheinlich. Manche Leute, die mich gut kennen, sehen eine Art Öffnung. Und ohne dass ich sie bewusst angestrebt habe, ist es im Verlauf des Schreibens wirklich zu einer geworden.»

Ich lese ihm noch ein Zitat aus dem Roman vor: «Ich will nicht wie ein Buch dastehen, aus dem einzelne Seiten herausgerissen wurden.»

«So habe ich mich gefühlt. Als seien bestimmte Kapitel einfach nicht da. Und wissen Sie was? Ich glaube, das war nicht nur ein Schweigen. Wenn es nur das gewesen wäre, hätte man einfach fragen können: Warum habt ihr geschwiegen? Aber es war eben auch ein Nicht-reden-Können.»

Ich frage ihn, wie er das genau meint.

«Der Vorwurf in dem Zusammenhang ist verständlich, aber falsch: Manche Leute könnten sich, wenn sie wirklich über alles reden würden, als Person nicht mehr zusammenhalten.»

Mir fällt Hellmuth Karasek ein und sein Spruch, dass er auch nicht unter jeden Stein schauen wollte, um nachzusehen, was sich dort versteckt.

In seinem Buch erwähnt Christian Berkel einmal den berühmten Essay *Die Unfähigkeit zu trauern*, geschrieben vom Psychoanalytiker-Ehepaar Alexander und Margarete Mitscherlich. Er ist 1967 erschienen und gilt als Schlüsseltext zum

Umgang der Deutschen mit ihrer nationalsozialistischen Vergangenheit. Anstelle von Trauer sei Leugnung getreten, anstatt sich mit der eigenen Vergangenheit zu beschäftigen, gingen die Blicke nach vorne, in Richtung Wiederaufbau, Wirtschaftswunder, wie in meiner eigenen Familie, genau so, wie es meine Mutter berichtet hat. Eine «autistische Haltung» haben die Mitscherlichs das Verhalten der Deutschen genannt, diese Erinnerungsverweigerung habe zu einer «auffallenden Gefühlsstarre» geführt, «die sich in unserem gesamten politischen und sozialen Organismus bemerkbar macht».

Für Christian Berkel ist das ein wichtiger Text, weil er den Wiederholungszwang beschreibt, aus dem er sich selbst ja ebenfalls lösen will. Er sagt aber auch: «In der 68er-Zeit ist das sehr einseitig interpretiert worden, der Essay wurde oft zur gnadenlosen Abrechnung mit den eigenen Eltern benutzt. Aber wenn man es sich von heute aus vorstellt: Die kommen da aus dem Krieg zurück, das Land ist zerbombt, die Existenzen sind auf allen Ebenen zerstört. Und was man getan hat, egal, in welchem Grad von Schuld, ist so ungeheuerlich, dass man schon fragen kann: Wie willst du da weiterleben, ohne dir gleich den Strick zu nehmen?»

Aber hat nicht genau diese Haltung des Schweigens dazu geführt, dass sie auf emotionaler Ebene an die nächsten Generationen weitergegeben wurde? Und das Land bis heute prägt?

«Ich bin ganz vorsichtig, wenn Leute mit Maximalforderungen auftreten und sagen: ‹Du verdrängst, das musst du verarbeiten.› Wenn jemand das nicht tut, dann ist es oft so, dass es jemand objektiv nicht kann, das muss man erst mal respektieren. Einem Depressiven kann man nicht raten: ‹Spring mal rein in deine Depression.›»

Meint er mit dem Depressiven Deutschland oder genauer: die Deutschen in der Nachkriegszeit?

«In der Depression baust du jedenfalls kein Land auf, da baust du keine Häuser, da schaffst du keine neuen Strukturen», sagt er. «Die Beschäftigung mit der eigenen Geschichte kam dann ja, als es dem Land wirtschaftlich besser ging, daran haben die 68er wiederum einen großen Anteil.»

Er, der in seiner Jugend am liebsten Franzose geworden wäre, hat heute ein entspanntes Verhältnis zu seinem Land. Beunruhigen ihn die Entwicklungen in jüngster Zeit gar nicht?

«Doch, das tun sie. Ich habe es an mir selbst gemerkt: Ich habe plötzlich angefangen zu überlegen, wie vorsichtig ich mit meiner eigenen Geschichte umgehen muss, umgehen sollte. Als der Gedanke zum ersten Mal in mir hochkam, habe ich mich selbst gefragt: Wieso ist das überhaupt ein Thema für dich? Wovor hast du denn Angst? Ich bin ja noch nie bedroht worden.»

Seine Söhne, beide im Teenager-Alter, haben ihm vor kurzem auf YouTube Videos gezeigt, in denen sich Rapper mit AfD-Politikern unterhalten haben. «Und die waren viel geschickter als damals die Republikaner oder die NPD-Leute. Die haben sich nicht so leicht provozieren lassen, zwischendurch ein paar Allgemeinplätze gesagt, die jeder unterschreiben würde.» Neonazis habe es immer schon gegeben, die habe er nie als Gefahr gesehen für die gesamte Gesellschaft. «Diesmal ist das anders. Als ich gelesen haben, dass sich jetzt wirklich eine jüdische Gruppe innerhalb der AfD gebildet hat, dachte ich: Das ist leider verdammt clever, clever und pervers.»

Ich erzähle ihm, dass mir genau das durch den Kopf ging, als ich das Foto des Rechtsaußens der AfD, Björn Höcke, auf einer Demo sah, der sich eine weiße Rose angesteckt hatte, das Symbol der berühmten Widerstandsgruppe gegen das Nazi-Regime.

«Wenn ich mich mit jüdischen Freunden darüber unterhalte und betone, dass in Deutschland doch eine ernsthafte Auseinandersetzung mit der eigenen Geschichte stattgefunden hat, dann höre ich in letzter Zeit manchmal den Satz: ‹Du redest von dem Deutschland von vor zehn Jahren.›» Einer der Freunde bekomme über einen täglichen Ticker mit, was jenseits der Radikalisierung im Mittelfeld der Gesellschaft an antisemitischen Vorfällen passiere – und wie es mehr und mehr geworden seien. Wie ist das eigentlich jetzt genau bei ihm: Fühlt er sich heute selbst jüdisch?

«Meine jüdischen Freunde verstehen die Frage ohnehin nicht», sagt er und muss lachen. «Die sagen: Wo ist dein Problem? Es ist doch ganz einfach, du bist von einer jüdischen Mutter geboren worden, also bist du jüdisch, du entkommst uns nicht!»

Was antwortet er ihnen?

«Na ja, es ist ein bisschen komplizierter. Ich bin nicht so erzogen worden. Meine Eltern, insbesondere meine Mutter, haben mich sehr katholisch erzogen, ich bin katholisch getauft worden, in Frankreich war ich auf einer reinen Priesterschule, ich war sogar Messdiener!»

Und was ist mit dem Deutschen? Was ist das für ihn? «Die deutsche Identität war jedenfalls immer schon fragil», sagt er. «Was ist schon typisch Deutsch?» Er werde nie vergessen, wie er 1984 *Amadeus* gesehen habe, den Hollywood-Film über Wolfgang Amadeus Mozart. «Da gibt es eine Szene am österreichischen Hof, da sagt der Kaiser sinngemäß: ‹Mozart, nenne mir eine deutsche Tugend.› Ich bin damals im Kinosessel richtig hochgeschossen, weil ich dachte: ‹Jetzt bin ich aber gespannt, was kommt.›» Und dann zögert Mozart und sagt: ‹Die Liebe, Eure Majestät.›» Christian Berkel lacht. Ausgerechnet die Liebe! «Darauf wäre ich nie im Leben gekommen. Was kennen wir heute? Pünktlichkeit, Fleiß, Disziplin. Aber natürlich stimmt Mozarts Filmantwort auch: Die Romantik ist schon sehr deutsch, diese Sehnsucht nach Natur, das Idealisieren.» Dann macht er eine Pause. «Und schon während man anfängt, darüber zu reden, merkt man eben auch: Die ganze deutsche Gefahr steckt da schon mit drin.»

Ich habe mich mit Christian Berkel morgens im Café Einstein getroffen, jetzt ist schon mittags. Wir verabschieden uns draußen auf der Straße, an der Stelle, wo, wie an so vielen Stellen in Berlin, einige Stolpersteine eingelassen sind, die von den jüdischen Vorbesitzern des Hauses erzählen.

Auf Heimweg geht mir etwas durch den Kopf. Christian Berkel hat mir erzählt, dass die Briefe, die er von seiner Mutter nach ihrem Tod gefunden und gelesen habe, in einem schönen Stil geschrieben seien, in einem besonderen Duktus, der ihm sehr gefallen habe. «Nehmen wir einmal an», hat er gesagt, der einen Roman über sich und seine Familie geschrieben hat, der sich dadurch geöffnet und verändert hat, «nehmen wir einmal an, sie hätte ernsthaft angefangen zu schreiben, dann wäre sie früher oder später bei sich angelangt. Aber da wollte sie überhaupt nicht hin.»

Kapitel 13
Deutschlandfunk

An einem Sonntagmorgen im Januar höre ich wie so oft Deutschlandfunk, die Sendung «Information und Musik». Alleine schon der nüchterne Titel hat ja etwas Beruhigendes in diesen aufgeregten Zeiten. Wie überhaupt die ganze Ausstrahlung des Deutschlandfunks nüchtern und sachlich ist, keine aufgedrehten Jingles, keine aufgekratzten Moderatoren. Während ich also «Information und Musik» höre, frage ich mich, was ich eigentlich über den Sender weiß, außer dass seine tägliche Sendung «Informationen am Morgen» ein Muss für alle Politikinteressierten ist, alleine schon wegen der Live-Interviews mit Politikern am Telefon, morgens ab 7 Uhr, in denen nicht selten die Leitung schwächer wird, wenn die Interviewten sich mit ihrem Handy bewegen. Ich klappe den Laptop auf meinem Küchentisch auf, fange an zu recherchieren und erfahre, dass auch der Deutschlandfunk selbst eine typisch deutsche Geschichte hat.

Seit 1994 ist er ein Programm des Deutschlandradios, das auch Deutschlandfunk Kultur und Deutschland Nova ausstrahlt, die Redaktion sitzt in Köln. Und die Jahreszahl 1994, vier Jahre nach der Wiedervereinigung, deutet an, dass es etwas komplizierter ist. Denn auf Sendung ging der Deutschlandfunk bereits 1962, wurde bundesweit ausgestrahlt, was eigentlich gar nicht erlaubt gewesen wäre. Nach der Erfahrung mit dem gleichgeschalteten Rundfunk unter Adolf Hitler, der ihn als erfolgreiches Propagandainstrument genutzt hatte, sollte das in Deutschland nach dem Zweiten Weltkrieg nie wieder möglich sein. Der Rundfunk wurde, wie es so schön bundesrepublikanisch-nüchtern formuliert wurde, «Ländersache».

Den Deutschlandfunk hätte es also nie geben dürfen; es gab ihn doch, denn sein offizieller Auftrag war keineswegs die Bundesrepublik, sondern deutschsprachige Hörerinnen und Hörer außerhalb des Landes. Und das hieß natürlich vor allem: in der DDR. Der Deutschlandfunk war also offiziell eine Alternative zum staatlich gesteuerten DDR-Rundfunk und wurde inoffiziell eines der Leitmedien der BRD.

Doch dann fiel die Mauer, es kam zur Wiedervereinigung, und wieder hätte es den Deutschlandfunk eigentlich nicht mehr geben können. Die nun insgesamt 16 Bundesländer beschlossen aber zum Beginn des Jahres 1994 auch hier eine Art Vereinigung: Drei Sender, der Deutschlandfunk, der Westberliner «Rundfunk im amerikanischen Sektor», bekannt als RIAS, und der Ostberliner «Deutschlandsender Kultur» wurden zusammengeführt im neu gegründeten Deutschlandradio, unter dem Dach von ARD und ZDF.

Während ich mein Laptop zuklappe und weiter zuhöre, denke ich, dass es sich mit dem Deutschlandfunk auf gewisse Art verhält, wie es sich mit Deutschland lange verhalten hat: Wer so eine aufregende, existenzbedrohende Geschichte hinter sich hat, der will Nüchternheit und Sachlichkeit, der will keine Morningshow, sondern «Informationen am Morgen». Und vielleicht ist das auch der Grund, warum ich selbst in den vergangenen Jahren angefangen habe, den Sender so zu schätzen. Denn von der alten deutschen Nüchternheit und Sachlichkeit, so langweilig sie vielleicht manchmal war, scheint heute nicht mehr viel übrig geblieben zu sein.

In der Sendung an diesem Sonntagmorgen geht es erst um einen neuen Vertrag zwischen Deutschland und Frankreich und dann um den Holocaust. Genauer: um die amerikanische Fernsehserie *Holocaust.*

Sie wurde 1979 erstmals im deutschen Fernsehen ausgestrahlt und löste damals eine große Debatte aus. *Holocaust* erzählt eine fiktive jüdische Familiengeschichte, die in Berlin beginnt und in Auschwitz endet. In den Hauptrollen unter anderem: Meryl Streep und James Woods.

Im Deutschlandfunk wird die Autorin und Regisseurin Adriana Altaras interviewt, die selbst Jüdin ist und als Tochter von ehemaligen Partisanen aus Kroatien Ende der sechziger Jahre nach Gießen kam, in die Stadt, in der ich geboren bin. Adriana Altaras erzählt, wie es für sie war, als die Serie *Holocaust* im Fernsehen lief. Sie war damals 19. «Ich erinnere mich noch sehr, sehr gut», sagt sie. «Ich habe sie damals zusammen geguckt mit meinen Eltern, ich hatte noch kein Abitur, wir waren alle sehr aufgeregt. Für uns war das eine Genugtuung, dass endlich unser Thema im Fernsehen kommt.»

Sie erinnere sich genau, sagt sie, dass sie am nächsten Morgen erstmals von Mitschülern als Jüdin angesprochen wurde, obwohl sie daraus vorher nie ein Geheimnis gemacht hatte, und in den Tagen danach seien sie darüber intensiv miteinander ins Gespräch gekommen. «Sie haben mich Sachen gefragt, die sie mich sonst nie gefragt haben.»

Wie langsam die Welt manchmal ist, denke ich, als ich das höre. 1979. Das war 34 Jahre nach dem Ende des Zweiten Weltkrieges! Andererseits fällt mir ein, dass sich dieses Jahr der Mauerfall zum 30. Mal jährt. Und das Land über Ost und West diskutiert wie eh und je.

Ich bin zu jung, um die *Holocaust*-Debatte damals selbst mitbekommen zu haben; die einen wie Marcel Reich-Ranicki fanden die Produktion zu kitschig, andere kritisierten, dass sie Fakten und Fiktion mische. Insgesamt erreichte *Holocaust*, dass überall über den Holocaust gesprochen wurde, und nicht nur unter Intellektuellen. Was mir, der mit dem Wort ganz selbstverständlich aufgewachsen ist, der ihn im Schulunterricht gehört und gelernt hat, gar nicht klar war: Der Begriff «Holocaust» für die systematische Vernichtung der Juden durch die Nationalsozialisten hat sich in der deutschen Bevölkerung erst durch die Ausstrahlung der Fernsehserie wirklich durchgesetzt.

Vierzig Jahre später, im Januar 2019, wird die Serie wieder ausgestrahlt, der Westdeutsche Rundfunk meldet gute Einschaltquoten. Die deutsche Geschichte verschwindet nicht, und die Deutschen interessieren sich noch immer für sie.

Adriana Altaras hat sich, so erzählt sie es an diesem Sonntagmorgen im Deutschlandfunk, auch selbst seit der Ausstrahlung 1979 viel intensiver mit der Geschichte auseinandergesetzt, «ein Auslöser» sei sie gewesen, wichtig auch für ihre spätere Arbeit als Regisseurin. Ihre Mutter, die den Holocaust selbst in einem Lager erlebt hatte, habe in den Tagen, als die vier Teile gesendet wurden, in den Nächten schlecht schlafen können, das werde sie nicht vergessen. Man dürfe nicht vergessen, sagt Adriana Altaras, dass damals noch viele gelebt haben, Opfer und Täter. Das Wichtigste jedoch sei gewesen, so zieht sie ihr Fazit: «Der Gesprächsstoff kam aufs Parkett, es wurde gesprochen.»

Es wurde gesprochen: Ich kann die Erleichterung von Adriana Altaras darüber vierzig Jahre später, an diesem Sonntagmorgen, noch immer in ihrer Stimme hören. Und das, denke ich, ist ein deutsches Gefühl, das ich selbst gut kenne: diese innere Entspannung, wenn endlich gesprochen wird, weil man das gar nicht oft genug tun kann.

Kapitel 14

Ilyas Akdemir

Auf der Buchmesse in Frankfurt habe ich in den vergangenen Jahren Can Dündar zweimal vor Publikum interviewt. Beim ersten Mal war er kurz zuvor aus der Türkei ausgereist, sein Leben war bedroht, Bodyguards mussten ihn vom Publikum abschirmen, die Stimmung war angespannt, und was er sagte, schien er sich vorher genau zurechtgelegt zu haben. Ein Jahr später ging es etwas entspannter zu, die Haft in der Türkei lag mittlerweile eine Zeit zurück.

Can Dündar lebt immer noch in Berlin wie ich, und wir beschließen, dass wir uns dort wiedersehen wollen. Für unser Mittagessen im Dezember schlage ich wieder das alte Café Einstein im Westen der Stadt vor. Als ich dort ankomme, winkt er mir von unserem reservierten Tisch aus zu, mit großen Augen, er wirkt irgendwie aufgeregt. Dann verstehe ich, warum: Am Nebentisch, nur getrennt durch einen Sichtschutz, sitzt Angela Merkel, isst mit ihrer Büroleiterin Beate Baumann zu Mittag. «Es gibt keine Zufälle im Leben», sagen Can Dündar und ich fast gleichzeitig. Er weiß, dass sie sich sehr für ihn und seine Familie eingesetzt hat und weiter einsetzt, und ich denke an den Moment, der der Auslöser für dieses Buch war: morgens beim Radiohören, als ich hörte, wie Angela Merkel die Vorfälle von Chemnitz kommentierte.

Mit Can Dündar unterhalte ich mich über seine Lage, über mein Buch, wir reden über Deutschland und die Türkei. Er überlegt zwischendrin, ob er einfach aufstehen und kurz zur Bundeskanzlerin an den Tisch gehen soll, um sich zu bedanken, ist aber dann doch zu höflich und zu schüchtern, und irgendwann stehen Angela Merkel und Beate Baumann auf und verlassen schnellen Schrittes das Restaurant.

Nach dem Essen mit Can Dündar, auf dem Weg nach Hause, denke ich über einen Satz nach, den er gesagt hat: Es sei schon auf gewisse Art komisch, dass er ausgerechnet in Deutschland lebe, wo so viele Türken leben, die Erdoğan wählen und mit jemandem wie ihm gar nichts anfangen können. Türkischstämmige Taxifahrer haben ihn so oft beschimpft, sagt er, dass er Taxis meidet. Sein Sohn lebt in London, aber er selber wisse nicht, was er dort arbeiten solle. Denn andererseits finde er in Deutschland Gehör, er schreibt eine Kolumne für die *ZEIT* und arbeitet als Chefredakteur der deutsch-türkischen Website *Özgürüz*.

Deutschland und seine Türken, was für eine komplizierte Geschichte. Erst wurden sie geholt, weil sie gebraucht wurden, dann wollte man sie wieder nach Hause schicken, aber zu Hause, das war für viele inzwischen Deutschland geworden. Und dann fällt mir Ilyas ein, Ilyas Akdemir.

In der zweiten Klasse meiner Grundschule in Langgöns bekamen wir eines Tages mitgeteilt, dass wir einen neuen Mitschüler aus der Türkei bekommen. Ilyas konnte anfangs nicht besonders gut Deutsch, aber er konnte gut Fußball spielen. Und das zählte schnell mindestens ebenso viel. Er meldete sich bei unserem Fußballverein an, und wir gingen dann nicht nur drei Jahre lang in dieselbe Klasse, wir spielten auch zusammen Fußball, ziemlich erfolgreich sogar, im Verein und in Auswahlmannschaften des hessischen Fußballverbands. Mit 15 Jahren musste ich wegen einer Verletzung aufhören zu spielen, Ilyas und ich haben uns in der Zeit darauf aus den Augen verloren. Was ist wohl aus ihm geworden? Ich suche seinen Namen bei Facebook und schreibe ihm eine Nachricht. Er antwortet noch am selben Abend. «Ich habe öfter an unsere Zeit damals gedacht», schreibt er, er freue sich, dass ich mich melde, klar, wir könnten jederzeit sprechen.

Ich rufe ihn an, er sitzt im Auto, die Verbindung ist nicht besonders gut, aber seine Stimme klingt gleich so vertraut, als ob wir gerade erst vom Fußballplatz gekommen sind, etwas tiefer vielleicht, aber sonst ganz der Alte. Er erzählt, dass er in Bebra lebe, in Nordhessen, direkt an der Grenze, die früher Ost und West geteilt hat. Gemeinsam mit seinen Brüdern führt er die Firma BestKebab, die seit über zehn Jahren ihren Sitz in Polen hat. «Wir sind einer der größten Dönerfleisch-Produzenten in Europa», sagt Ilyas und lacht. «Wow, gratuliere», sage ich, und Ilyas lacht noch einmal. «Komm vorbei», sagt er, «dann erzähle ich dir alles!»

Und so nehme ich zehn Tage später einen Zug nach Bebra, steige in Eisenach um. Während ich dort am Bahngleis auf die nächste Verbindung warte, entnehme ich großen Schildern, dass sich Eisenach offiziell als «Bachstadt» bezeichnet, so wie sich Wittenberge «Lutherstadt» nennt. Bachstadt, Lutherstadt, Deutschland und sein Stolz auf die eigene Kultur. Auf meinem Handy google ich auf gut Glück «Goethestadt» und stoße auf Bad Lauchstädt, eine kleine Stadt in Sachsen-Anhalt. Ich lese, dass Goethe dort öfter Urlaub gemacht hat. Standortmarketing nennt man das wohl, Bad Lauchstädt bezeichnet sich erst seit 2008 als «Goethestadt».

Aber hat es nicht auch etwas Rührendes, dass ich als zufällig Durchreisender an diesem Sonntagmittag auf einem fast menschenleeren Gleis in Eisenach stehe und an den großen deutschen Komponisten Johann Sebastian Bach erinnert werde, der 1685, irgendwo gar nicht so weit weg von diesem Bahngleis, geboren wurde? Bach, Luther, Goethe – sind es am Ende die Künstler und Denker, die das Land in seinem Inneren zusammenhalten?

Ilyas hat angekündigt, mich am Bahnhof von Bebra mit dem Auto abzuholen. Ich sehe ihn schon aus der Entfernung, er winkt und lacht, kräftige Statur, volle schwarze Haare und Bart. Er steht neben seinem großen weißen Jeep. Wir umarmen uns, fangen sofort an zu reden, wie das so ist, wenn man sich das halbe Leben nicht gesehen hat und jetzt versucht, so schnell wie möglich alles nachzuholen. Eher nebenbei steigen wir in sein Auto, er fährt los.

Seine älteren Brüder haben mit dem Kebab-Business angefangen, erzählt er. Er hat erst in der Gastronomie gearbeitet, hat Hotels gemanagt, wollte sein eigenes Ding machen, aber wie das eben so ist in Familien, irgendwann haben sie ihn, den Manager, gefragt, ob er nicht mit einsteigen will. «Aber nur zu meinen Bedingungen», hat er gesagt, er müsse selbst Entscheidungen treffen können. Und er hat sie getroffen. Als sie feststellen mussten, dass es immer schwieriger wurde, in Deutschland Metzger zu finden, sind sie mit der Firma nach Polen gegangen, haben einen polnischen Geschäftspartner gefunden, beliefern seitdem halb Europa.

«Die Deutschen und der Döner!», sagt Ilyas und lacht wieder. «Der Döner ist ja in Deutschland groß geworden. Ich sage immer: Ich kann mir die Deutschen gar nicht mehr ohne ihren Döner vorstellen. In Deutschland gibt es 400, 500 Döner-Produktionen, ich glaube, wir produzieren gemeinsam eine Million Kilogramm am Tag.» Was denkt er, warum lieben die Deutschen ihren Döner so? «Das ist das beste Fastfood. Döner ist auch gesünder als McDonald's oder Pizza, wenn du nicht zu viel davon isst.» Ich frage ihn, ob ich hier in Bebra irgendwo einen Döner mit seinem Fleisch essen kann. «Klar, wir haben einen Kunden hier in der Nähe, in Rothenburg, da können wir nachher hingehen, kein Thema.»

Ich bin eigentlich davon ausgegangen, dass wir zu ihm nach Hause fahren, Ilyas ist verheiratet, mit seiner Frau Silke hat er vier Kinder, zwei Töchter, zwei Jungs. Die Älteste ist 19, erzählt er, «sie geht jetzt für ein halbes Jahr nach Australien», die andere 17, der älteste Junge ist acht, der jüngste drei. Aber nach einigen Kilometern fährt Ilyas einen Hügel hoch und parkt vor einem Ausflugshotel. «Ich dachte, wir reden erst einmal unter uns, dann haben wir mehr Ruhe», sagt er. Wir setzen uns in das Café des Hotels, Ilyas bestellt einen Tee, «einen fruchtigen, bitte», ich einen doppelten Espresso. Dann erzählt er mir seine Geschichte.

«Wir sind 1980 als Asylanten nach Deutschland gekommen. Meine Familie kommt aus dem südlichen Teil der Türkei, aus der Stadt Mardin, dort haben viele Christen gelebt, Aramäer wie wir. Mein Vater hat Ende der siebziger Jahre Angst bekommen, dass wir Probleme bekommen werden, nicht aus finanziellen Gründen, sondern aus religiösen. In den Siebzigern gab es viel Unruhe in der Türkei, die Leute wurden immer extremer und gewalttätiger, Minderheiten haben gelitten. Mein Vater hatte Angst, dass die wieder durchdrehen wie 1915 beim Genozid.» 1980, das Jahr, in dem die Akdemirs in Deutschland Asyl beantragt haben, kam es in der Türkei schließlich zum Putsch, das Militär übernahm die Macht.

Von Mardin aus geht die Familie zunächst nach Istanbul. «Dort waren wir ein Jahr, mein Vater hat alles, was hatten, verkauft, davon haben wir gelebt. Es hat ewig gedauert, bis wir alle Papiere hatten.»

Seine Eltern gehen mit ihren fünf kleinen Kindern nach Deutschland, die drei ältesten bleiben erst in der Türkei, wandern später aus. Ilyas ist der zweitjüngste, er ist sechs, als er nach Deutschland kommt.

«Wir sind erst nach Ochsenfurt, in die Nähe von Würzburg, gezogen, wir hatten da einen Onkel, aber der hat uns nicht so gut aufgenommen, wie wir gehofft hatten. Der Mann von meiner Cousine hat in der aramäischen Kirche in Gießen gearbeitet, er hat sich um uns gekümmert, hat uns dorthin geholt. In Langgöns haben wir dann eine Wohnung gefunden.» Mein Heimatdorf Langgöns liegt zehn Kilometer südlich von Gießen.

«Eigentlich hätten wir ja schnell Asyl bekommen müssen, aber wie wir leider erst Jahre später gemerkt haben, hatten unsere Anwälte die Akten verloren, ohne uns davon zu erzählen. Die haben uns hingehalten! Wir haben acht oder neun Jahre länger gewartet, als es nötig gewesen wäre. Überleg mal! Ich wusste lange nicht, ob ich nach der Schule eine Ausbildung würde machen können. Oder nimm meine Fußballkarriere: Ich hatte immer den Gedanken im Hinterkopf, dass ich nicht in der Nationalmannschaft spielen darf, weil ich keinen Pass hatte. Das wusstet ihr damals alle nicht.»

Ich nicke, ich hatte keine Ahnung davon. «Du hast darüber nie etwas erzählt», sage ich. «Ich habe mich dafür geschämt», meint er, «das war nicht cool.»

Ich versuche mich zu erinnern. Wie haben wir Ilyas damals aufgenommen? Da fällt mir auf, dass ich ihn nie nach seinem Namen gefragt habe – warum heißt er eigentlich Ilyas? «Ich bin benannt nach dem Bruder meines Vaters. Ilyas ist eine Woche nach seiner Hochzeit überfahren worden und gestorben. Kurz danach wurde ich geboren, deshalb haben mir meine Eltern seinen Namen gegeben.»

Vorsichtig frage ich Ilyas, wie das war, 1980 anzukommen, in einer Schulklasse irgendwo in der Mitte Deutschlands, Kinder können ja brutal sein: «Wie waren wir zu dir?»

«Ich wurde gut aufgenommen, auch von euch in der Klasse. Ich war gut im Fußball, das hat geholfen, ich war auch gut in praktischen Dingen. Ich habe unserem Grundschullehrer, dem Beppi Mohr, eine Gitarre mit einem Herzen gebaut. Als ich ihn zehn Jahre später zu Hause besucht habe, hing die Gitarre bei ihm an einer Wand, darunter zwei Bilder von mir. Ich hatte diese künstlerische Ader, damit konnte ich einiges wettmachen.» Was meint er mit Wettmachen? Die Sprache? Er nickt. «Ich hatte einen Vorbereitungskurs, bevor ich zu euch in die Klasse kam, aber trotzdem habe ich am Anfang nur die Hälfte verstanden, wenn überhaupt. Heute denke ich manchmal: Wenn mein Deutsch besser gewesen wäre, wäre alles leichter gewesen. Und dann zu Hause mit anders sprechenden Eltern, das war kompliziert. Aber ich habe Deutsch schnell gelernt, so wie ich jetzt auch Polnisch gelernt habe, für unsere Firma.»

Er nimmt einen Schluck von seinem Tee. «Was wirklich schlimm war für mich damals: Euer aller finanzieller Stand war ja viel besser als unserer. Ihr hattet neue Klamotten, die cooleren Turnschuhe, das hat wehgetan. Mit 13 Jahren habe ich angefangen, Zeitungen auszutragen, da konnte ich mir mehr leisten als andere.» Der Antrieb von damals, denke ich, während ich ihm zuhöre, vielleicht hat er aus dem kleinen Ilyas von damals den großen Geschäftsmann von heute gemacht.

«Weißt du, was lustig war damals?», fragt er mich. «Ich kam nach Deutschland, und plötzlich war ich für alle nur noch ‹der Türke›. Dabei konnte ich gar kein Türkisch.» – «Wie meinst du das?», frage ich ihn. «In Mardin, da, wo ich herkomme, spricht man Arabisch, die Stadt liegt nahe an der Grenze zum Irak.» – «Moment», sage ich, «das heißt: Zu Hause mit deinen Eltern hast du Arabisch gesprochen?» – «Ja, genau. Türkisch habe ich hier in Deutschland gelernt.» – «Wie bitte?» – «Ich kam nach Deutschland und war plötzlich für alle der Türke. Aber ich konnte gar kein Türkisch, da dachte ich, dann lerne ich es eben, durch Musik, durch Freunde. Ich wurde als Türke abgestempelt, und es stimmt auch, ich komme ja aus der Türkei. Also habe ich auch noch Türkisch gelernt.» Ein junger Türke, der nach Deutschland kommt und erst hier Türkisch lernt – Ilyas steckt voller Überraschungen.

«Vor kurzem war ich zum ersten Mal nach 38 Jahren wieder in Mardin», erzählt er. Er reist drei- bis viermal im Jahr in die Türkei, meistens nach Istanbul. «In Mardin leben alle friedlich miteinander, Araber, Türken, Kurden, alle Religionen.» Er strahlt richtig, als er von der Reise erzählt. «Wir sind empfangen worden von Leuten, die mich zuletzt als Baby gesehen haben, die waren so herzlich, Moslems, Christen, das war ganz egal in dem Moment. Ich habe gedacht: Wieso kann nicht die ganze Welt so friedlich miteinander sein?»

Und mit einem Mal sind wir in der Gegenwart angekommen. Wie geht es ihm heute? «Ich habe zwei Heimatländer, ich lebe seit 38 Jahren in Deutschland, die längste Zeit meines Lebens. Ich denke auf Deutsch, meine Kinder sind deutsch, aber plötzlich merke ich, dass Dinge auf den Tisch kommen, von denen ich nie dachte, dass sie noch mal ein Thema werden würden.» Er meint Chemnitz, Dresden, die Erfolge der AfD in ganz Deutschland. «Natürlich belastet uns das. Ich habe deshalb zu meiner Frau gesagt: Wenn es für unsere Kinder auf irgendeine Art und Weise unschön wird, können wir jederzeit das Land verlassen. Früher wäre das nicht möglich gewesen, aber heute könnten wir uns das leisten.» Ich denke an meinen Freund, den afghanischen Fernsehproduzenten, der mir das Gleiche über seine Kinder erzählt hat.

«Wir fühlen uns unwohl. Wir werden ja alle über einen Kamm geschert. Ich bin doch mehr deutsch als irgendetwas anderes. Jedes Mal, wenn ich zurück nach Deutschland komme von einer Reise, fühle ich mich zu Hause.» Hat er schon selbst etwas Unangenehmes erlebt? «Nein, meine Kinder auch nicht bislang. Aber natürlich macht mir Angst, was ich in den Medien sehe, im Fernsehen, im Internet. Dabei war es doch mal ganz anders.»

Was meint er damit? «Bei der Fußball-WM 2006, als es hier so abging, habe ich gesagt: Traut euch, holt die Fahne raus! Wir haben gefeiert und zu Deutschland gehalten, wir waren lauter als alle anderen. Da hast du gespürt: Die Deutschen, die Türken hier, das ist hier eine Familie!» Er macht eine kurze Pause. «Und dann passiert so eine Scheiße wie mit Özil. Wieso müssen die schönen Entwicklungen immer wieder kaputt gemacht werden?»

Der Fall Mesut Özil. Einst gefeiert als erster türkischstämmiger Fußballnationalspieler in Deutschland, Weltmeister, sein Foto auf Nutella-Gläsern, dann die heftige Kritik vor der letzten Fußball-WM, als er sich mit Recep Tayyip Erdoğan gemeinsam fotografieren ließ, mitten im türkischen Wahlkampf. Dann die schwachen Leistungen der deutschen Mannschaft, auch von ihm, das frühe Ausscheiden, die öffentliche Kritik an ihm vom DFB, schließlich sein Rücktritt und sein Vorwurf, er habe vom eigenen Verbandspräsidenten und von den Boulevardmedien Rassismus erlebt.

«Mesut Özil als Fußballer ist für mich ein ganz Großer», sagt Ilyas, der vielleicht selbst fast Profifußballer geworden wäre, wenn er sich mit 17 nicht schwer verletzt hätte. «Schweinsteiger und er waren ein geniales Duo, so gut war der deutsche Fußball vorher lange nicht mehr gewesen. Er hat den Fußball in Deutschland nach vorne gebracht, er hat die Weltmeisterschaft mitgeholt. Bei der letzten WM waren doch alle schlecht, nicht nur er.» Und das Foto mit Erdoğan? «Fand ich überhaupt nicht schlimm. Meine deutsche Schwiegermutter hat immer zu mir gesagt: ‹Ilyas, das ist doch nicht schön, dass der Özil die Hymne nicht mitsingt.› Ich sieze meine Schwiegermutter bis heute, aus Respekt, also sage ich: ‹Frau Stiegmann, der Mesut ist so als Typ!› Sagt sie: ‹Aber das Foto mit Erdoğan!› Sage ich: ‹Wieso ignoriert ihr seine Wurzeln? Wenn der Erdoğan mich anrufen würde, weil er sich mit mir treffen will, würde auch ich hingehen.› Er ist der Präsident des Landes, aus dem ich komme. Es wäre respektlos, wenn ich das nicht machen würde, und das sage ich als Christ, dessen Familie aus Angst damals die Türkei verlassen hat. Wenn sich Angela Merkel mit Erdoğan trifft, Shakehands macht, wieso darf das der Mesut nicht? Ich fand das unfair.» Dann sagt Ilyas einen Satz über Mesut, den er auch über sein eigenes Leben sagen könnte: «Verdammt noch mal, es ist doch schön, dass er sich damals für Deutschland entschieden und alles für das Land gegeben hat.»

Glaubt er andererseits, dass Mesut Özil sich besonders geschickt verhalten hat? Hätte er sich nach dem Foto nicht den Fragen stellen sollen, statt abzutauchen? Wusste er wirklich nicht, was für eine Wirkung das Foto haben würde?

Ilyas überlegt. «Klar sagt sich das für jemanden wie mich leicht, ich weiß vielleicht auch nicht alles, vielleicht hat er zu emotional reagiert, zu türkisch. Er war in seiner Ehre verletzt. Ich hätte ihm geraten, Größe zu zeigen, indem ich mich gar nicht auf das Niveau dieser Leute herabgelassen hätte, aber das sagt sich natürlich leicht. Erdoğan ist, wie sagt man, ein autokratischer Herrscher, dass die beiden das Foto gemacht haben, hat bestimmt auch mit seiner Macht zu tun. Özil hätte sagen sollen: Er ist der Präsident des Landes, aus dem meine Familie kommt, es ist ein Zeichen des Respekts, ihn zu treffen, wenn er fragt – egal, ob man AKP wählt oder nicht.»

Wie erlebt Ilyas den Alltag in Istanbul, wenn er zu Besuch ist?

«Wenn du siehst, wie die jungen Leute abends zusammensitzen

und über ihr Leben reden, die sind aufgeschlossen, modern! Da denke ich immer, wie will der Erdoğan das vernichten? Diese jungen Leute haben doch keinen Bock auf diesen Mist. Natürlich spürst du auch Angst, dass er die Pressefreiheit abgeschafft hat, was soll das?» Ich erzähle ihm von meiner Begegnung mit Can Dündar, dass er in Berlin von türkischen Taxifahrern beschimpft worden ist. «Wir leben hier in Freiheit, genießen die Freiheit», sagt Ilyas jetzt, «und dann wählt man von Deutschland aus Erdoğan? Das verstehe ich nicht. Aber weißt du, es ist ja nicht nur in der Türkei so, oder? In welchen Zeiten leben wir, Christoph? Wir haben auch Familie in Washington, von der deutschen Seite, von meiner Frau, die haben Trump gewählt. ‹Der Trump ist gut›, haben sie gesagt. ‹Was ist an dem gut?›, habe ich gefragt. ‹Er verachtet Frauen, und wen verachtet er eigentlich nicht?› Die Antwort war immer: ‹Vielleicht braucht Amerika so einen.›»

Wir zahlen unsere Rechnung, ich will, bevor wir zu ihm nach Hause zu seiner Familie fahren, unbedingt noch einen Döner von ihm essen. Wir steigen in seinen weißen Jeep und fahren zu einem Imbiss in der Nähe.

Was glaubt er, wovor haben so viele Menschen heutzutage Angst? «Ich weiß es nicht. Hier in Bebra gibt es eine große aramäische Gemeinde, deswegen ist meine Familie auch vor Jahren hierher gezogen, 600 Mitglieder hat die Kirche. Ich gehe nicht besonders oft hin, aber ich kenne den Pfarrer gut, er besucht uns manchmal. 90 Prozent der Leute geht es finanziell gut, sie haben sich alles selbst aufgebaut, Häuser, Autos, alles okay. Und weißt du was: Wenn du sie einzeln über ihr Leben befragen würdest, würden fast alle sagen: Alles gut, keine Probleme. Die Probleme finden oft in den Medien statt, nicht im Alltag.»

Von welchen Problemen er redet, frage ich ihn. Und wieder überrascht er mich. «Angela Merkel hat einen Fehler gemacht damals.» – «Du meinst 2015?» – «Ja, ich wurde richtig sauer, als plötzlich alle rein durften. Es ist doch klar, dass auch Isis-Leute mit dabei waren. Die Deutschen sind da oft blauäugig. Und wieso hat Merkel nicht als Erstes die Christen, die in Syrien verfolgt wurden, ins Land gelassen? Wieso nehmen reiche arabische Länder wie Katar und Saudi-Arabien keine Flüchtlinge auf?» Ilyas ist immer noch sauer. «Oder nimm die Silvesternacht in Köln, das war doch hammerhart, wie diese Typen mit den Frauen umgesprungen sind, wenn die das in ihrem Land machen, würden sie geköpft. Wo leben wir denn? Dafür gibt es kein Pardon.»

Ich höre ihm zu, der sich ja selbst sein Leben in Deutschland, einem fremden Land, aufbauen musste, in einer Kultur, die ihm und seiner Familie fremd war, obwohl sie Christen sind. Einerseits klingt Ilyas jetzt wie ein Konservativer, wenn er sagt: «Man braucht klare Regeln, damit jeder Neue weiß, worauf er achten muss, und wer sich nicht eingliedern will, muss gehen.» Doch dann fügt er etwas hinzu, was sich aus seiner eigenen Erfahrung als Kind von Asylbewerber-Eltern speist. «Aber natürlich müssen wir ihnen auch schneller die Möglichkeit geben zu arbeiten. Mein Vater durfte damals auch nicht arbeiten, das war schrecklich. In der Türkei hatte er sein Geschäft, in Deutschland konnte er die Sprache nicht und kam nicht gut zurecht. Er ist krank geworden, erst ein Bandscheibenvorfall, das war alles psychisch bedingt, glaube ich heute. Er hat sich sein Leben lang den Kopf darüber zerbrochen: Habe ich das richtig gemacht? Wie oft haben wir ihn ins Krankenhaus für die Operationen gefahren, bis zum Schluss, als sein Herz immer schwächer wurde.» Sein Vater ist 2006 gestorben, seine Mutter zehn Jahre später.

Im Imbiss ist nicht viel los, ein Kunde ist vor mir, dann bekomme ich einen Döner Kebab mit Sauce, so wie ihn mir Ilyas bestellt, er selbst verzichtet auf die Sauce. Er schmeckt wirklich gut, sage ich zu ihm, er macht ein Foto von mir, wie ich hineinbeiße. Er stellt mich der Imbissbesitzerin vor: «Das ist mein Freund Christoph aus Berlin, wir sind zusammen zur Grundschule gegangen!» Eigentlich, sage ich zu ihm, müssten wir mal ein Treffen mit unserer Grundschulklasse machen, 1980, das ist bald 40 Jahre her. «Ich sehe schon», sagt er, «organisieren muss ich das, sonst macht es wieder keiner.» Er lacht.

«Milan, einer meiner Nachbarsjungs aus Langgöns», erzählt Ilyas jetzt, «arbeitet heute bei Intel in Amerika. Wir haben mal überlegt, gemeinsam ein Döner-Franchise in den USA zu machen. Ich habe ihn ein paarmal besucht, er war bei mir in der Firma in Polen. Ich liebe Amerika, wer weiß, vielleicht gehe ich doch noch mal dorthin.»

Dann brechen wir auf, fahren zu ihm nach Hause. Er stellt mich seiner Frau und seinen Kindern vor. Nebenan wohnt seine Schwester, die gerade mit Freundinnen zusammensitzt, im Hintergrund läuft der Fernseher, irgendeine türkische Serie. Wir setzen uns in sein Wohnzimmer, trinken einen Tee zu dritt.

Wie haben sich die beiden eigentlich kennengelernt? In einer Bar in Bad Hersfeld, sagt Ilyas. «Ein Freund von mir hatte eine Kneipe, sie war mit Freundinnen da, ich kannte sie nicht. Sie hatte offenbar ein Date mit einem Ausländer, der sie versetzt hatte, war darüber sauer und sagte: ‹Scheiß Ausländer.› Ich sehe sie an und sage zu meinem Freund: ‹Weißt du was, sie wird noch einen Ausländer lieben.›» Dann hat er sie angesprochen. Das war 1992.

Ich schaue Ilyas an. Was für ein Leben, was für ein Weg von 1980 bis hierher. «Ich bin meinen Eltern dankbar, dass sie damals nach Deutschland gegangen sind», sagt er. «Mir geht es gut, uns geht es hier gut. Willst du noch etwas Tee?»

Am frühen Abend fährt er mich zurück zum Bahnhof. «Komm los, schnell, damit du deinen Zug nicht verpasst.» Im

Auto sagt Ilyas plötzlich, dass ihm ja immer klar gewesen sei, dass ich Journalist werden würde, schon in der Grundschule. «Ach ja?», frage ich, «wie kamst du darauf?» – «Weißt du nicht mehr? Wenn wir im Schulhof Fußball gekickt haben, meistens mit einem Tennisball, da hast du nicht nur mitgespielt – du hast die Spiele auch immer gleich live kommentiert, wie im Fernsehen!» Jetzt müssen wir beide gemeinsam lachen.

Kapitel 15

Jens Spahn

Für die einen ist er die junge konservative Hoffnung, ein begnadeter Redner, der potenzielle Bundeskanzler für die Zeit nach der Generation Merkel / Kramp-Karrenbauer, für die anderen ein Polarisierer ohne Empathie, der mit Sätzen wie «Hartz IV ist nicht Armut» Schlagzeilen macht und gegen den Zehntausende aus seiner Generation eine Petition unterschrieben, weil er eine Abtreibungsstudie finanzieren lässt. Und wegen einem seiner berühmt-berüchtigten Sätze will ich mich mit Jens Spahn treffen, Jahrgang 1980, Bundesminister für Gesundheit. 2018 hat er für Aufregung gesorgt, als er sich in einem Interview darüber empört hat, dass in manchen Stadtteilen von Berlin nur noch Englisch gesprochen werde, besonders in «manchen Restaurants». Das gehe ihm «zunehmend auf den Zwirn», so hat er es formuliert. Was für eine bewusst gewählte alte Redewendung, denke ich, als ich das Zitat nachlese. Der Mann versteht seine Sprache.

Los ging es mit der Aufregung in den sozialen Netzwerken, schnell stiegen die politischen Gegner in die Debatte ein. Robert Habeck, Parteivorsitzender der Grünen, schrieb in der *ZEIT*: «Jens Spahn hat ein Problem mit jungen Leuten, die Englisch sprechen. Wenn der Mann sonst keine Probleme hat, muss er ein glückliches Leben führen.» Habeck, früher Schriftsteller, selbst ein Mann der Sprache, griff Spahn direkt an: «Spahn teilt die Gesellschaft: Jung gegen Alt, Berlin gegen das Land, Hipster gegen Normalos.» Wie hat mein Vater gesagt? «Ihr in Berlin.»

Ich telefoniere mit dem Sprecher von Jens Spahn, erzähle ihm, dass ich seinen Chef gerne treffen würde, um mit ihm über Deutschland zu reden, über das Verhältnis der Deutschen zu Berlin und darüber, was Heimat heute bedeutet. Kurz nach unserem Telefonat schreibt er, der Minister sei dazu bereit: «Wir haben uns als Location für Ihr Gespräch mit Herrn Spahn die Father Carpenter Coffee Brewers in der Münzstraße ausgesucht.»

Als ich in dem Café ankomme, höre ich erwartungsgemäß englische Gesprächsfetzen, wir sind also in einer dieser, wie der Sprecher schrieb, «Locations» verabredet, die Jens Spahn gemeint hat, als er davon gesprochen hat, dass ihm das Englisch auf den Zwirn gehe. Jens Spahn kommt pünktlich, in Begleitung seines Sprechers, er trägt ein hellblaues Hemd und ein dunkelblaues Sakko, groß ist er, 1 Meter 91. «Als Jugendlicher bin ich schnell gewachsen», hat er einmal der *Gala* erzählt.

Eine Mitarbeiterin des Pressereferats hat uns einen hohen Tisch freigehalten mit Sitzhockern. Es ist Mittag und viel Betrieb und dementsprechend laut. Als Jens Spahn mein kleines digitales Aufnahmegerät sieht, macht er sich Sorgen, er sei später nicht zu hören. «Geht das mit dem Hintergrundlärm und dem Gerät? Oder muss ich nachher so reden?», fragt er und beugt seinen Oberkörper nach unten auf den Tisch und spricht direkt in das Gerät.

Am Abend zuvor war Jens Spahn im Fernsehen, in einer Dokumentation zum Thema Heimat, und ich erwähne die These des britischen Journalisten und Autors David Goodhart, die dort zitiert wurde. Ich musste an den Besuch bei meinem Vater denken, damals habe ich morgens auf meinem Handy auch über

Goodharts These der «Anywheres» und «Somewheres» gelesen und mich selbst ertappt gefühlt, einer dieser «Anywheres» zu sein.

«Ist nicht neu, die These», sagt Jens Spahn.

«Stimmt», antworte ich, «ich dachte nur an Sie dabei, weil es in Ihrer Englisch-Debatte auch darum ging, um das ‹Anywhere›-Sein.»

«Ja, ich hatte versucht, diesen Gedanken in einem Text in der *ZEIT* auszuarbeiten. Aber leider ist der nicht von allen gelesen worden, sondern nur die Tickermeldung dazu. Und die war falsch. Ich habe versucht zu beschreiben, dass das auch eine Form der Abgrenzung ist, wenn mitten in Berlin Kellner nur noch Englisch sprechen. Aber das Einzige, was damals hängengeblieben ist, war: Der Spahn will kein Englisch reden.»

Was wollte er also sagen?

«Wenn ein ausländischer Tourist hier in Berlin etwas bestellen will, dann ist Englisch selbstverständlich die internationale Sprache, die verwendet wird. Aber einen deutschsprachigen Berliner zu zwingen, mit dem Kellner in seiner eigenen Heimat Englisch zu reden, das finde ich albern. Zumal dann, wenn es ein deutscher Kellner ist, der vielleicht nur gebrochenes Englisch redet. Und der das nur macht, weil es so hip ist oder weil es die Politik seines Hauses ist. Dann wird das völlig absurd. Denn das hat etwas von Selbstverzwergung. Und es hat sogar etwas Spießiges. Denn damit schotten sie sich auch von anderen ab. Wer nicht genauso denkt und denglischt, der gehört nicht in diesen Kreis.»

Der Sprecher, der sich neben mich gesetzt hat, sagt jetzt: «Ganz kurz, soll ich etwas bestellen? Dann mache ich das.» Wir nehmen die Menükarten in die Hand, Jens Spahn entdeckt darin einen Satz, über den er sich lustig macht: «‹Verfügbar, bis sie ausverkauft sind› – das ist ja ein guter Ansatz.»

Ich entscheide mich für pochierte Eier auf Toast. «Die habe ich auch gerade gesehen», sagt Jens Spahn, «ich würde die pochierten Eier auf Toast mit Avocado nehmen.»

«Das volle Hipsterprogramm», sage ich. Er lacht, nickt und wiederholt: «Das volle Hipsterprogramm.» Natürlich kennt sich Jens Spahn in der Hipsterwelt aus, über die er so kritisch spricht, er kennt die Restaurants, den Lifestyle, und darin liegt auch der Reiz der Debatte, die er losgetreten hat: dass mir hier gegenüber kein alter Mann sitzt, für den Berlin eine fremde, ihn überfordernde Welt ist, sondern ein junger Mann, der weiß, wo man in Neukölln ausgehen kann.

«Wir müssen ja auch noch etwas trinken», sagt er jetzt. «Was nehmen Sie? Ich hätte gerne irgend so einen Kaffee mit Milch.» Ich nehme einen doppelten Espresso. Der Sprecher geht zum Tresen und bestellt.

Und Jens Spahn redet weiter. «Einerseits heißt es immer: Die Leute vom Dorf in Thüringen oder im Münsterland wollen niemand von außen reinlassen. Aber diejenigen, die in Berlin nur noch Englisch sprechen, machen doch auch nichts anderes.» Er macht eine kurze Pause. «Meine Eltern zum Beispiel lassen sie außen vor.» Seine Eltern? Er nickt. «Die sprechen beide kein Wort Englisch. Das haben sie in der Schule nicht gelernt. Deshalb fühlen sie sich ausgeschlossen, wenn ihr Sohn in Berlin-Mitte für sie das Essen bestellt. Sie selber können mit dem Kellner nicht reden. In ihrer eigenen Hauptstadt!»

Und plötzlich sehe ich in Jens Spahn, dem immer selbstbewussten, immer schlagfertigen Politikstar, den Sohn eines Prokuristen und einer Hausfrau, aufgewachsen in Ottenstein, einem Ortsteil von Ahaus, einer kleinen Stadt im Westen des Münsterlandes, die direkt an der Grenze zu den Niederlanden liegt, aufgewachsen in einem roten Backsteinbau. Ein stolzer Sohn, der es im großen Berlin geschafft hat, der seine Eltern in einem teuren Restaurant zum Essen ausführt – und sich dann schämt, weil sie sich beim Bestellen schämen, dass sie kein Englisch können.

«Behütet», sagt er, als ich ihn frage, wie er aufgewachsen ist, «auch wenn das viele sagen. Ottenstein, meine Heimat, ist ein Dorf, 3700 Einwohner, Berlin ist also eintausendmal so groß! In Ottenstein kannst du als Kind über die Straße springen oder in den Wald, eine Welt wie im Kinderbuch. Mein Elternhaus liegt vielleicht 200 Meter entfernt von der katholischen Kirche, Kirchenglocken gehörten immer dazu.» Haben die nicht auch mal genervt? «Nö, man gewöhnt sich an alles.» Poster an der Wand vom Kinderzimmer? «Ja, ich habe ja *Bravo* gelesen.» Aber kein Helmut-Kohl-Poster, also nicht wie CSU-Chef Markus Söder, der ein Franz-Josef-Strauß-Poster im Kinderzimmer hängen hatte.

Was wollte Jens Spahn als Teenager werden? «Im Zweifel wollte ich so ein Bürotyp im Anzug wie mein Vater werden.»

1995, da ist er 15, tritt er in die Junge Union ein. Freunde, die in der Jugendorganisation der CDU sind, haben ihn gefragt, ob er nicht mal mitkommen wolle bei einem Ausflug nach Düsseldorf, der nächsten Großstadt, eine Stunde entfernt von Ottenstein. Auf der Busfahrt, so beschreibt das der Journalist Michael Bröcker in seiner Jens-Spahn-Biographie, merkt er, «dass er unter Gleichgesinnten ist». Noch während der Fahrt unterschreibt er die Beitrittserklärung.

«Mein Bruder hat Fußball gespielt», erzählt mir Jens Spahn, «und er ging jeden zweiten Abend zum Training, weil er in der ersten Mannschaft spielen wollte. Ich bin halt jeden zweiten, dritten Abend zur Jungen Union gegangen. Das war mein Gemeinschaftserlebnis, wir haben zusammen gekämpft, für Mehrheiten, für Themen. Und die Fahrten nach Düsseldorf waren der Klassiker: erst Landtag, dann Altstadt.» Erst Politik, dann

Altbier. «Das war mein Hobby, auch wenn meins erklärungs-
bedürftiger als Fußball war.» Er lacht. Erklärungsbedürftig auch,
weil eines der großen politischen Themen der Bundesrepublik
ihn früh prägt: «Die Debatte um die Atomkraft hat mich besonders politisiert.»

In den siebziger Jahren lassen sich Lokalpolitiker der CDU
auf einen Deal ein: In Ahaus soll ein Zwischenlager für Atommüll eingerichtet werden, es wird gebaut und 1989 fertig. Die
Stadt bekommt Geld, viel Geld, vom Land und von der Indus-
trie. Spahn-Biograph Michael Bröcker, geboren in Münster
und langjähriger Chefredakteur der Düsseldorfer *Rheinischen
Post*: «Im Klartext: Millionen für den Stadthaushalt. Die Politik
gibt das Geld mit vollen Händen aus: Ahaus verfügt bald über
ein Wellenfreibad mit beheiztem Becken; das barocke Stadt-
schloss, dem die Stadt ihren Namen verdankt, erstrahlt in neu-
em Glanz – finanziert mit dem Geld für das Atomzwischen-
lager.»

Anfang der neunziger Jahre wird der erste Atommüll nach
Ahaus gebracht, es gibt Proteste, doch es wird weitergeliefert.
«Es gab bei uns ständig Transporte», sagt Jens Spahn. «Ich er-
innere mich an Situationen, da standen die Castor-Behälter im
Bahnhof. 200 Meter entfernt hatten sich 20 Demonstranten
eingefunden. Und dicht daneben stiegen wir Schüler in den Bus.
Das war das normale Leben!»

Und doch schlägt das Thema immer größere Wellen, die
Leserbriefseiten der Lokalzeitung sind gefüllt von Gegnern des
Zwischenlagers. «Doch auf einmal war die Stadt gespalten»,
sagt er. «Auf einmal wurde es politisch. Das fand ich verrückt.»

Und so schließt sich der gerade erst 17 gewordene Schüler
Jens Spahn dazu, auch einen Leserbrief zu schreiben. Er erscheint am 21. Mai 1997, Überschrift: «Kernenergie nutzt Umwelt», eine Verteidigung der Atomkraft, alternativlos sei

sie. Damit vertritt er dieselbe Linie wie die damalige Bundesumweltministerin Angela Merkel.

Der Leserbrief erscheint, Jens Spahn ist stolz – dann geht ein Shitstorm gegen ihn los, und das ganz analog. In der Zeitung erscheinen gleich fünf Leserbriefe gegen ihn, unchristlich sei er, zynisch, auf der Straße in Ahaus wird er ein-, zweimal bespuckt. «Sie haben es voll abbekommen», sage ich zu ihm. Er nickt. «Stimmt. Interessanterweise hat das in meinem Dorf, das nur sechs Kilometer entfernt von Ahaus liegt, keinen Menschen interessiert, nur in der Stadt war das ein Riesenthema.»

Atomkraft. Für mich war Tschernobyl wahrscheinlich das erste prägende politische Ereignis meines Lebens. 1986 war ich zwölf, und dass meine Mutter plötzlich keine Milch mehr für uns kaufte, ich dabei zuhörte, wie Eltern sich untereinander über ihre Angst vor radioaktiven Wolken unterhielten – das vergesse ich nicht mehr. Und diese grüne Prägung bleibt, egal, wie die Partei, die auch so heißt, gerade Politik macht.

«Atomkraft – nein danke», der Sticker klebte damals überall. Während ich mich mit Jens Spahn unterhalte, fällt mir ein Schulfreund und Nachbarsjunge ein, dessen Vater damals für die Atomindustrie gearbeitet hat und der mir leidtat, weil er von zu Hause Aufkleber mitbekommen hatte, auf denen stand: «Atomkraft – ja bitte.» Der Arme sollte sie unter uns Mitschülern verteilen. Seiner Beliebtheit in der Klasse hat das nicht besonders geholfen.

Ich bin sechs Jahre älter als Jens Spahn, und wer in meiner Jugend für Atomkraft war, machte sich zum Außenseiter. Oder hatte zumindest keine Angst davor, einer zu sein. Oder noch genauer: hatte keine Angst davor, sich Diskussionen zu stellen, bei denen er ganz sicher in der Minderheit war.

Andererseits: Hat nicht Jens Spahn vielleicht in der Stadtgesellschaft in Ahaus eine Minderheitenposition vertreten, aber keineswegs in seiner Partei, dort also, wo er anschließend schnell Karriere machte? Die CDU war damals noch pro Atomkraft, nicht nur die spätere Kanzlerin. Unter seinen Leuten galt Jens Spahn durch seinen Leserbrief als einer mit Mumm, der keine Angst hat, seine Haltung zu vertreten, auch wenn es Ärger gibt.

Vielleicht muss man seine Berlin-Englisch-Debatte viele Jahre später auch durch diese Brille betrachten. In Berlin, in seinem eigenen Großstadt-Milieu, war er zwar damit in der Minderheit, aber er wusste natürlich genau, dass die Mehrheit seiner Wähler genau so denkt, wie er es formuliert hat.

Zu unserem Gespräch habe ich das Interview in der *Neuen Osnabrücker Zeitung* mitgebracht, mit dem Jens Spahn die Debatte ausgelöst hat. Als ich es zur Vorbereitung gelesen habe, habe ich mich gewundert, denn Stein des Anstoßes sind gerade einmal zwei Sätze in der vorletzten Antwort, mehr nicht. Jens Spahn redet vor der entscheidenden Passage darüber, dass in Deutschland das Zusammenleben nur gelingen könne, «wenn alle Deutsch sprechen. Das sollten und dürfen wir von jedem Zuwanderer erwarten.» Dann folgen die zwei Sätze: «Mir geht es dabei übrigens zunehmend auf den Zwirn, dass in manchen Berliner Restaurants die Bedienung nur noch Englisch spricht. Auf so eine Schnapsidee käme in Paris sicher niemand.» Jens Spahn nimmt das Blatt mit seinem Interview in die Hand, liest die Stelle selbst noch einmal, schmunzelt.

«Das Lustige ist ja, dass ich das Thema selbst gar nicht aufgebracht hatte», sagt er. «Frau Tenfelde, die Korrespondentin der *Neuen Osnabrücker Zeitung*, hatte mich zum Phänomen des Denglisch in Berlin gefragt und bei der Autorisierung des Gesprächs ihre eigene Frage weggelassen, was vollkommen okay und üblich ist, wir haben das Gespräch ja zur Veröffentlichung freigegeben.» (Beate Tenfelde bestätigt das, sie musste aus Platzgründen ihre Frage kürzen und hat sich dazu mit Spahns Sprecher abgestimmt.) Spahn legt das Blatt wieder auf den Tisch. «Ich war vollkommen überrascht von der Wirkung, nie habe ich damit gerechnet. Aber das ist häufig so bei Dingen, die durch die Decke gehen.» Er wisse noch, erzählt er, wie er die Meldungen der Nachrichtenagenturen gesehen habe. «Ich habe mir da noch nicht viel gedacht – unglaublich viele von diesen Meldungen landen ja im Nirwana. Aber dann ging der Shitstorm los.» Provinzialität, Engstirnigkeit, Populismus werden ihm vorgeworfen. Das Gefühl, derart heftig kritisiert zu werden, kennt er, es macht ihm wenig aus.

Was glaubt er, warum haben diese zwei Sätze eine solche Wirkung gehabt? «Sie haben viele Assoziationsketten ausgelöst, und im Kern finde ich sie immer noch richtig, wenn ich sie gerade noch mal lese.» Natürlich ging es in Wahrheit um viel mehr als um ein paar Hipster in Mitte, Kreuzberg und Neukölln. Auch die Wirkung dieser zwei Sätze ist ohne die Folgen des Jahres 2015 nicht erklärbar.

«Ich hatte das übrigens keineswegs zum ersten Mal gesagt», erzählt Jens Spahn. «Das ist auch eine spannende Erfahrung: Manche Zitate sagst du fünfmal, bevor sie überhaupt jemand wahrnimmt.»

In seinem Beitrag für die ZEIT hat er damals ausgeführt, um was es ihm eigentlich gehe, die deutsche Kultur. Jetzt sagt er: «Wir haben eine wunderschöne Sprache. Mein Lateinlehrer hat den Unterschied zwischen Latein und Englisch immer so beschrieben: «Englisch streut wie Schrot, und Latein ist wie ein Präzisionsgewehr.» Wie ein Präzisionsgewehr? Ich erschrecke kurz. Was meint er damit? «Latein ist sehr genau, durch seine Grammatik ist es immer eindeutig, man weiß, wer, was und wie es gemeint ist. Deutsch ist eher wie Latein, ziemlich präzise, eine schöne, reiche Sprache, wenn man ihren Reichtum nutzt.

Sie hat auch viele tolle Werke hervorgebracht. Sie ist die am meisten gesprochene Muttersprache Europas.» Da würde ihm, wenn man die Metapher mit dem Gewehr beiseitelässt, kaum jemand widersprechen. Was genau ist dann sein Problem? «Deshalb ist es schade, dass wir unsere eigene Sprache so wenig wertschätzen. In Frankfurt am Flughafen bin ich einmal einem amerikanischen Ehepaar begegnet, das den richtigen Weg suchte. Die beiden haben gefragt: ‹Do you know the way to the railway station?› Ich habe ihnen den Weg gezeigt. Dann sagten sie: ‹Well, there is no sign in English!› Und ich sagte: ‹Yes! This is Germany!› Wenn ich in New York lande, stellt mir doch auch keiner ein deutsches Schild auf.»

Englisch, sage ich zu ihm, ist hier doch eher als international verständliche Form der Kommunikation gemeint, nicht als Kulturinvasion. «Klar», antwortet er, «aber sie haben es eben auch halb vorwurfsvoll gesagt: ‹It's all in German here!›»

Ich versuche es noch einmal anders und frage ihn, was für ihn eigentlich deutsch sei. Er atmet tief ein und aus. «Das ist so wie mit der Liebe, du kannst sie leichter beschreiben, wenn du sagst, was sie nicht ist.» Ich schaue ihn fragend an. Er fährt fort. «Wenn die Frage gestellt wird, was deutsch ist, wird oft eine genaue abschließende Definition erwartet, aber die ist gar nicht nötig, finde ich, weil das Deutsche nichts Abgeschlossenes sein muss. Deutsch ist eine Sprache, Kultur, auch eine Esskultur. Und Kultur ist ja nicht statisch. Vielleicht geht es auch darum, dass du morgens, wenn du aus dem Haus gehst, nicht alles immer neu verhandeln musst: wie man sich grüßt, wie man sich kleidet, der Alltag eben.»

Vorhin, als die Kellnerin unser Essen gebracht hat, hat sie auf Deutsch mit englischsprachigem Akzent gesagt: «Der Eier-Toast mit Avocado?» – «Jawohl, danke schön», hat Jens Spahn geantwortet und mich angegrinst, als die Kellnerin wieder weg war.

«Wir wollten doch unbedingt in ein englischsprechendes Lokal!
Und jetzt das!» Sein Sprecher hatte hinzugefügt: «Im Internet
sah es auch so englischsprechend aus.» Und ich habe gedacht,
wie schön es ist, wenn Klischees sich in Wirklichkeit auflösen.

Ich komme noch einmal auf die Kritik an seinem Zitat zu
sprechen, man hat ihm vorgeworfen, er habe populistisch die
Vorurteile über das abgehobene Berlin benutzt, nach dem Motto: Die in Berlin haben keine Ahnung von der Wirklichkeit in
Deutschland, machen immer nur Schulden, und jetzt sprechen
sie nur noch Englisch: «Sie selbst können sechs Sprachen, habe
ich gelesen, stimmt das?» Er nickt.

«Deutsch, Englisch, Französisch, un peu, das hatte ich in
der Schule, Niederländisch, ich bin ja fünf Kilometer entfernt
von der Grenze aufgewachsen, und mein Exfreund ist Nieder-
länder. Russisch hatte ich als Abi-Fach, da ist mittlerweile auch
viel weg, und Latein und Griechisch, aber das spreche ich nicht.»
Russisch? «Ja, wir hatten bei uns an der Schule einen Lehrer, der
Russisch unterrichtete. Es gab an einem anderen Gymnasium in
der Nähe noch einen Russischlehrer. Das war wichtig, weil die
sich bei der Abi-Prüfung gegenseitig Korrektur lesen müssen.
Deshalb gab es bei uns das Abi-Fach Russisch. Ich dachte, das
könnte ganz gut laufen, danach sucht man sich die Abi-Fächer
ja auch aus.» Er lacht.

Was das Schöne an Russisch sei, frage ich. «Das Spannende
ist das vollkommen andere Alphabet. Und Russisch war natürlich auch aufgeladen durch den Kalten Krieg damals. Für den
westlichsten Zipfel Deutschlands war das ungewöhnlich – das
hat mich gereizt.»

Nach dem Abitur macht Jens Spahn die nächsten Karriere-
schritte in der CDU, Kreisvorsitzender der JU, CDU-Fraktions-
mitglied im Stadtrat von Ahaus. 2002 will er in den Bundestag,
sich mit einer Kampfkandidatur durchsetzen, doch schnell

heißt es parteiintern: Wenn Spahn antrete, «haben wir ein Wowereit-Problem». Berlins Regierender Bürgermeister hatte sich damals selbst geoutet mit dem berühmten Satz «Ich bin schwul, und das ist gut so».

Für Jens Spahn ist das nicht nur politisch anstrengend, er hat auch zu Hause mit seinen Eltern noch nie offen darüber gesprochen, dass er schwul ist. Er ist jetzt 21, setzt sich zu seinen Eltern in die Küche, und dann reden sie zum ersten Mal über alles. «Meine Eltern haben im positiven Sinn gelassen reagiert», erzählt er mir jetzt bei unserem Treffen in Berlin. «Erst im Rückblick, viel später, habe ich mitbekommen, was andere mit ihren Eltern erlebt haben. Ich wusste immer und weiß es bis heute, was auch immer passiert: Ich kann nach Hause kommen.» Er outet sich daraufhin auch öffentlich, gewinnt die Kandidatur und zieht 2002 als jüngster, direkt gewählter Abgeordneter in den Bundestag ein.

«Wenn du als Minderheit auf die Welt kommst», sagt Jens Spahn, «nimmst du die Umwelt anders wahr und bewertest unbewusst alle immer darauf, wie sie auf deine Art reagieren. Das geht allen Minderheiten so, glaube ich.»

Vor knapp zwei Jahrzehnten musste jemand wie er noch fürchten, seine politische Karriere könnte durch seine Homosexualität beendet werden. Wie hat sich Deutschland seitdem verändert?

«Bei mir auf dem Dorf gab's natürlich mal einen doofen Spruch. Sonst ist aber nie etwas passiert», sagt er. Aber er beobachtet dennoch eine neue Entwicklung. «Früher sind Schwule, die auf dem Land aufgewachsen sind, automatisch in die Stadt gezogen, um sich den Blicken, dem Getuschel zu entziehen. Heute erlebe ich auch in meinem Dorf, dass es plötzlich schwule Paare gibt, die bleiben und offen leben und auftreten, auch beim Schützenfest oder beim Karneval.»

Der junge Jens Spahn ist noch nach Dortmund gegangen, um sich dem Getuschel zu entziehen, sein erster Freund lebte dort, ein Marinesoldat. Heute ist er mit dem *Bunte*-Journalisten Daniel Funke verheiratet und hat dennoch Annegret Kramp-Karrenbauer, heute CDU-Vorsitzende, verteidigt. Sie dürfe sagen, dass sie gegen die Ehe für alle sei, das findet er noch immer: «Wenn jemand sagt: Für mich ist die Ehe Mann und Frau, dann sehe ich das anders, aber ich finde, dass man diese Meinung haben kann, ohne dass ich einen Wutanfall bekommen muss. Zumal ich weiß, dass das eine Minderheitsmeinung ist. Ich finde ihren Vergleich mit Inzest und Vielehe sehr unglücklich, und diese Kritik habe ich auch schon deutlicher formuliert. Wenn zwei Männer heiraten, ist es nicht das Ende von Familie, und es wird auch kein Kind weniger geboren.»

Jens Spahn und Daniel Funke haben im Dezember 2017 geheiratet, drei Monate nachdem die Ehe für alle gesetzlich erlaubt wurde. «Mein Mann ist ausgetreten aus der Kirche», erzählt Jens Spahn. «Es war sein Wunsch, dass zu unserer Ehe auch ein Segen kommt, aber wir haben keinen Pfarrer gefunden, der dazu bereit gewesen wäre. Das habe ich sogar dem Erzbischof später gesagt: Ihr weiht Motorräder und Katzen, aber wenn ein schwules Paar einen Segen will, es ging ja nicht um die Ehe selbst, da ist dann Ende. Anstatt auf jemanden wie meinen Mann, der eigentlich gerade auf dem Weg zurück in die Kirche war, zuzugehen, bekommt er signalisiert: Du gehörst hier nicht dazu.»

Die Kirche. Ich bin evangelisch getauft und in einem Dorf aufgewachsen, dass evangelisch geprägt ist, ich war in der Jungschar, ich war im Konfirmationsunterricht. Die Kirche war neben den Vereinen die Organisation, in der sich die Gemeinde organisiert hat, und so war es auch in Ottenstein, dem Dorf, in dem Jens Spahn aufgewachsen ist. Und heute?

«Bei mir im Dorf war, bis ich Anfang zwanzig war, ein

Pfarrer», sagt Jens Spahn, «wie auch all die Jahrzehnte vorher immer ein Pfarrer vor Ort war. Seitdem wurde schon dreimal fusioniert, weil sie nicht mehr genug Priester finden. Früher, wenn der Dorfpfarrer auf einer Beerdigung gesprochen oder ein Paar getraut hat, konnte er wirklich glaubwürdig etwas über die Leute sagen, er kannte sie ja. Das ist heute alles verloren. Das nimmt dem Dorf ein Stück seiner Identität, ich habe noch nie eine so leere Christmette bei uns gesehen wie am letzten Weihnachten.»

Die Skandale um die katholische Kirche, der Missbrauch, der ignorante Umgang damit – zerstört die Kirche sich gerade selbst? Er denkt nach. «Es gibt Situationen, da suchen alle Menschen Trost, und wenn die Kirche dann kein Angebot mehr machen kann ... Glaube ist für mich auch Heimat. Katholische Taufe, katholischer Kindergarten, katholische Grundschule, Messdiener, katholisches Gymnasium, katholischer Jugendverband – das war meine Kindheit und Jugend. Ich habe sie trotzdem nicht als übermäßig religiös in Erinnerung, so nach dem Motto ‹Wir beten dreimal am Tag›, eher im Sinne einer kulturellen Prägung, Kreuze, Beerdigung mit katholischer Messe. Wenn ein Kind geboren wurde, wurde es getauft, das war halt so.»

Ich frage ihn, ob er ein Kreuz in seiner Wohnung in Schöneberg hat. «Ja. Aber anders, als Sie denken.» Er lächelt. Wieso anders? «Das ist ein Kunstwerk, ein Kreuz in Violett-Neon von Stefan Strumbel, einem Künstler aus dem Schwarzwald. Er beschäftigt sich mit dem Thema Heimat, er macht auch sehr bunte Kuckucksuhren. Er hat im Schwarzwald eine ganze Kirche in Neon gestaltet. Mein Neon-Kreuz hängt bei uns im Wohnzimmer.»

Heimat ist für Jens Spahn auch sein Stammtisch in Ottenstein, der sich bis heute einmal im Monat trifft. Von den dreizehn Teilnehmern kenne er zwölf aus dem Kindergarten, erzählt er. Er schafft es nicht jedes Mal, das letzte Mal war er vor zwei Wochen dabei.

«Da war Schneegang ohne Schnee, kennen Sie Schneegang?» – «Nein.» – «Schneegang ist wie Maigang, nur im Winter.» Er lacht. Was heißt das genau? «Da wird ein Bollerwagen genommen, bisschen Bier organisiert, es gab auch alkoholfreies, dazu eine Flasche Schnaps, und dann läuft man los, trinkt zwischendurch, kehrt irgendwo zum Essen ein.» – «Wie viel haben Sie getrunken?» – «Ausreichend. Aber ich sehe heute schon zu, dass ich irgendwann die Kurve kriege, das geht ja nicht.»

Ich frage ihn, was seinen Stammtisch ausmache. «Mit denen kann ich bis morgens um sieben durchmachen und brauche gar keinen Club dazu. Du sitzt einfach irgendwo zusammen, gutes Bier, das reicht.» Die meisten seiner Stammtischfreunde sind in der Umgebung wohnen geblieben, haben heute Familie und Kinder. Deshalb werden auch öfter Radtouren gemeinsam mit den Frauen und Kindern gemacht, erzählt er. Für ihn selbst hat sich das Thema Kinder noch nicht erledigt, «aber wie heißt das? Die Uhr tickt.» Wieso das, frage ich. «Bei Adoptionen liegt die Altersgrenze bei vierzig in Deutschland, glaube ich. Bin mir aber nicht sicher, daran können Sie sehen, dass das Thema bisher eher abstrakt für mich war.» Er wird im kommenden Jahr vierzig.

Hat er eigentlich unter seinen Stammtischfreunden einen Spitznamen? «Nee, aber während der Ausbildung hieß ich Knut.» Knut? Jens Spahn hat sich zum Bankkaufmann ausbilden lassen, bevor er Politikwissenschaften studierte. «Ja, wir haben am Anfang dieses Begrüßungsspiel mit Ballzuwerfen gemacht, dieses Gruppentherapie-Ding, und bei diesem Spiel hieß ich plötzlich Knut. Das hat sich dann gehalten. Während der Ausbildung, zwei Jahre lang, wurde ich Knut gerufen, und ich habe auch darauf gehört. Knut war der Running Gag.»

Jens Spahn schaut auf seine Uhr. «Wir haben noch fünf bis

zehn Minuten maximal.» Er sieht zu seinem Sprecher: «Was sind meine Folgetermine?» Nach unserem Gespräch macht er ein Facebook-live-Gespräch mit seinen Followern, wie das heute so schön heißt, dann fliegt er nach Düsseldorf zu einer Sitzung des Landesvorstands der CDU Nordrhein-Westfalen. «Hoffentlich kriege ich dann noch den letzten Flieger zurück.»

Er habe natürlich auch eine Wohnung im Wahlkreis, betont er dann schnell hinterher, «aber von Düsseldorf ist es auch noch eine gute Stunde dorthin, und morgen ist wieder Kabinettsitzung in Berlin, da versuche ich schon zu Hause in meinem Bett zu schlafen. Wenn Sie fragen, was Heimat für mich ist: auf jeden Fall auch mein eigenes Bett.»

Jetzt fällt ihm ein, dass er vor einer Weile eine Studie gelesen habe. «Ich dachte erst, das kann nicht sein: Fast 60 Prozent der Deutschen sind in den letzten zwei Jahren nicht geflogen. Dann bin ich im Kopf meinen Bekanntenkreis zu Hause durchgegangen, meine Eltern, Geschwister, meinen Stammtisch – es deckte sich ungefähr mit der Zahl.» Er ist immer erstaunt darüber, vielleicht auch ein bisschen erschrocken, wie anders er selbst mittlerweile lebt. «Ich bin manchmal in der Woche sechs- bis achtmal im Flieger, dieses Leben hat nichts mit dem Leben meines Stammtischs, meiner Schwester oder meiner Eltern zu tun. Das sage ich auch immer Dax-Vorständen, wenn ich sie treffe.» Und sich selbst, füge ich in Gedanken hinzu. Sein Flugzeug-Beispiel erzählt vielleicht am anschaulichsten von den Unterschieden zwischen den Anywheres und den Somewheres, über die wir am Anfang unseres Treffens gesprochen haben. Jens Spahn ist längst ein Anywhere, aber er kommt aus der Welt der Somewheres, und er wird von Somewheres gewählt. «Ich bin kein reicher Typ», sagt er, «aber ich verdiene gut, und wenn ich essen gehe, muss ich mir keine Gedanken darüber machen, ob das Abendessen für zwei 100 Euro kostet. Aber ich weiß genau, dass sich meine Schwester hundertmal überlegt, ob sie sich das leisten kann.» Sie arbeitet als Sozialpädagogin.

Das Abgrenzen, das Abschotten, mal laut und deutlich, mal ganz leise und elegant, aber deshalb nicht weniger wirksam – dieses Phänomen zieht sich durch das ganze Land, durch alle Schichten. Was glaubt Jens Spahn, woher kommt das eigentlich? «Es gibt eine Sehnsucht nach Übersichtlichkeit», antwortet er, «es gibt auch ein Bedürfnis nach Verankerung, also dass nicht alles jeden Tag schwimmt, dass ich eine Heimat habe in dem Sinn, dass ich mich hier wohlfühle, so wie ich bin, eine Familie.» Er macht eine kurze Pause. «Das Abschotten im Sinne von Dichtmachen, also keine anderen kulturellen Einflüsse zulassen – das ist natürlich problematisch. Das Abschotten ist übrigens nicht nur räumlich, auf Twitter und Facebook hat doch jeder längst sein eigenes Dorf.» Er lächelt kurz. «Und wehe, es taucht jemand mit einer anderen Meinung auf! Der wird entfolgt und geblockt. Das hat definitiv zugenommen. Und das macht das Diskutieren so schwer in diesem Land.» Dabei diskutieren Sie so gern, sage ich. Der Sprecher muss lachen: Das könne er bestätigen.

Die «fünf bis zehn Minuten» sind um, Jens Spahn muss jetzt wirklich los. Was denkt er eigentlich selbst: Woher kommt sein Ruf, leicht arrogant zu sein, dass es ihm an Empathie mangele? «Weiß ich nicht. Ich erlebe es aber öfter nach Veranstaltungen, dass Leute, die mich direkt erlebt haben, zu mir kommen und sagen: ‹Sie sind ja viel netter, als ich dachte.› Dann sage ich: ‹Besser als andersrum.›»

Jens Spahn und sein Sprecher stehen von ihren Hockern auf, wir geben uns die Hand zum Abschied. Da fällt ihm noch etwas ein. «Das Bedürfnis nach Heimat, nach Verbundenheit, nach Treue ist gerade bei den Jungen so groß wie selten. Deswegen sage ich immer: Diese Generation ist so CDU wie noch nie, sie

weiß es nur noch nicht. Das ist ja das Problem, das wir haben.»
Er lacht.

Vielleicht hatte er eine Vorahnung: Unser Gespräch findet statt, bevor der YouTuber Rezo sein Video «Die Zerstörung der CDU» veröffentlicht.

«Alles Gute», sagt Jens Spahn, dann eilt er mit seinem Sprecher davon. Facebook Live ruft.

Kapitel 16
Schluss mit Vater

Zurück in Langgöns, in meinem Heimatdorf. Mein Vater holt mich wie immer am Bahnhof ab. Er hat jetzt ein neues Auto, natürlich wieder einen Golf, aber zum ersten Mal keinen Diesel mehr.

«Weißt du, was du mir bei meinem Besuch im letzten Sommer gesagt hast?», frage ich ihn, als wir in der Küche meines Elternhauses sitzen, seine Frau Maria, er und ich. Er hat Kaffee gemacht. «‹Wir können über alles reden, nur nicht über Politik und Krankheiten›, hast du gesagt.» Er nickt. «Und diesmal sage ich dir: Wir können über alles reden, nur nicht über Politik, Krankheiten und Religion.»

Mein Vater! Was hatte ich erwartet? Eine entspannte Stimmung? Nur weil die beiden gerade von einer großen Südamerika-Reise zurückgekommen sind? «Wie war's denn in Chile?», frage ich, um ihn kurz abzulenken. «Sehr schön», sagen beide fast gleichzeitig, es sei aber auch anstrengend gewesen. «Du weißt ja, warum ich so gerne reise», sagt mein Vater, «in anderen Ländern kann ich entspannen, da sind unsere Probleme hier in Deutschland weit weg. So war es wenigstens früher immer. Aber heute? Überall dieselben Probleme, egal, wie weit weg man fährt.»

Da sei beispielsweise eine Reiseleiterin in Santiago de Chile gewesen, «die war ziemlich rechts», erzählt Maria, «ihre frem-

denfeindlichen Bemerkungen fand ich gar nicht gut». Mein
Vater sagt: «Stimmt.» Maria redet weiter. «Wenn wir die Straße
entlanggegangen sind, hat sie ständig geschimpft: ‹Diese Perua-
ner mit ihren Grillküchen, die sind doch illegal, die halten sich
an keine Gesetze.›» Das habe ihr zu denken gegeben, meint Maria. «Dieses ständige Pauschalisieren! Und so eine Pauschalisie-
rung findet ja auch hier statt.» Sie lächelt, sieht meinen Vater an.
«Man muss sich davor hüten, ‹die Marokkaner› zu sagen oder
‹die Algerier›.» Mein Vater gießt Kaffee nach. Er weiß natürlich,
dass er gemeint ist.

Ich frage, warum er diesmal auch nicht über Religion reden
will. Ich spreche das «nicht» so ironisch aus, wie ich nur kann. Er
lächelt. Und fängt an zu reden. «Katholische Kirche, evangelische Kirche, Austritte überall, die Entchristlichung findet statt.
Früher gehörte die Kirche zum Dorfleben dazu. Jetzt sehe ich
dort nur noch den harten Kern, ältere Leute, in meinem Alter.»
Mein Vater ist evangelisch, Maria, katholisch, sagt, dass sie auch
ein Problem habe mit der Institution: «Missbrauchsskandal,
Bankenskandal, woran soll man denn noch glauben?» – «Aber
die evangelische Kirche hat doch die gleichen Probleme», sagt
mein Vater, «auch ohne Missbrauchsskandal. Ich glaube, das ist
etwas Grundsätzlicheres, die Institutionen verschwinden, die
Leute wollen alle ihre Freiheit, das verstehe ich. Aber was hält
am Ende alles zusammen?»

Ich frage ihn, ob er den Eindruck hat, dass die Gesellschaft
gerade auseinanderfällt. «Es gibt kein Traditionsbewusstsein
mehr», sagt er. «Wenn ich lese, dass die Kneipen in Gießen am
Karfreitag Musik spielen trotz des Tanzverbots – das ist doch ein
Zeichen.»

Während er sich in Rage redet, höre ich mich sagen: «Ach,
das ist doch jedes Jahr so, oder? Ist das nicht Protest-Folklore?
Die Jusos fordern das Ende des Tanzverbots?» Da fällt mir ein,

dass ich am Karfreitag auf einem Konzert war, die Band Bilderbuch spielte in Berlin, ich stand auf der Empore der Columbiahalle und habe getanzt, während sich Maurice Ernst, der Sänger, über das Tanzverbot lustig gemacht hat. Was sich Maurice Ernst und mein Vater wohl zu sagen hätten?

Natürlich geht es meinem Vater nicht nur um den Rückzug des Christentums, es geht ihm um den Vormarsch des Islams. Er erzählt, er habe im italienischen Videotext gelesen, in Rom habe ein 19-jähriger Marokkaner einen Georgier niedergestochen, der ein Kruzifix getragen hat. «Er hat ihn für einen Italiener gehalten, ihn als Scheißkatholik beschimpft.» Er sieht meinen Blick. «Ich weiß, ich weiß», sagt er, «es ist auch nur ein Beispiel, aber es stimmt doch.»

Merkwürdig – ich habe meinen Vater von früher als gar nicht besonders religiös in Erinnerung. Gläubig, ja, aber eher in einem selbstverständlichen Sinn, vielleicht so, wie Jens Spahn das aus seinem katholischen Dorf kennt. Mein Bruder und ich wurden evangelisch getauft, aber wir haben nicht den Kindergarten der Kirche im Dorf besucht, meine Eltern haben uns im Gemeindekindergarten angemeldet. In der Kirche waren wir auch nicht besonders oft, gebetet haben wir zu Hause so selten, dass ich mich kaum daran erinnern kann.

Wie kommt es, dass mein Vater jetzt so viel darüber reden will? Als er noch Lehrer war, erzählt er, «gab es keine Mädchen mit Kopftüchern in der Schule. Die sehe ich erst seit einigen Jahren in der Stadt.» Es scheint, als sei seine Religiosität, genauer: sein Bedürfnis, darüber zu reden, auch eine Reaktion auf die ihm fremde Religiosität, nach dem Motto: Ihr nehmt mir meine Identität nicht weg.

Es ist Zeit für die Frage. Als ich im vergangenen Sommer wieder weggefahren bin, habe ich gerätselt, was mein Vater gewählt hat. «Kannst du dich daran erinnern, wie du über die

Politik-Elite, die Medien in Berlin geschimpft hast?», frage ich ihn. Er nickt, trinkt einen Schluck Kaffee. «‹Kein Wunder, dass auch Leute AfD wählen, die nicht rechtsradikal sind›, hast du gesagt.» Noch ein Nicken.

Mein Vater redet weiter: «Ich kenne einige von früher, hier aus dem Dorf, die haben AfD gewählt, intelligente Leute.» Ich sage zu ihm: «Aber du nicht, nehme ich an.» Er antwortet: «Ich habe auch früher nie gesagt, wen ich gewählt habe.» -»Du hast in deinem Leben schon CDU, SPD, FDP gewählt, oder?» – «Ja.» – «Nur die Grünen nie.» – «Nee, obwohl ich mit manchem, was sie sagen, übereinstimme. Aber ich mag diese Arroganz der Wohlstandsbürger nicht. Nur Boris Palmer ist mir sympathisch.» Der Tübinger Bürgermeister, der seine eigene Partei regelmäßig damit provoziert, Positionen zu vertreten, die meinen Vater dazu bringen würden, Palmer zu wählen.

Seit einigen Jahren geht mein Vater mehrmals in der Woche ins Fitnessstudio, er ist gut in Form, aber der Sport ist nicht der einzige Grund, warum er gerne dort ist. «Da bekomme ich mit, wie die Leute wirklich reden», sagt er. «Auf den Bildschirmen laufen die Nachrichten, die werden dann kommentiert. Die Leute, mit denen ich trainiere, die kennst du gar nicht in Berlin.» Er schaut Maria an. «Das sind auch nicht die Leute, die dein Sohn in Frankfurt kennt.» Marias Sohn arbeitet als Investmentbanker. «Bei euch ist das nicht so gemischt wie hier auf dem Dorf, sozialer Status, Herkunft, das ist bunt gemischt. Und Maria, auch in unserem Bekanntenkreis, wir sind ja alle Lehrer, die reden auch anders.»

Eine interessante Beobachtung. Natürlich sage ich meinem Vater jetzt, dass ich in Berlin, in der U-Bahn, auf den Straßen, im Alltag, jeden Tag krassere Szenen beobachte als er in einem ganzen Jahr, aber es stimmt schon: Wenn es mir zu krass würde, könnte ich in einen anderen Stadtteil. Oder, für den Moment, einfach wegschauen. Wenn es aber nur ein Fitnessstudio gibt in deinem Dorf, dann kannst du dem, was dich nervt, und seien es Sprüche, nicht so leicht aus dem Weg gehen.

Ich frage meinen Vater, was genau er meint: Worüber reden die Leute anders? «Na, da höre ich Sprüche wie: ‹Was wollen wir mit denen? Schickt sie alle heim!›» – «Und was denkst du?» – «Ich sehe das differenzierter, ist doch klar. Aber das Thema ist da, das darf die Politik nicht ignorieren!»

Als er in der Lokalzeitung einen Bericht gelesen hat, dass in Auffanglagern für Flüchtlinge in Hessen die Minderheit von Christen von Moslems drangsaliert wurde, hat er bei der Geschäftsstelle der CDU angerufen, erzählt er. «Und weißt du, was der Mann am Telefon zu mir gesagt hat? ‹Bei uns sind alle Menschen gleich.› Mehr nicht, das war seine ganze Antwort.»

Ich höre meinem Vater zu und denke, dass er zu den Wählern gehört, die Angela Merkel für die CDU verloren hat.

Ich erzähle ihm von meinem Besuch bei Ilyas Akdemir, mein Vater kennt ihn von früher. «Kannst du dich an seinen Vater erinnern?» Ja, sagt mein Vater. «Ilyas ist sicher, dass sein Vater auch deshalb krank wurde, weil er als Asylbewerber jahrelang nicht arbeiten durfte», erzähle ich, und dass er deshalb heute dafür ist, Flüchtlingen früher zu erlauben zu arbeiten – und andererseits auch zu kontrollieren, ob sie arbeiten. Mein Vater nickt. Wenn er und Ilyas jetzt an einem Tisch sitzen würden, hier wären sie sich einig.

Noch einmal kommt mein Vater auf sein Fitnessstudio zu sprechen, aber ganz anders als erwartet. «Manchmal höre ich, dass jemand sagt, wie gut es uns früher ging, und da sage ich jedes Mal: ‹Moment mal, ich bin alt genug, um mich daran erinnern zu können: Es ging uns wesentlich schlechter!›» Ich lache laut. Und erzähle, dass Ilyas mir das auch so gesagt hat von seiner Familie, seinen Freunden, Nachbarn.

«Deutschland geht es wirtschaftlich so gut wie nie zuvor, noch zumindest», sagt mein Vater jetzt. «Wenn ich keine Nachrichten schauen würde, keine Zeitung lesen und nicht in die Stadt fahren würde, wenn ich einfach nur hier bei uns in der Nachbarschaft bleiben würde, dann würde ich denken: alles super.» Er gießt sich Kaffee nach. «Manchmal denke ich: Wenn sich die Gesellschaft so weiter auseinanderentwickelt, dann werden Leute wie du in Gated Communities leben, wie in Amerika.» Er macht eine kurze Pause. «Und dann denke ich, dass wir hier oben auch in so einer Community leben, sie ist nur nicht gated.»

Oder doch abgeschlossen, nur auf andere Art, denke ich. Im Badezimmer, das ja das Badezimmer meiner Kindheit ist und sich bis heute kaum verändert hat, ist mir aufgefallen, dass das Fenster jetzt ein Sicherheitsschloss hat, wie überhaupt fast alle Fenster im Haus mittlerweile solche Schlösser haben. «Man muss aufpassen, es gibt Einbrüche», hat mein Vater mir erklärt, als ich gefragt habe, warum sie die Schlösser angebracht haben.

Warum, glaubt er, sagen ältere Leute im Fitnessstudio, dass früher alles besser war? «Man hat sich aufgehoben gefühlt, im Ort, in der Nachbarschaft, in der Familie, im Sportverein.» – «Du bist doch jetzt auch aufgehoben», wirft Maria ein. «Ich meine etwas anderes», sagt mein Vater. «Die Welt hier war früher kleiner. Selbst Frankfurt war weit weg.» Dabei sind es nur 50 Kilometer, eine Dreiviertelstunde mit dem Auto.

«Wenn wir in meiner Jugend Fußball gespielt haben, sind wir zu den Auswärtsspielen gemeinsam mit dem Bus gefahren. Nach dem Spiel sind wir gemeinsam zurückgefahren, in die Vereinsstätte, im Trüben Loch, kennst du das noch?» Ich nicke. «Dann haben wir ein Bierchen getrunken oder zwei. In der nächsten Generation sind die meisten schon mit dem eigenen Auto gefahren. Sie sind vielleicht auch noch ins Trübe

Loch gegangen, aber das Gemeinschaftsgefühl hat mehr und mehr nachgelassen. Und eure Generation? Du und dein Bruder, ihr lebt in Berlin, weit weg. Und das geht ja vielen so. Dazu die Reizüberflutung, alle Jungen sind permanent an ihren Handys!» Maria schaut ihn jetzt streng an. «Du doch auch! Du liest doch ständig irgendetwas auf deinem Handy!» Wieder muss ich lachen, jetzt lacht mein Vater mit: *«Ich?»* – «Ja, du!», sagt Maria. «Na gut», sagt er, «wann gehen wir eigentlich etwas essen?»

Maria hat sich bislang zurückgehalten, nur ab und zu hat sie eine Bemerkung gemacht, aber jetzt sagt sie, sie wolle noch etwas zum Thema Flüchtlinge hinzufügen, sie habe ja auch eine eigene Geschichte. Mein Vater sieht sie an.

«Als wir nach dem Krieg aus Schlesien nach Westdeutschland gekommen sind, damals war Schlesien schon Polen, hatten wir selbst nicht viel Geld. Aber meine Eltern haben immer auf ein großes Weihnachtspaket gespart, das sie ihren Verwandten in Polen geschickt haben, auch mit Kaffee, der damals noch so teuer war. Diese Pakete haben dazu geführt, dass die dort dachten: ‹Im Westen gibt's alles! Das ist ja wie im Paradies.›» Sie wisse noch, sagt sie, wie es war, als der Bruder ihrer Schwägerin nachgekommen sei in den Westen. «Plötzlich hat er gemerkt, wie schwer es war, bis man eine Arbeit und eine Wohnung gefunden hat! Daran musste ich denken, als ich im Fernsehen einen Bericht aus Syrien gesehen habe. Da hat eine Reporterin Menschen, die nach Europa zu uns wollten, gefragt, wie sie sich unser Leben vorstellen. Die haben sich Unglaubliches vorgestellt, nach dem Motto: Hier bekommen sie gleich ein Auto und eine Wohnung. Als die Reporterin dann gesagt hat, dass das gar nicht so ist, hat eine Frau geantwortet: ‹Sie wollen nur, dass ich nicht dorthin gehe!›»

Wirtschaftsflüchtlinge – mit dem Begriff hat sie ein Problem. «Wenn es dir und deiner Familie schlecht geht, packst du deine

Sachen, das würde ich auch machen. Du gehst dahin, wo du dir ein besseres Leben erhoffst. Meine Eltern sind doch auch wegen uns Kindern in die Bundesrepublik gegangen!» – «Deine Eltern? Ihr wart Heimatvertriebene!» Typisch mein Vater.

Ich erzähle von meiner Mutter, von ihrer Flüchtlingsgeschichte, die sie mir erzählt hat. Mein Vater kennt die Geschichte natürlich. Und Maria erzählt weiter: «Ich habe das die ganze Zeit gespürt: Wir waren nicht so wie die anderen. Es hieß offiziell, wir sind Heimatvertriebene, aber ich wusste: Ich bin ein Flüchtlingskind. Wir sind Ende der Fünfziger nach Deutschland gekommen, wir Vertriebenen haben alle im selben Viertel gewohnt. Wenn du dann deine Adresse gesagt hast, wusste jeder Bescheid, was los ist, auch in der Schule.»

Sie hat mit ihrer Familie anfangs in verschiedenen Lagern gewohnt, erst Osthofen, Friedland, dann Neustadt. «Da waren wir ein halbes Jahr. Das waren Bretterverschläge mit gemeinsamen Waschräumen, schön war das nicht. Und du würdest ja denken, dass die Menschen, die das gleiche Schicksal durchlitten haben, sich umeinander kümmern, aber es gab unheimlichen Zoff die ganze Zeit, wer darf die Küche wann benutzen, solche Sachen. Es wurde geklaut, gestritten.» Und dann sagt Maria einen Satz, bei dem ich wieder an Ilyas denken muss. «Das Schlimmste war, dass mein Vater noch nicht arbeiten durfte.»

Ich bin nach Langgöns gekommen, um noch einmal mit meinem Vater über sein Deutschland zu reden, und jetzt höre ich gebannt zu, wie Maria von ihrem Deutschland erzählt, das noch einmal ein ganz anderes ist. Und denke: wie es mir dabei hilft zu verstehen, woher die Ängste von heute kommen.

«Ich war fünf Jahre alt, als wir nach Deutschland kamen», sagt sie. «Ich habe noch Polnisch gesprochen. Ich weiß noch, dass wir Kinder einmal in der Küche im Kreis getanzt und ein polnisches Lied gesungen haben, da sind meine Eltern ausgeflippt.

‹Wir wollen das nie wieder hören›, haben sie uns gesagt, ‹sonst werden wir hier als Pollacken verschrien.› Der Auftrag von meinen Eltern war: ‹Ihr müsst euch besonders anstrengen.› Ich durfte nur noch Hochdeutsch reden, auch kein Pfälzisch, das haben meine Eltern nicht geduldet. Sie wollten, dass ich die besten Voraussetzungen habe.» Maria macht eine kurze Pause, zögert, ob sie noch etwas sagen soll. «Das klingt vielleicht extrem», sagt sie dann, «aber ich glaube, dass Integration nur so funktioniert. Du musst die Sprache können. Nur so werden wir zu einem Land werden.»

Dann kommen wir ein letztes Mal auf das Thema Religion zu sprechen. Mein Vater erzählt, wie es war, als die Heimatvertriebenen nach dem Zweiten Weltkrieg ins Dorf kamen. «Langgöns war eine evangelisch geprägte Gemeinde, die Heimatvertriebenen waren alle katholisch, die waren plötzlich ein Drittel der Bevölkerung!» Das Fremde, denke ich. Damals waren Katholiken für evangelische Christen die Fremden. «Ich kann mich daran erinnern, wie mein Vater, also dein Großvater, damals gesagt hat: ‹Die Katholiken sind aber ein bisschen komisch.›»

Ich erzähle meinem Vater von Herbert Grönemeyer, der als evangelischer Schüler in einer katholischen Fußballmannschaft gespielt hat, was seinen Vater aufgeregt hat: «Wenn ihr spielt, kommt bestimmt der Papst vorbei und segnet den Platz.»

Mein Vater lacht. «Bei uns war das auch streng getrennt. Die evangelischen Einheimischen haben Handball gespielt. Ihre Vereinsgaststätte war der Gambrinus. Die katholischen Heimatvertriebenen haben Fußball gespielt und sind ins Trübe Loch gegangen.» – «Warum hast du eigentlich Fußball gespielt und nicht Handball?» – «Gute Frage. Als Kinder haben wir eigentlich immer Fußball gespielt, es gab einen Nachbarn, der war katholisch und Fußballtrainer, der uns dann in die Mannschaft geholt hat. Ich weiß noch, als ich später selbst Jugendtrainer war, musste ich manchmal zu einheimischen Eltern gehen, die ihren Söhnen verbieten wollten, mit den anderen Kindern Fußball zu spielen, weil das die Katholiken waren. Aber irgendwann hat sich das gemischt.»

Das «Mischen», denke ich, gehört zu Deutschland, es gehörte immer schon viel stärker zu diesem Land, als es mancher heute glauben will. Von heute aus betrachtet, sind solche Konflikte zwischen Katholiken und Evangelischen wie in meinem Heimatdorf kaum zu glauben, dabei hat sie die Generation meines Vaters noch erlebt. Und plötzlich spüre ich einen Optimismus in mir: Wieso sollte dem Land nicht gelingen, was ihm seit damals immer wieder gelungen ist? Vielleicht ist das nicht mehr die Aufgabe der Generation meiner Großeltern und meiner Eltern, es ist die Aufgabe meiner Generation.

Mein Vater steht auf und stellt unsere Kaffeetassen in die Spülmaschine. «So, jetzt gehen wir aber wirklich essen, der Tisch beim Italiener in Wetzlar ist für 18 Uhr 30 reserviert.»

Nach dem Essen sitzen wir noch im Wohnzimmer bei einem Glas Rotwein zusammen. Mein Vater erzählt, wie es früher in Langgöns war, die meisten Geschichten kenne ich natürlich, aber dann sagt er plötzlich etwas, das ich noch nie gehört habe. Als die ersten italienischen Gastarbeiter ins Dorf gekommen seien, da habe er den Rassismus einmal selbst erlebt. «Ich habe etwas dunklere Haare, ich war immer schon etwas kleiner, und eines Morgens bin ich zum Bäcker, da hat ein Verkäufer auf mich gezeigt: ‹Bist du da ein Italiener?›» Das Ausgrenzen gehe schneller, als man denke, das stecke immer in uns, da müsse man immer aufpassen, sagt mein Vater. Er hat damals im oberhessischen Dialekt geantwortet: «Ich bin aus Longgies.»

Am nächsten Morgen wache ich vor den anderen auf. Ich stehe auf, ziehe meine Sportkleidung an und gehe laufen. Ich mache das jeden Morgen, seit ein paar Jahren, egal, wo ich bin.

Ich drehe eine Runde durch das Neubaugebiet, in dem ich aufgewachsen bin, das natürlich längst kein Neubaugebiet mehr ist, aber von uns immer noch so genannt wird, als sei immer noch, sagen wir, 1983, vorbei an den Häusern, in denen die anderen Kinder gelebt haben, mit denen ich groß geworden bin. Die Häuser sind alle noch da, die Kinder leben wie ich längst anderswo, die meisten in der Gegend, einige auch in den USA, erstaunlich viele in Berlin. Merkwürdig, denke ich, als ich aufgewachsen bin, spielte Berlin gar keine Rolle, wie selbstverständlich das heute geworden ist.

Dann laufe ich den Berg runter ins Dorf, vorbei am Bahnhof, an den Geschäften, am Kiosk, an der alten Post, der Dorfkneipe Speckmaus, vorbei am Mode-Beppler, dem kleinen Kaufhaus für Textilien in der Nähe der evangelischen Kirche. Ich komme bei Spielwaren-Dietz vorbei, dem Geschäft, in dem meine Eltern mir *Was-ist-was*-Bücher und alles für die Schule gekauft haben, Hefte, Stifte, den blauen Scout-Schulranzen. Ich bleibe stehen. Und tatsächlich: Im Schaufenster steht ein großes blaues Regal für *Was-ist-was*-Bücher, ich entdecke die Bände *Bauernhof, Piraten, Sternbilder und Sternzeichen*. Ganz vorne in der Auslage steht ein Kinderbuch, und sein Titel, denke ich, könnte auch über vielen der Diskussionen stehen, die das Land gerade führt: *Die Streithörnchen*.

Ich schaue in meinem Handy nach, wie die Geschichte der «Streithörnchen» geht. Die Eichhörnchen Lenni und Finn streiten um einen Tannenzapfen, das eine Eichhörnchen hat schon viele Vorräte für den Herbst gesammelt, das andere hat noch nichts vorbereitet. Die beiden geraten so heftig aneinander, als gebe es nichts anderes mehr auf der Welt als diesen einen Tannenzapfen.

Ich laufe weiter, in Richtung meiner alten Grundschule. Als ich dort ankomme, wird mir erst klar, wie nahe alles beieinander lag, damals, wie überschaubar die Welt meiner Kindheit war. Der Gemeindekindergarten grenzt direkt an die Grundschule, die wiederum direkt an den beiden Fußballplätzen liegt, auf denen ich jahrelang fast jeden Tag gespielt habe.

Ich gehe über den Schulhof, dort, wo ich mit Ilyas und den anderen Jungs gekickt habe, klettere über ein Tor zu den Sportanlagen und stehe plötzlich auf dem grünen Rasen des Fußballplatzes. Mir fallen auf einmal ganze Spielszenen ein, die Vornamen der anderen Jungs, Stefan, Torsten, Ilyas natürlich. Ich schaue an mir runter, mache mit dem Handy ein kurzes Video von meinen Laufschuhen, wie ich ein paar Schritte gehe. Ich bleibe stehen. Hier also sind meine Wurzeln.

Dann laufe ich zurück zu meinem Elternhaus, einmal quer durchs Dorf, den Berg hoch zum Neubaugebiet. Wir frühstücken zu dritt, anschließend fährt mich mein Vater zum Bahnhof, nimmt mich zum Abschied wie immer in den Arm. «Meld dich, wenn du angekommen bist, ja?», sagt er. «Mach ich, Papa.» Dann sagt er: «Ich habe noch einmal nachgedacht. Die Gespräche, die wir gestern geführt haben, die führen viele nicht. Dabei sind sie wichtig, auch wenn man gar nicht einer Meinung ist.» Und ich sage zu ihm: «Papa, genau darum geht es in meinem Buch.»